Beltrán

Levitationen, II.

LeVitationen II

Beltrán

FRIELING

Bibliografische Information der Deutschen Nationalbibliothek
Die Deutsche Nationalbibliothek verzeichnet diese Publikation in der Deutschen Nationalbibliografie; detaillierte bibliografische Daten sind im Internet über http://dnb.d-nb.de abrufbar.
© Frieling-Verlag Berlin • Eine Marke der Frieling & Huffmann GmbH & Co. KG
Rheinstrasse 46, 12161 Berlin
Telefon: 0 30 / 76 69 99-0
www.frieling.de

ISBN 978-3-8280-3281-1
1. Auflage 2015
Umschlaggestaltung: Michael Reichmuth unter Verwendung der Kohlestiftzeichnung „Eva" von Daniela Przybilla, 1991
Bildnachweis: Wolfgang Scholz: „About Love" (Ausschnitt) – Seite 8, Michelangelo, Detailaufnahme der Skulptur „Pietà Rondanini" – Seite 39, Cecilia Boisier: „Verve" – Seite 118, Daniela Przybilla: „Die Herrin des Tages" – Seite 146, Daniela Przybilla: Illustration zu „BOCA" – Seite 159, Julius Winckler: Grafik in „BOCA", mit Dank des Autors – Seite 262
Sämtliche Rechte vorbehalten
Printed in Germany

Vorwort

Beltrán-der-Schreiber ist Geburtsjahr 1966, gebürtiger Chilene, passionierter Christ und ein viel gereister Kenner der islamischen Geistes- und Glaubenswelt. Nähere Auskünfte zur Vita erteilt der Verlag auf Anfrage.

Das Alte Lied umreißt im Kern eine poetische, nicht akademische Schöpfungstheologie, die sich aus bedeutenden Quellen des Ursprungschristentums, sufitischer und schiitischer Offenbarungslehren sowie zeitgenössischer Strömungen der Immanenzphilosophie speist. Dieser Background dient hier insbesondere dazu, die Inspiration eines umfassenderen Verständnisses des biblischen Schöpfungsmythos um Adam und Eva zu stützen. Der existenzielle Gegenwarts- und Erfahrungsbezug des Exils, des Exils als eines grundsätzlichen irdischen und spirituellen Grundzustandes der menschlichen Existenz, bildet wiederum das Leitthema. So eingefügt in den „dramatischen Erkenntnisrahmen" der Gesamtdarstellung rund um die Gestalt des sprechenden Protagonisten „Albe", die im Werkzusammenhang der *Levitationen* wiedergegeben ist, stellt das „*Alte Lied*" dessen poetisch-theologisches Herzstück dar.

Der vorgeschaltete Essay „CABO, die Ereignisse des Welt-Tages" ist Resultat der spontanen Auseinandersetzung des Autors mit den terroristischen Anschlägen des 11.09.2001 auf das New Yorker WTC und dessen Folgen, geschrieben exakt ein halbes Jahr nach Nine-Eleven (späterhin um wenige Abschnitte ergänzt). Der Text reflektiert kritisch Religionsauffassung und Selbstverständnis der christlich-abendländischen Kultur im Licht der vermeintlichen Fehde zwischen beiden Religionen (bzw. zum Islam) zur Jahrtausendwende.

Der vorangegangene Band 1 der *Levitationen* erschien bereits Anfang 2015 im Verlag Frieling. Der abschließende dritte Band um den weiteren Haupttext „Die Bitte" erscheint voraussichtlich zum Jahresende 2016.

Der Herausgeber, im November 2015.

Inhalt

CABO, Die Ereignisse des Welt-Tages	Seite	9
DAS ALTE LIED	Seite	41
Ergänzungen Zum Alten Lied:		
EZAL 1 – 12	Seite	119
BOCA, Vorstudie zum Alten Lied	Seite	259

EZAL 1 – 12:

1. ARCHE — Seite 119
2. El Cruce — Seite 133
3. El Corte — Seite 141
4. Más Miga — Seite 149
5. Die Sonne unter dem Mantel — Seite 163
6. Die Treue Gottes, 1. — Seite 167
7. Amarilla (Die Treue Gottes, 2.) — Seite 173
8. Mittler weile (Die Treue Gottes, 3.) — Seite 190
9. Die Betrachtung einer Zeichnung (fetra 1.) — Seite 207
10. Die Herrin des Tages (fetra 2.) — Seite 215
11. Pelea (Im Streit, nah der Wüste) — Seite 234
12. Ein Ineinandergeboren-Werden — Seite 243

CABO. Die Ereignisse des Welt-Tages.

Von Alberto Osvaldo. Gefunden in: „Die Zeitung der Ewigkeit".

1.
Wir schreiben den elften März des Jahres Zweitausendundzwei christlicher Zeitrechnung. Wir fangen mit dem Wort, dem Lemma, an: „Das Christentum". Und werden *enden* mit dem Lemma: „Der Islam." – Wir fangen einmal anders an: Weil die gesamte abendländische Diskussion um den grassierenden Konflikt zwischen diesen beiden „Kulturen" vor allem eines aufzeigt, auf immer beschämendere Weise: dass *wir* das Grundsätzlichste wieder einüben müssen. Dass das uns Christen Naheliegendste uns am Weitesten entrückt ist. Dass wir, legten wir echte Maßstäbe christlichen Handelns zugrunde, mit den Augen Verbündeter und denen bekümmerter Freunde, die unbedingt aushelfen wollen, auf unsere muslimischen Brüder schauen müssten. Insbesondere auf den verheerenden Missbrauch und das Verkanntsein ihrer wundervollen Religion.

Worum geht es in der zentralen Erfahrung, in der Kernaussage *unseres* religiösen Bekenntnisses – des neutestamentlichen, wenn es wahrhaftig ist? Es geht in diesem Bekenntnis um die Lebensübergabe im errettenden Opfer des Menschen-Sohnes. Um zwei Dinge, die wir von Ihm bekommen und durch die wir *Ihn* bekommen. Die Lebensübergabe folgt auf die Annahme des Liebesauftrages: Indem wir uns unserem Mitmenschen zuwenden, indem wir *uns* als Zuwendung ihm zuwenden und bei ihm bleiben, ist Er, Christus, der Bei-uns-Bleibende. Der Geist der wechselseitigen inneren Aufnahme, der gewillten Aufnahme unseres Mitmenschen in uns, seine lebendige Präsenz in uns und unsere Gegenwart um ihn, in ihm durch Zuspruch und Liebe, um ihn in wachender Sorge: Das ist vom göttlichen Leben getragen und gewünscht. Jegliches andere widersetzt sich der Wirklichkeit Gottes selber, kann unmöglich etwas Mutuelles zwischen dieser und dem menschlichen Ich bedeuten (wie ausdrücklich von Jesus gefordert) oder etwa die viel bemühte, ominöse „Einwohnung" Des Herrn. Alles andere enthält in sich falsches Leben, folgt Blendwerken des Geistes und leerem „Wissen" vom Ich, Werken der Un-freiheit *vom* Ich, die mir mich selbst zu sehen geben und nichts darüber hinaus: und somit letztlich auch nicht mich, schließlich überhaupt nichts. Nichts weniger als die atmende, bewegte Seele des Menschen verdankt sich nach diesem Verständnis der gegenwärtigen Liebe Gottes, die unser Leben mit- und umgestaltet: Liebe Dessen, Der um unseretwillen in den Tod ging, Dessen Auferstehungskraft seitdem liebend-verändernd auf uns gerichtet ist: eines nicht ohne das andere. Wenn Gott aufhörte, sich der Seele des gläubigen Menschen so zuzuwenden (was nicht geschehen wird), zerfiele sie augenblicklich, weil sie dieses *Sein* Leben in sich aufgenommen hat, als beherrschenden Anteil ihrer selbst. Darum beherrscht es mich, darum liebe ich Den Herrn von ganzem Herzen, dass Seine Liebe für mich Ihn beherrscht, dass Er mich liebt wie sein eigenes Kind. Aber in keinem anderen Verhältnis, nur gedämpft durch eine der menschlichen Natur gemäße metabolische Reduktion, eine besänftigende Brechung, sehen wir uns, Seine Kinder, in diesem Leben miteinander und zu unseren Mitmenschen stehen: füreinander. Gerade da wir *Seine Kinder* sind.

Ich frage: Wer sind wir? Was, woraus hervorgegangen? Und von wem in dieses Leben hier, in dieses Sein gesetzt? Wozu sind wir geschaffen? In einem ergreifenden alten Gospelsong hörte ich die Losung:

„You were given bread and water, you were given warming clothes." So ist es: *wurden gegeben*. Wir sind – Brot und Wasser. Helles Tageslicht, Atemluft, schützende Kleidung. Wir selbst sind es, die einander den Tisch des Lebens anzurichten haben. Ineinander den Geist der gegenseitigen Erneuerung zündend, ineinander Aufnahme findend. *Dazu* hat vorgesehen und vermochte uns Der Vater. Dazu bewegt Er uns Tag für Tag und jeden Augenblick. In Christi Gegenwart und in Christi Bekommenschaft*: Seine Kinder,* leben wir und erkennen wir einander durch Seinen Eingeborenen Sohn in uns. Durch den Segen desjenigen Gottes, Der sich beweist, der Liebe in Gesichtigkeit, der am Menschen geformten Natur und kraft Seines liebenden Geistes. Kinder vor Gott, aber Väter/Mütter und Brüder/Schwestern voreinander: Weil *diese* Kindschaft, die empfangene und uns aufgetragene, die so verstandene „Bekommenschaft" Christi, des Menschen-Sohnes selber, unser aller Leben bedeutet und uns auf diese Weise bindet.
Beauftragt sind wir, diese familiale Bindung der uneingeschränkten Nächstenliebe jedem Menschen anzubieten, ohne Ausnahme von Glaube, Konfession, Geschlecht, Ethnie und Vaterland, gesellschaftlichem und intellektuellem Background usw., ja auch völlig unabhängig vom Grad der Erfahrung und Vertrautheit mit diesem, dem einzigen wirklichen Gott, Der „Liebe ist".[1] In diesem letzten Punkt gilt nur die Unterscheidung, dass „diejenigen, die Fackeln tragen, diese an andere übergeben werden", wie schon Plato schrieb. Unsere Fackel (ja!) ist Christus: keine abstrakte Chiffre, sondern das lebendige Gesicht der Einen Wahrheit, die auch der Islam seine eine und einzige Grundlage nennt.

Der Westen thematisiert aber heute praktisch nur den reglementarischen Geist der Scharia oder den Salafismus, eine leblose gesetzliche Vergröberung des qur'anischen Islam, speziell in seiner offensiven wahabitischen

---

[1] Seiner einzigen verlässlichen Selbstauskunft nach. (Anmerkung des Schreibers).

Ausprägung, die einen in mancher Hinsicht „reaktionären" weltlichen *(sic!)* Islam darstellt. Im Kern des wahrhaftigen, schiitisch geprägten Islam und im sufitischen Bekenntnis sind nicht nur diese vorangestellten Glaubensstandpunkte – ist vielmehr Christus selbst vollends lebendig. In mancher Hinsicht lebendiger als im amtlichen, offiziellen Christentum heutiger Prägung. Diese ausgesprochen praktisch veranlagten Traditionen sprechen noch heute im Geist der großen Schaikhs ihrer Gründungstage: „Ihr habt das Kreuz, das Kreuz aus Holz; wir aber haben den Leib des Gottessohnes, des Erlösers."

Ja, die Fackelübergabe, oben genannte, trifft auf das Verhältnis der entwicklungsgeschichtlich aufeinanderfolgenden drei großen monotheistischen Religionen zu. Überraschen wird unter Umständen allerdings die Richtung, das Wer-an-wen.

2.
Weil wir *das sind* (s. o., „Brot und Wasser, helles Tageslicht, atembare Luft und Kleidung füreinander") und also auch nur dadurch leben können, darum gehen wir, wenn er sich verfestigt, an unserem gelebten Betrug an dieser „inneren Folgewirklichkeit" aus Gottes Tun zugrunde. Wir gehen nach und nach *daran* zugrunde. Die größte, schönste Gabe, die, dass Gott uns dazu vermag, das zu sein, all das zu sein, ist auch zugleich eine andere Form der Herrscherlichkeit Gottes, seines Richtens. Wer sich immer wieder ihrem Gebot, ihrem im Ganzen leichten, ja süßen Joch entzieht, der wird schließlich schwer getroffen werden, und zwar von ihr. Auf besondere, unerwartete Weise. Nie nur dadurch, dass sie, diese herrliche Gabe, die das Leben schlechthin enthält, ihm (uns) lebensmindernd entzogen wird.

Gibt es Heilige in dieser Welt, spirituelle Meiler auf den Klippen der Endzeit, die, ins kalte Landesinnere strahlend, unbesehen eine Art seelische Zivilisation versorgen oder Teile davon? Gibt es „Heilige" solcher oder anderer Art, unscheinbare menschliche Magneten einer dienstbeflissenen, wahrhaftigen Religion, sie habe roten oder grünen Anstrich?² Weswegen gibt es solche ihrer Posituren, solche Menschen, *wenn* es sie gibt? – Nun, wenn man sieht, in welchem Zustand sich der Mensch in dieser Welt befindet, in welchem Zustand sich die Welt daher befindet, aber also erkannt hat, s. o., *was* der Mensch ist und was ebendaraus folgend dringend und wahrhaft *von ihm*, von jedem Einzelnen benötigt wird für jeden, dann wird auch klar, dass die Schuldigsten, die wahrhaft Schuldigen, die – in diesem umfassenderen und zugleich engeren Sinne – Fähigsten und Reichsten sind, die nicht am „Umschenken dessen, was uns geschenkt ist", teilhaben, während ihnen *deshalb* gegeben ist, und also viel davon, weil um sie her viel davon nottut (denn nur „das Gebotene ist das Gegebene"). Einerlei, ob wir von einzelnen Menschen, Institutionen, politischen Gruppierungen oder ganzen weltlichen Nationen sprechen: Es sind die, die die grundlegende menschliche Gabe der attentionalen Zuwendung und des Mitgefühls, des Ein-Begreifens, An-Denkens und Wert-Achtens des Menschen, abziehen von den *ihr,* dieser Gabe, unmittelbar zugewiesenen Menschen und menschlichen Gegenständen: auf andere, flüchtige Dinge hin, sie meistens für völlig nebensächliche, veräußerlichende oder ganz und gar eigennützige Zwecke aufwendend. Starr und unfähig, diese zu gleichen Anteilen verdammenden und verdammten Leidenschaften aufzugeben. Indem diese bewusste Gabe, bei der es sich im Wesentlichen um das handelt, dessen bar wir selbst nicht wären, dessen bar unser tatsächliches, inneres Ich gar nicht bestünde, sie ist in ihnen dahin gelangt und verfälscht worden, sich selbst zu verfechten, zu dienen, letztlich zu vergöttern. Ihre vermeintliche Musterreligion ist das komplette Gegenteil von Religion. Wodurch sie sich selbst in dem Sinn der Gabe, der das Wieder-Geben ihrer und ihr Gegeben*werden* an sich ist, ver-todet, ihre eigene Welt schleichend vernichtet. Ja, uns alle vernichtet.

Das in Übertragung auf die konkreten Verhältnisse: Mensch, Nation oder Kultur, die sich selbst aufoktroyieren, die der Annahme des Wesensanderen zur Bedingung stellen, dass dieses sich *ihren* Strukturen des Verstehens und Handelns bequeme, missbrauchen und verscherzen gerade ihre poten-

---

² Rot – jesuanisch christlich, grün – authentisch islamisch. (Anm. d. Schreibers).

zielle Kraft und Überlegenheit; durch die sie sich, von ihrer ursprünglichen Dis-position her, im Vermögen sehen, *auszuwiegen*, zu helfen, versöhnen zu können. Tatsächliche Stärke ver-mag keine Usurpation. Die Vision der totalen Selbstunterscheidung, die alles Wesensandere sich unterjocht: totale Selbstunterscheidung, obschon für alle, ist der Ausdruck der größten vorstellbaren Schwäche. Es geht bei diesen vermeintlich Stärkeren immer nur um die Usurpation und Ausnutzung Schwächerer. Das ist ihre ganze Absicht und ihre ganze Taktik. Sie wissen oder verstehen nicht, dass Stärke zu Milde verpflichtet. Nur milde und andere stärkende Stärke ist überhaupt Stärke.

Auf dieser Umkehrung beruhen sowohl jeglicher religiöse Fundamentalismus – ja, das falsche Verständnis von Religion allgemein, gleich welchen Bekenntnisses – als auch das individualistische Selbstverständnis und die viel gepriesene „Freiheitlichkeit" der modernen westlichen Ideologie. Sie ver-todet den Fähigen sukzessive nach innen. Der Wolf der spirituellen Auslöschung steckt im Schafspelz der Weltbürgerlichkeit des insuffizienten Ichs, das von sich selbst gar nichts verlangt, geschweige denn für andere, und in der liberalen Schonkultur der Werte *sich feiert:* diese seine unbelangbare „Freiheit". Trotz aller Segnungen des Wohlstandes, des technologischen und gesellschaftsstrukturalen Fortschritts leben wir in immer tieferem Dunkel der Selbstverfehlung und Selbstentfremdung, unter dem Stigma der *tristitia*, der paulinischen „Traurigkeit der Welt, die zum Tod führt". Aus dem ursprünglichen Kind des Himmels, christliche Zivilisation, das von einem sich ihm durchaus verähnlichenden, menschlich zuwendenden Gott menschlich angesprochen und menschlich gewollt worden war: Aber richtiggehend *menschlich*, ist geworden dieser innerlich siechende *homo necans,* der, statt sein eigenstes Lebensfundament einzubringen in die eine Erdengemeinschaft, bereits im Geist ver-todet seinen Nächsten. Und wäre es nur das! Daraufhin tötet der Mensch unentwegt sich selbst, indem er andere tötet. Seine Seele schreit mit tausend Stimmen im wandernden Flächenbrand des Hasstriebes, der gewollten Kriege, seit Kains Anschlag auf seinen jüngeren Bruder, Abel, der ein Grüner war, den Ausbringer der reinen Religion. Immer davor schon sich tötend in anderen und diese in sich, da er, das allerdings, sich selbst nicht kennt, von seinem Ursprung gar nichts weiß. Aber „wenn jemand einen Menschen tötet", steht in Sure 5,32, „tötet er gleichsam die ganze Menschheit. Und wer ein Leben erhält, der erhält gleichsam das Leben der ganzen Menschheit."

Der wahrhaft Gläubige, welchen gelebten Bekenntnisses auch immer, wird nicht nur unsere fatale vermeintliche „Freiheit" im Ausgang all dessen anprangern; er wird sich erst als solcher ausweisen, indem er sich ihr Auge in Auge entgegenstellt und sie als Betrug an Gott und an unseren Mitmenschen entlarvt. Nicht ohne Milde und tiefstes Bedauern.

3.
Die in Rede stehende vermeintliche demokratische Reife und „Freiheitlichkeit": Das ist die Freiheit der Gastwirte, die das für ihre Gäste angerichtete Essen selber einnehmen vor deren Eintreffen. Weil es „ihr Essen" ist. Aber das ist das Essen nur, soweit sie es selber gemacht, es zubereitet haben, während das Wahr- und Nahrhafte an sich, die bewusste Gabe selbst, an sie gekommen ist vom ALLEinzigen, Vom Ewigen Einen. Von Ihm stammt die Gabe selbst und ist uns seit Adams und Evas, seit Kains und Abels Tagen anvertraut von ihrem tatsächlichen Besitzer: nur anvertraut. Eine nicht materielle Gabe, wie wir sagten, im Inner-Meisten des Menschen und dessen Darbringung begründet. Darum mag und soll sie sich sehr wohl in materiellen (finanziellen, logistischen, edukativen, fazilitären) Zuwendungen ausdrücken. Oder es bleibt „das Essen der Gastwirte". Nun, als deren Gäste eintreffen, finden diese die Gastwirte fremdelnd und befangen vor, derart abwesend, unzugänglich, dass sie gar nicht erst nach Speise fragen, nach der ursprünglich für sie vorgesehenen Speise. Sie ziehen weiter ihres Weges und besuchen die nämliche Herberge nicht wieder. Einige Jahre danach entschließen sie sich zu einem neuerlichen Besuch derselben Stätte. Und an diesem Tag entdecken sie, was die Wirte sich mit ihrer damals in Kauf genommenen „Unpässlichkeit" eingehandelt haben: dass der bemäntelte

Betrug und der zweifelhafte Gewinn an dem, was sie ihnen (und höchstwahrscheinlich vielen anderen Gästen) vorenthielten, ihnen eigenartigerweise das Gesicht gesteift, dieses wie mit unsichtbaren Riemen vermummt, ihre Augen versiegelt, ihren Atem vergiftet hat. Während sie außerdem sich in immer neuen und heftigeren Schmerzen des Gemüts winden, wie verstümmelte Tiere, nehmen die Gastwirte bei dem Herannahen der Gäste diese schließlich nur als undeutliche, helle Lichter wahr. Und klagen dabei jämmerlich: „Die Engel sind da und beachten uns nicht."

Aber sie sind bereits beachtet worden: auf die ihnen zustehende Art, die sie selbst gepflogen haben. Die sie selber gewesen sind.

Das Völle- und Schamgefühl dieser Wirte ist eine unserer bestimmenden unbestimmten Grundempfindungen, das Essen ist unser privatisiertes eigenes Wohlergehen oder Seelenglück, was sich in einem Verwehren jeglicher materiellen Umverteilung aus freien Stücken und ohne Gegenleistung ausdrückt. Alles ist Essen, denn alles ist Nahrung. Auch und vor allem das Wahrnehmen und die Erfahrung eines übergeordneten gemeinsamen Lebens, das in der unvereinnehmbaren Güte und Selbstschenkung Gottes beruht. Wer dieses Viele, dieses „Alles" bereichern will oder verändern, wer gar das vergegenständlichte, äußere Leben vieler oder aller Menschen, in dem das weniger offenkundig ist (dass alles Nahrung ist) als in geistigen Verhältnissen, bereichern oder verändern will, der darf nicht nur speisen, aufnehmen, verdauen: Er muss selbst Nahrung hervorbringen und sie auf den Tisch des Lebens bringen.
Natürlich steht jeglicher fundamentalistisch-religiöse Fanatismus, ethisch ohnehin wesenslos, in seiner grundsätzlichen Destruktivität dem völlig entgegen. Nicht weniger jedoch der verförmlichte, konformistische Glaube pro domo westlicher Ausprägung: zu einer billigen Labsal der beunruhigten Seele verkommen, die sich selbst nicht gesetzt sehen will auf das Spiel der Kräfte, die das Leben gestalten: das eine Leben aller Menschen, gleich welcher Herkunft, Konfession, gesellschaftlicher Stellung, Sprache, usw. Dieses eine Leben im Sinne aller gestalten ist aber unsere christliche Berufung. Oder wir haben keine, wir haben sie verweigert.

Wenn die einzigartige Bekommenschaft unseres Glaubens, wenn sich diese zum Schenken geschenkte Gabe aufbringt, tut sie das in allen den eingangs benannten Sinnzeichen, zu denen sich ihre innere Bedeutung verdichtet, mit Selbstverständlichkeit: in der Schenkung von Nahrung und Kleidung (selbstverständlich auch Geldmitteln, Logistik, unentgeltlichem technologischen Wissenstransfer, sonstigen infrastrukturellen Zuwendungen, by the way: Wofür wird meine zwangsweise entrichtete Kirchensteuer, von wem eigentlich eingesetzt?) sowie von „geistigem Licht", d. h. allerdings eines Lichtes ihres vorbehaltlosen Zuspruchs und ihrer Anerkenntnis der eigenweltlichen Andersheit des Anderen *als solchen,* welchen sie „bescheint". Viel eher also be-stärkend mit den jeweils notwendigen strukturellen, ökonomischen, wissenschaftlichen Stärkungen: Sie sichert und fördert seine unverwechselbare, eigenste Struktur: die des Glaubensunfähigen, Nichtgläubigen, Andersgläubigen. Sie hat, sowie sie sich geschenkt sieht, mit sich selbst nur noch wenig zu schaffen. Doch nur dadurch, einzig dadurch, steht sie in ihrem eigenen Wesen und erfüllt ihre Berufung. Im Wesen ihrer Stärke und erhält sich selber fort in diesem.

4.
Nein, nicht insonderheit die Kirche ist es, die sich hinterfragen und grundlegend ändern muss. Aber hier lohnt der Hinweis auf das, was kürzlich die Berliner Tagespresse an den Tag gebracht hat: Die deutschen katholischen Bistümer leisten keine sachgerechte Vorlage einer Vermögensübersicht, die etwa den reellen Verkehrswert an Immobilienbesitz und immobiliären Beteiligungen aufzeigt. Aber es ist erwiesen, dass beispielsweise das Erzbistum Köln nur ca. fünf Prozent seiner dokumentierten Erträge für karitative Maßnahmen aufwendet. Daneben hortet es allein an Immobilienbesitz sinnlos Milliarden, die unzählige Menschen überall in der Welt retten könnten, deren Leben an einem Speichelfaden hängt. Was hätte Christus selber wohl dazu gesagt?

Zurück zu unseren Gastwirten: Vorher war die offenkundige Art und Entbietung ihres Denkens und Daseins diese: „Ich mag euch etwas anbieten, aber es ist nicht an euch, etwas von mir zu verlangen. Geht ihr, denn ich bin durch mich; denn es ist wohl jemand durch mich, aber das bin ich selber. Aber ihr, die ich nicht einmal zu meinen Angehörigen und guten Freunden zähle, habt kein Anrecht auf meinen Besitz, meine Gegenwart, auf mich selbst." Das ist zu sagen: „Das, was auf den Boden fällt, die Reste der Reste, dürft ihr euch greifen und beschlürfen. Das Essen selbst ist nicht für euch bestimmt." Ja, meistens sind es nur diejenigen Reste, die selbst die Hunde verschmähen. Nur dieses „etwas von uns" kommt bei den anderen willentlich an.

Umgekehrt also: *Wir* sind die Un-Menschen, weniger noch, Verweigerer des recht eigentlich Menschlichen, zu dem wir befähigt wurden. Stattdessen be-sitzen wir dies und jenes und sitzen dabei wie die Fliegen, die auf den toten Tieren sitzen, die auf den riesigen Bäuchen toter Pferde glänzen. Fliege du, Fliege ich: Klein fängt es an, und der kleine Anfang steht eng zusammen mit dem großen Ende: *auch* jeder von uns. Wir sitzen auf den aufgeblähten Bäuchen innen ausgehöhlter Gäule, die da auftauchen als Vorboten einer Allgemeinen Zersetzung, Zersetzung des kleinen organischen Lebensgefüges als des großen, des großen als des kleinen, ein allmähliches Sichauflösen, das man nicht genau erklären kann, das alles Lebendige verkehrt in ein Scheinbild des Organischen, welches organisierter Tod ist. Schließlich alles umfassend, in vollkommenster Perfektion. Deren grüne Reiter aber diese Gäste sein werden, uns scharfsteinige Steilwege hinauffordernd, die Wälle züngelnder Flammen umschließen. Panische, berstende Pferde, deren Haut eine derartige ist, dass sie *gebrochen* werden muss, damit das Gerippe zum Vorschein komme, aus dem endlich Flammen über Flammen schlagen.

Verstehe: Aus den Rippen derer, die eigentlich diese Pferde reiten und befehligten müssten. Aber sie haben sie nicht in den Griff bekommen. Sie saßen in ihren siebzig- bis hundertstöckigen Gebäuden aus schwarzem Frost und berieten andere, einfachere Dinge.

Etwas Unsägliches, das diese Sätze nur bildlich umschreiben können, wird uns sicher widerfahren. Vielleicht sogar nicht nur einmal, immer wieder. Vermochten wir nicht vorher, deutlich vorher, uns selbst und unsere Gäste in dieser Welt, die wir als die „unsere" erklären, am Leben zu erhalten.

Wir werden aufgelöst werden in der Un-Werdung, dem Aufklaffen nach innen, der schwerwiegenden Unbedeutendheit unserer Selbst-Empfindungen. Gott vergebe uns diese Unbedeutendheit: die vor allem.

5.
Das Problem ist uralt, aber es ist von Mal zu Mal, von Zeitalter zu Zeitalter gegenwärtiger geworden. Nicht von ungefähr predigen alle substanziellen Stimmen der Religion, gleich welchen Lagers, gleich welcher Herkunft, seit jeher im Kerne dies: All unser geistiges und sonstiges Bestreben muss darauf abzielen, unsere Selbstbezogenheit zu vermindern, darauf, dass wir uns selbst aus dem Blickfeld der eigenen Sorge verlieren, es aushalten in der Wüste, die der Herr in unserem Inneren schafft, sobald wir Ihm Einlass gewähren: das Land der Unauffindbarkeit irgendeines Anderen. Irgendeines Anderen als uns selbst – und Desjenigen, Der in allem und durch alle lebt. Land der Auflösung aller „Formen", daher, aller trennenden Persönlichkeitskonturen und „comfort zones" des Einzelnen und seines je eigenen kulturellen Kokons. Bis wir selber eine beliebige, situative Figurabilität des Ichs erreichen, durch die dieses imstande ist, sich anderen zugehörig zu machen, sich ihnen rückhaltlos zu schenken und diese anderen sich selbst vorbehaltlos einzubegreifen. In ihrer ganzen kulturellen, sozialen und individuellen *Andersheit* diese Anderen freudig aufzunehmen in unserer Mitte. Nicht am Rand.

Wesentlich ist das die Lehre des *tawhid* im wahrhaftigen, inneren Islam, der für die „Unterwerfung" des menschlichen Selbst unter den gegenwärtigen Geist und das Gesetz des Einen Ewigen Versorgers steht. Wenn wir Christen sagen, dass dieses Vermögen in Christus erlangbar ist, dass es durch ihn in uns erweckbar ist, dann heißt Christ sein wissen und bekennen, dass dieses Vermögen sich ohne diesen göttlichen Mittler nicht in uns „halten", nicht aus sich selber erstarken kann. Jeder Katholik bekennt das wesentlich im Sakrament der Beichte und erlangt (oder wiedererlangt) dieses Vermögen im eucharistischen Ritus.

Geradewegs erstickt wird das durch die versteckte Vergottung der unbelangbar privatisierten Selbstheit und die furchtbare Überbetonung des materiellen, physischen Ichs in den merkantilen Ländern, in unseren Schonungs- und Schönungsgesellschaften, die blindlings dem Exempel und der wirtschaftlich-ideologischen Weisung der USA folgen.

Letztere haben in den Ereignissen des 11.09.2001 und danach eine von vielen möglichen Quittungen *dafür* gesehen. Bestätigt und bestärkt werden diese Kräfte von allen sog. Religionen, die sich selbst proklamieren und nichts anderes tun, als sich selbst zu verfechten. Zu diesen muss das heute gängige, leblos-verbürgerlichte, mechanisch praktizierte Christentum der westlichen Welt leider zuallererst zugerechnet werden.

Die Religion der Selbstentäußerung um Gottes willen, des mystischen Pfades und der berufenen Frommen, für die der *hadith* vom *sirat al-mustaqim* bindend ist, der besagt, dass „der rechte Weg so schmal wie ein Haar und so scharf wie ein Schwert" ist und „sich über die Hölle erstreckt"; dieses Ambiente, diese Stufe des Glaubens soll und muss eine sublime Enklave bleiben, die Menschen zu einem reinen oder reineren Leben der Gottesbewusstheit inspiriert. Wird ihr individueller Anspruch auf die Gläubigen generell übertragen, entsteht mit dem vermessenen und grausamen Diktat einer „berufeneren" Elite genau das, wogegen sowohl Christus als auch Muhammad, ṣalla illā*hu 'alayhi s-sal*ām, ihr Leben und ihre Berufung eingesetzt haben. Um diesen Anspruch geht es uns nicht und darf es uns nicht gehen.

Aber neben dem „Du sollst nicht töten", s. o., gibt es eine Reihe leibunabhängiger Verbotenheiten, die „wir anderen" Christen von Grund auf nicht beachtet haben. Das Wichtigste: die mosaischen Zehn Gebote und der Kanon der Bergpredigt *uninternalisiert*, an uns selbst unausgeboren, unverwirklicht, hinsichtlich sowohl des Gebotenen als auch des Verbotenen: mit dem Fazit, dass wir gar keine Gotteskindschaft angenommen haben. Schon gar nicht die, deren wir uns seit Gründung der Kirche rühmen: die wahrhaftigste, die jesuanische. Weder als ethisches Verstandesgut noch als situative Leitregel noch als karitatives Programm kann man der Bergpredigt gerecht werden; dahingehend nämlich, dass sie den Neuen Menschen definiert, der zu Gott gehört und durch den Gott wirkt in dieser Welt und mit dem Er seine Welt erbaut. (Zwar müsste so gut wie jeder Mensch heute ein T-Shirt zur Schau tragen mit der Aufschrift: GOTT GESTOHLEN. Das aber ist gerade der Grund, trauriger Grund, warum wir mit dem Segen und der Vollmacht Der Bekommenschaft Des Herrn die bestehende Welt umzubauen haben.)

Was aber tut jeder Einzelne von uns dazu? Das fliehende und panische Stehen im Ich, ohne Einlassung und ohne Erliebtes, ist der Wille unseres Schattens, der uns bis dahin „geritten", der sich Macht über den inneren Ort unseres Lebens erarbeitet hat. Der den „Bauch" des menschheitlichen Gaules mit ganzen Städten des rasenden Kaltsinns, des merkantilen Wahnsinns, der Eigensucht und der Missachtung anderer gefüllt hat, in allen Erdteilen und unter allen Glaubensbekenntnissen. Alles, was die Selbstwahrnehmung und -befleißigung des Einzelnen erhöht, trägt dazu bei, weil es seinem wirklichen Wesen abträglich ist, ich sage nicht: seinem „Geist", sondern: dem bleibenden, empfindenden Leben des Inner-Meisten, des inneren Menschen, der sich allein über das Erliebte und die Einlassung auf das ihm Andere und Gegen-Gleiche beschreibt, dessen Leben sich in uns ausdrückt als das genuin Solidarische mit anderen Menschen. Dessen Leben, im Gegenteil, je mehr es losgebracht, je mehr es umgeschenkt wird – *sich* erfährt. Das nur dadurch *sich selbst* erlangt.

Der „Tisch des Lebens" ist die Seele jedes Menschen und der ganze, weite Weltkreis. Der echte Muslim liest und befolgt in *quran* und *hadith* nichts anderes als diese lebensentscheidende Weisung. – Wir Christen sagen: Dieses tatsächliche Leben schenkt uns Christus. Und indem es dann weiterhin Sein Leben bleibt, in uns, ist es auch Er, der uns in die Lage versetzt, frei und stark in diesem übergeordneten Leben zu stehen und es zu bewahren. Alle anderen „Re-ligionen" appellieren an den Willen, die Selbstüberwindung oder den Verstand des Menschen. Sie haben das Wesentliche nicht verstanden: Das ist, dass Gott allein, das Gute selbst, nur Der Gute schlechthin uns zum Guten vermag. Mit aller Seiner Entschiedenheit und Treue, die selbst die Kräfte des Todes in die Schranken weist, ohne sich ihnen zu entziehen, ohne den Kampf mit ihnen zu scheuen. Entschiedenheit und Treue, die wir allerdings zu erwidern und in den uns von Ihm gewiesenen Bahnen aktiv einzusetzen haben. Oder wir verlieren: Ihn, uns, unser Leben, unsere gesamte Welt.

Wenn wir uns anderen Religionen und Kulturen gegenüber durch diese Einsicht im Vorteil sehen sollten, dann im Vorteil hinsichtlich der Bindung dieser Gnadenkraft selbst: Dann müssen wir uns auch *um derentwillen*, um dieser anderen Kulturen und Religionen willen, in *Seine Hände* begeben. Das heißt: uns mit dieser Liebe selbst, nach ihrem unmissverständlichen Beispiel (Christus), und in ihrem unmissverständlichen Sinne, dem der Vergebung und selbstlosen Hingabe, für diese anderen Bekenntnisse oder Kulturen einsetzen. Im Sinne der Vergebung und Versöhnung, die erst das Erneuerungswerk der Gnade für andere einleitet und hereinbrechen lässt.

Diesem Beispiel entsprechend, Christi ureigenstem Beispiel, kann das schließlich sogar so weit führen, dass wir unser eigenes Bekenntnis, das heißt: das Christentum in der bis dato von uns verfochtenen oder praktizierten Form, opfern müssen: um einer zukunftsträchtigeren anderen Religion willen.

Das ist der für den religiösen „Westen" hereinbrechende neue Horizont.

6.
Wir werden auf das Letztgesagte noch zurückkommen.
In dem vorbesprochenen Sinne sagen alle tiefer blickenden Theologen, dass die Leugnung und der Verlust des göttlichen Lichtes im Menschen die geistige Mutter des Todes sind, des geistigen und des realen Todes, des Todes in allen seinen sichtbaren und unsichtbaren Erscheinungsformen. Wenn, im Leben oder im Tode, irgendetwas unanzweifelbar wahr und bestehend ist bzw. definitiv, kann es somit mit Gott in Verbindung gebracht werden. Das trifft letzlich auf alle empirischen Tatsachen, Geschehnisse und Erfahrbarkeiten für uns in dieser Welt zu. Ebenso, rückwärts betrachtet, steht alles

Erfahrbare, vergegenständlichender Bodensatz *einer* Wirklichkeit, sehr viel enger und entsprechender, als wir annehmen, mit der geistigen Zuständlichkeit des Menschen zusammen. Diese Zuständlichkeit ist geistes-*geschöpflich*, darin keine Einmalschöpfung, sondern immer *vor*-während wirksam, instant „da", all-augenblicklich: Sie resultiert ohne Unterlass aus Momenten, bewussten und unbewussten, der Erwiderung oder der Nicht-Achtung der Göttlichen Gegenwart selbst, ihrer unablässigen Suche eben der menschlichen Innenperson. (In der westlichen Tradition ist es Leibniz, der zuerst von der unmittelbar-ausschließlichen Gegenwart Gottes spricht als dem „einzigen unmittelbaren Objekt" am bzw. vor dem geistigen Selbst des Menschen: einerlei, wie dieser Einzelne selber Gott auffasse und imaginiere.) Das bedeutet, dass das geistig bloß fest-gestellte Üble dieser Welt samt und sonders auf Hemmungen, Festhaltungen, tödlichen Beendigungen in diesem allerursprünglichsten inwendigen Verhältnis fußt. Hierauf fußt die Aussage, dass wir, wie vorhin gesagt wurde, daran zugrunde gehen, dass wir uns eine eigene „innere Folgewirklichkeit aus Gott" verscherzen, entweder nur verscherzen oder bewusst zurückweisen. Unabhängig von der Art und Tiefe unseres Bekenntnisses, ja auch ohne ein solches, auch vor der Zwischenstunde der persönlichen Bekehrung, die aus dem Dunkel der Unkenntnis Gottes ins Helle Seiner erlebten Liebe tritt, beruht unser Leben auf dieser Folgewirklichkeit: und zwar das Leben jedes Menschen, ausgehend von dem jener, die berufen sind. „Wir werden nur die Leute zur Rechenschaft ziehen, die das Wissen über UNS erhalten haben." (Sure 17,15)

Zum Zweiten folgt daraus: dass mit dem bloßen Glauben an Gott oder seinem Licht in uns noch nichts für das Leben getan ist, für den Fortbestand des Menschen im Menschlichen, für das Leben im eigentlichen Sinne, für seine Verwirklichung durch uns in dieser Welt. Gottesglaube allein, im herkömmlichen, sedativen Sinne, bewirkt noch gar nichts. Eher Verblendungen als echte Veränderungen.

Aber dass derjenige, der da glaubt, der da zu glauben glaubt, der freudiges Einverständnis äußert mit den Zusicherungen und Geboten des Göttlichen Wortes, gemäß der Inhalte dieses seines Glaubens sich selbst verändere oder verändert werde und dadurch auch sein Handeln und Sprechen, dass er dadurch, wie vorbesprochen, fähig werde, sich zu geben, sich anderen zu schenken, dass er flüssig werde, verständnisinnig, transfluent und figurabel gemäß dem, was andere sind und andere brauchen: Das allerdings bewirkt Veränderungen. Kraftvolle Außenveränderungen, die dann mit nahezu jeder Nachaußenwendung seiner inneren Lebenskraft, seiner Überzeugungen und Ansichten zustande kommen. Es ist nur diese *Verwandlung (metanoia)* des „Leibes" Mensch, Wort, mit dem die hebräische Tradition die Existenz des ganzen Menschen ausdrückt, die sich mit kennzeichnender Selbstverständlichkeit im erneuernden Wirken von Gutem bezeugt. Das allein ist es, was den Ausdruck berechtigt: *Glaube.*

Man erlaube also, die Frage ebendanach in der gegenwärtigen Situation aufzuwerfen. Situation, die sehr wohl und durchaus damit zu tun hat, dass uns eine gegensätzliche Kultur als irreligiös brandmarkt. – Sind wir, der „christliche Westen", dieser einzigen relevanten Voraussetzung gerecht geworden?

Antwort: nicht annähernd. Sondern wir, der „reiche" Westen, christlich argumentierende, christlich lanciert reiche Westen, haben das unserem eigenen Sein und Haben gemäße Opfer dafür bis dato nicht erbracht. Bedenkt man, dass das unter sehr wahrscheinlichen Umständen erforderliche Opfer, wie wir vorhin sagten, dasjenige unserer real existierenden Religion an sich sein kann (innerhalb welcher sie allerdings, im Sinne Kierkegaards, gerade *nicht* besteht: genauer besehen), dann ist das Opfer nicht im Mindesten erbracht: weil nicht einmal das uns, das „vom Westen" entsprechendste, weltliche Opfer erbracht worden ist. Und zwar, weil wir, im Angesicht einer für unsere Maßstäbe und Wertkonzeptionen „archaischen", „unaufgeklärten" Glaubens-Kultur, die der unseren durchaus gegensätzlich ist, die diese, wie ich meine, gerade in religiöser Hinsicht herausfordert, *von dieser* eine Veränderung und Anpassung verlangen. Uns selbst aber mitnichten ändern wollen.

Wofür wir (der Westen) exoterisch stehen, das ist ein immenser technologischer und ökonomischer Vorsprung, wirtschaftliche Effizenz und Produktivität, freiheitlich geläutertes Handeln in allen Dingen der Staatsräson, ein im öffentlich-rechtlichen Selbstverständnis der Staaten verankertes umfassendes Bildungsangebot, stringentes empirisches Vernunftsdenken und ein ausgesprochen fürsorglicher Sinn für die Privatsphäre des Einzelnen, verbunden mit einer liberalen Schonkultur der Werte, die von niemandem einen Glauben oder irgendeine Form von spiritueller Suffizienz einfordert. Die heute weitgehend verblassten oder versatzstückten bzw. reinterpretierten Errungenschaften in den Bereichen des Geistes und der Kunst einmal außen vor gelassen. Aber mit all diesen Dingen, die wir zum großen Teil selbst in die Welt gesetzt haben, verhalten wir uns nicht wie freigiebige Väter, sondern wie Verkäufer; bei Mitgabe der Hypothek, dass mit diesen unseren verkauften Errungenschaften auch unser Selbstverständnis, unsere Welt- und Lebensanschauung sich weiterpflanzen müsse – d. h. sie selbst sich territorial auszuweiten habe. – Wofür wir nicht stehen, das ist spirituelle Erweckung, Weisheit des Herzens, Grazie und Fülle seelischer Artikulation, der Adel des Gefühls und intuitive Wesenserkenntnis, entdualisierte, unbeschwerte Leiblichkeit, selbstverständliches Geben. In diesen Bereichen sind wir schlichtweg elend, schlichtweg „aufgeschmissen" ohne Einfluss der Orientalen, der Afrikaner, Lateinamerikas usw. Es besteht die Paradoxie, dass wir nur von diesem unserem jeweiligen „Widerpart" oder Gegenüber lernen können, auf welche Weise *wir ihn* zu bereichern haben und beschenken können bzw. könnten …

Mit Hinblick auf das eigentlich Menschliche oder menschlich Werthaltige ist das, was nicht glänzt, lichtartig, gewichtig, gut. Da sieht man: Alles haben wir, aber nichts kommt von uns. Alles tun wir bei grellem, aber geschlossenem Licht: Unser gesamtes leeres Wissen vermag nicht das Licht *zu* öffnen und zu vergegenständlichen, das auf uns scheint. Unsere *techne* hat den wunderbaren Sinn getötet, der uns ursprünglich zur Saat und Mahd antrieb mit ihm, da noch tief vertraut mit diesem Licht, die Welt erklärend mit dem Geist des Herzens. Vor langer Zeit schon ist Atlas von uns gegangen, der den Himmel auf den Schultern trug: den Himmel, nicht die Erde, von der Erde aus, auf der er stand. Alles „erhellen", benennen und deuten wir, aber das dringendste Bedürfnis und das einfachste Leid unseres Mitmenschen, es dringe aus nächster Nähe oder von fern an unser Ohr, lässt uns in Unvermögen erstarren, offensichtlichem, oft jedoch vorgetäuschtem Unvermögen. In den Worthäusern der Pagen, die aufgestellt sind um die Festung der Bedeutung, wohnen nur Hunde und Huren. Diese Festung „westliche Wertegemeinschaft" des „christlichen Abendlandes" (:) besteht aus aufgeblähten, leeren Hülsen über zusammengestampften Bergen von Schriften, die Posen sind, von Posen, die zu Schriften wurden: alles in allem: *pura basura*.[3] Ja, hier und da durchsetzt von Zeugnissen echter, kämpferischer Überzeugungen *dagegen*, die mit Erstaunen und Genuss gelesen, genussvoll rezipiert wurden, aber als „Kulturgut" verinnerlicht und nicht befolgt, nicht ernst genommen wurden, da aberrant, nicht *smart* genug. Obendrein ist seit dem Fortgehen des Atlas von aller Bedeutung nur das Gehäuse geblieben, sagte ich, ein monumentales Gehäuse, jetzt, zum Abend hin, anmutend wie ein riesiger goldener Schrein. Es heißt, das Innere der Bedeutung (bzw. die Bedeutung selbst) sei in ferne Regionen verlegt worden. Und dort aufgetaucht als ein sargartig schwarzer Quader, verziert mit geschwungenen, ehrwürdigen, expressiven Schriftzügen, die unsereins nicht entziffern könne.

7.
Mit Hinblick auf das eigentlich Menschliche oder menschlich Werthaltige ist das, was nicht glänzt, lichtartig, gewichtig, gut. Und Gott? Ein Riese in den Kleinen, ein Beschenker in den Knappen, ein Bedecker in den Nackten, ein Überwinder in den Bedrückten. Ein Wiederschöpfer, einer, der alles neu macht, mit denen, die vergeben. Es ist ein Unterschied, ob man diese Anhalte, ob man die wesentlichen religiösen Lehren ernst nimmt und sie praktiziert oder sein kulturelles Selbstverständnis lediglich mit ihren Vorsätzen verbrämt. Etwas anderes, dieses Feuer zu *unterhalten*:

---

[3] Auch daher die spärlich eingestreuten Papiermüllbilder im ersten editierten Band der „Levitationen". (Anm. d. Schreibers).

Das bedeutet, deren Kraft in einem selbst zu kennen und zu tragen. Und sogleich, sie auszubringen, auszutragen. Den einen innerlich ergreifenden Arm des göttlichen Lichtes zu unterfassen, um sich von seiner bedingungslosen, unkorrumpierbaren Liebe ziehen zu lassen – wie man *sie* zieht. Um diesen Arm dann *dem* zu reichen, jedem zu reichen, der an der widerstrahlenden Wärme seines Lichtes in uns, den Menschen „der anderen Seite", zweifelt. Der dann und darum in der Begegnung mit uns stumpf, renitent, argwöhnisch geworden ist, mehr und mehr *seiner* eigensten Innenlenkung beraubt, seiner artikulativen Mitte ohnehin, wie all die zwangsvermummten Frauen, deren Stimmen nicht gehört werden, die zeitlebens sich selbst verleugnen müssen (wovon sprechen sie, dennoch, was sagt uns diese ihre verkürzte Existenz?), so verstummt in seiner eingeschlossenen Identität. Kinder nennen wir uns des Gottes, der sich bewiesen, sich gezeigt hat: und Kinder also eben dieses Geistes der Unverborgenheit und unmissverständlichen Zuwendung? Sind wir das denn wirklich? – *Sind wir*, ich wiederhole mich, *Christen für die Welt?*

Es gibt nur die eine Alternative, nur den einen Weg: dass wir uns ernsthaft unseres eigensten Ursprungs besinnen. Eben des jesuanischen.

Aber – wir hatten schon angefangen, auf diesen neuralgischen Punkt hinzudeuten:

Die Liebe, die wir kennen, zu der wir bewegt werden durch sie selbst, durch das Gute an sich, die entspringt nicht in uns selber: Das ist die Liebe unseres christlichen Gottes. Entweder sie kommt von Ihm und sie erhält sich durch Ihn selbst in uns, indem wir Seiner Nähe und Seinem Gebot willfahren, oder wir pervertieren und beschmutzen sie, auf mannigfaltigste Weise. Dafür spezifische Belege anzuführen erübrigt sich aus dem Grunde, dass zweitausend Jahre abendländische Welt- und Kulturgeschichte nahezu ein einziger Beleg dafür sind, von dem man leider auch den Werdegang der Kirche nicht ausnehmen kann. Auch das ist Kennzeichnung, Stigma des „Westens".

Der fehlende Gestus und einzige Rettungsweg unseres religiösen Selbstverständnisses ist: dieser höheren Liebe zu dienen und mit ihr anderen ergeben zu dienen. Mit Der Liebe, die über uns geht, aber die wir durchaus haben bzw. haben können. Aber wir haben sie bzw. können sie haben einzig und allein, indem sie uns hat, indem sie machtvoll und bestimmend Besitz ergreift von uns.

Der Weg ist: im Bekennen, dass wir selber nicht weniger gescheitert sind an ihrem Gebot, sich bereitfinden, und *sich* bereit *finden*, den Feinden und mutmaßlichen Leugnern der Liebe aufzuwarten, mit jedem erforderlichen Mittel, bis Milde und Begütigung, das Fanal selbstloser Güte sie im Innersten besiegt, weil diese Güte den längeren Atem hat: angeboten Vom Atem Des Ewigen Selber. – Grundsatz, Stehsatz der Lehre Christi. Immer noch weitgehend unverstanden, immer noch unbefolgt. Aber der Westen bleibt, unvermeidlich, prädestiniert zu einer dezidiert praktisch vorgehenden Kultur der Vergebung. Jeder Schritt in jegliche andere Richtung betrügt und vergeudet seine tatsächliche Stärke, wie ich oben sagte.

Das klingt und ist zurzeit utopisch: richtig, solange man sich nicht auf Gott selber verlässt und besinnt, sich *Ihm* selber zur Verfügung stellend. Sich, wie wir gesagt haben, in Seine handelnden Hände begibt um dieses vermeintlichen Feindes willen. (Wenn wir aber, so verstanden, ein wenig reiner werden, ein bisschen authentischer werden sollten in den zentralen Anliegen des Glaubens und der Menschlichkeit, dann wird diese Zielerreichung auch und gerade diesem „Feind" zuzuschreiben sein: weiteres Paradoxon.)

Wie wird der Ewige seine Liebe durch uns „kanalisieren"? Der reale ergreifbare Konsens ist jene Menschlichkeit, jene bewusst ergriffene, unvereinnehmbare, gelebte Menschlichkeit, zu der wir kraft unseres authentischen Bekenntnisses berufen sind. Wenn ihr schlichter Kanon nicht die Grüne Bibel vorgibt, die ab jetzt und umgehend dem gesamten Weltkreis als Richtmaß zu dienen hat, tritt jeder Christ das Evangelium, jeder Muslim den qur'an mit Füßen und beide durchbohren ihr eigenes Buch mit ein und demselben Dolch.

Authentische, gelebte Menschlichkeit ist nicht nur praktikabler und verständlicher als jegliche systemische Werteannäherung, weit verbindlicher als jegliche politische Kollaboration und zugleich unverbindlich hinsichtlich Letzterer, hehrer, souveräner, variabler als jegliche theologische Doktrin. Entscheidender: Einerlei, womit man Gott assoziiert, repräsentiert sie seinen Willen in dieser Welt: in diesem menschlichen Sein, welches ein Menschsein ohne Glanz ist und ohne Belobigung, weil der Glanz des Menschen nicht ein Glanz des Bildes „Mensch" ist, sondern ein den nackten Geist in ihm Bekleidender, seine dem Himmlischen Geiste, nur diesem, zugängliche Innenperson, diese nur bekleidend, bekleidender Glanz des Himmels, von dem einzig und allein gesagt werden kann, dass wir aus ihm kommen; dessen Blöße, Umfassendheit und Unverborgenheit immer unseren Ursprung, den Ursprung des lebendigen, menschlichen Lichtes, in uns gebildet hat. Schau auf die *kaaba* und umlaufe sie: *prescious mirroring darkness,* in dem dein Gesicht sich um keinen Deut von dem deines Mitmenschen unterscheidet. Und, darum diese poetische Eskapade: Ganz egal, wo unser kultureller, ideeller oder lebensgeschichtlicher Ursprung liegt, nur im gemeinsamen „ewigen Ursprung", der den Ausgangs- und Zielrichtpunkt eines jeden gläubigen Bekenntnisses bildet, liegen Chancen zu wahrhaftiger Erneuerung, zur Überwindung der bestehenden Verhältnisse, beginnend bei einem interkonfessionellen Neuanfang.

8.
Ja, richtig: Dies sind grundsätzliche, allzu vage oder idealistische Erwägungen. Die Wirklichkeit zeigt, dass wir uns, wir oder unsere ideellen und politischen Repräsentanten, ganz anders verhalten: dass wir nicht imstande sind, dezidiert eigene Wertmaßstäbe und dezidiert eigene Interessen hintanzustellen, wenn wir uns dem in jeder Hinsicht Anderweltlichen einmal genähert haben.

Aber die wesentliche Einsicht ist jene, dass nur die Gnade Gottes, das Gute selber uns zum Durchgreifend-Guten vermag, zu einer jeglichen positiven Veränderung der bestehenden Verhältnisse in dieser Welt. Dass sie uns dabei einzig dazu vermag, an Seiner Statt und in Seinem Sinne zu handeln. Daher ist der (zumindest „nominell") christliche Westen prädestiniert zu einer Kultur der Vergebung und Unterstützung, die in der brisanten augenblicklichen Situation dringend erforderlich ist.

Ja, zur Hälfte klingt diese Begründung mystisch. Aber selbst wenn man sich das nur fiktiv vorstellen können sollte, wie da etwas „durch uns greift", das über unsere eigenen Möglichkeiten geht, ja wie dieses nach uns greift für sich: Wie kann die Handreichung des Herrn als Illusion, als Zumutung oder gar als eine Last empfunden werden, wenn tatsächlich *Er* der Handelnde ist (*glaubst* du daran?), wenn doch wir können, weil Er kann? Er kann, Er wird können, so wie wir können.

Theologisch ist die Frage, die sich jetzt stellt, daher vielmehr die: Haben *wir* uns erreichen lassen? Fangen wir bei *Seiner* Berührung und Verfügung an – in allem, was wir tun und lassen? Hat Er uns, weil wir Ihn haben? Haben wir Ihn, indem Er uns hat?

Kann von alledem nicht die Rede sein, können wir uns nicht einmal Christen schimpfen: Wenn wir es schon vorher nicht konnten, so können wir es jetzt erst recht nicht. Geschweige denn behaupten, anderen Religionen gegenüber einer innigeren Offenbarung des Einen Lebendigen Gottes habhaft zu sein.

Anders: *Jetzt gilt es.* Jetzt ist die Stunde gekommen der endgültigen, vielleicht letztmöglichen Bewährung unseres Bekenntnisses: vom höchsten Staatsmann bis zum „unbedeutendsten", unbekannten Erdbewohner, der sich als Christ begreift und ausgibt.

9.
Islam muss von allen Erscheinungsformen des Islamismus, aktivistischen und militanten ebenso wie den theoretischen, unterschieden werden. Von jeglicher Politisierung des islamischen Glaubens, von seinem traditionellen Missbrauch als theokratische Staatsdoktrin, von jedem religiösen Totalitarismus. Man beginnt damit, indem man die Ursachen für diesen Extremismus ermittelt. Hat man diese Ursachen ermittelt, muss man ihnen mit allen

verfügbaren Mitteln entgegentreten, kollaborierend mit den ungezählten tatsächlichen Muslimen und deren lokalen *außerpolitischen* Organisationen, die sich sehr wohl zu erkennen geben, und wo nicht, dies tun werden, sobald berufene Kräfte sie unterstützen und berufene Stimmen sie zur Zusammenarbeit auffordern werden. Forschend nach diesen Ursachen, wird man auf die Entfremdung vom Gebot des *tawhid* und der Einheit *aller* Gottesgläubigen stoßen, die den Islam des *qu'ran* in nuce ausmacht. Der u. a. sagt, dass „der, von dem sein Nachbar nicht sicher ist, nicht ins Paradies kommt" (Sure 3,19), und der in strikter Regelmäßigkeit betont, dass die Gläubigen anderer Religionen vom Islam nicht ausgeschlossen sind, sondern per se ihm zugehören. Die zunehmenden wesenslosen Verhärtungen zum Islamismus und das Nichtwissen der Muslime um die Essenz ihrer eigenen Religion haben ihren Ursprung in den über Jahrhunderte entstandenen Verkrustungen durch Willkürherrschaften, bewehrt gegen die Kolonialisierung durch die Europäer, wie in dieser selbst, und im Endresultat aus beidem im sozialen Elend und Verlust der Menschen an Freiheit und Selbstbestimmung. Diese Beraubung ist es, was den Glauben in seiner Identität erstickt und verfremdet. Wie überzeugter Unglaube schiere Unwissenheit voraussetzt, Unwissenheit hinsichtlich des Ursprungs, der Natur und der Bestimmung des Menschen in der Schöpfung, so ist der rein tradierte, unreflektierte und durch keinerlei Hinterfragen bewährte Glaube, einerlei welchen Bekenntnisses, der diesen authentischen persönlichen Bekenntnisses enträt, überhaupt kein Glaube. Auch und gerade echter Islam kann nur in einer pluralen, freiheitlichen Gesellschaft vom Einzelnen gewählt und bekannt werden. Gerade für ihn gilt: Glaube heißt sich selbst bekennen, ohne „Verordnung von oben", ohne jeglichen Zwang, sondern mit freudigem Enthusiasmus und aus tiefster persönlicher Überzeugung und Entscheidung für Den ALLEINzigen und den Dienst an Seiner Wahrheit. Deshalb hat die tatsächliche *umma* „Leute der Wahrheit", die da heißt tora – Evangelium – *qu'ran* – überall in der Welt. Während aber infolge der genannten widernatürlichen Knechtung und ihres sozialen Elends viele Muslime in der unreflektierten Religion Abhilfe suchen, eine illusorische Fluchtstätte, da Religion allgemein ja für Gerechtigkeit und Menschlichkeit bürgt und eintritt: sollte man meinen. Deren verordnete Version jedoch ist schon auf Selbstbewehrung der „islamischen Wirklichkeit" als einer von Fremden Bedrohten getrimmt, in einer verallgemeinerten „Theologie des Islams", deren reduzierte Sichtweisen Hand in Hand gehen mit einer unter dem Druck der Kolonialzeit und des Kalten Krieges aufgekommenen Kriegs- und Staatstheologie. Diese Letztere haben zuvörderst islamistische „Reformtheologen" geprägt, zu nennen etwa Sayyid Abu'l'Ala Maududi und Sayyid Qutb, deren Ideologie sich in wenigem unterscheidet etwa von der eines Abu Musab az-Zarqawi, dem programmatischen Vordenker und Wegbereiter für Abu Bakr al-Baghdadi und seinen mörderischen „Islamischen Staat". Letzterer wird nicht Ruhe geben, ehe nicht alle seine Soldaten ausgelöscht sind oder der Staat Israel von der Weltkarte getilgt wurde.

Die Entfremdung der Muslime von ihrem Ursprung und verbindlichsten Bekenntnis ist leider gerade dort zu befinden, wo vermeintlich ureigene Pflichten und Riten demarkiert werden. Entsetzlich deutlich bezeugt beispielsweise der Brauch des Ehrenmordes, selbst in Deutschland und Frankreich mintunter von Exilanten der dritten und vierten Generation unter Eheleuten und Geschwistern verübt, wie Menschen apparatehaft einem überkommenen, archaisch-kaltsinnigen Ritus willfahren, der ihnen mehr gilt als jede Vernunft des Herzens, ja als die Liebe zu ihren ersten und engsten Angehörigen. Dabei vermeinen sie den letztgültigen Regeln ihrer Religion und also dem Gebot Gottes Folge zu leisten: was so unfassbar traurig wie absurd und falsch ist.[4]

Die Ursachen der islamistischen Pervertierung sind solche, mit denen es der Westen sehr wohl aufnehmen kann, indem er, multilateral operierend, zuvörderst die Kräfte wahrhaftigen Glaubens und moderner Bildung in der islamischen Welt stärkt. Zumal wir es historisch mit Ursachen zu tun haben, die er größtenteils selbst hervorgebracht hat. Aber dringlicher zu beherzigen ist, ich wiederhole: dass jede offenkundig regressive Kultur, die sich typischerweise mit rigider religiöser Gesetzlichkeit bewehrt, welcher

---

[4] Weltweit finden etwa 90 % aller sog. „Ehrenmorde" in islamischen Familien oder Gemeinschaften statt, obschon der „Ehrenmord" in der Schari'a keinerlei Grundlage hat. (Anm. d. Schreibers).

sie ethisch, im Sinne der in dieser Welt einzig entscheidenden Menschlichkeit, zu entwachsen sich noch weigert, andererseits allen Grund hat, an der Redlichkeit ihres (westlichen) Gegenübers, an seiner Motivlage zu zweifeln. An deren Religiosität? Das allemal und außerdem.

Vor Christi Auftreten verhielt es sich durchaus ähnlich mit dem Judentum. Angesichts eines rigiden politischen Besatzers demarkierte es diesem und sich selbst gegenüber mit Schärfe seine Rechtgläubigkeit und Rechtleitung, seinen Divinitätsanspruch mit der Gesetzlichkeit seines unvermischbaren Eigenlebens. Es befand sich allerdings nicht in der schätzenswerten Lage, einen in Belangen der göttlich gesinnten und gottgemäßen Menschlichkeit begnadeteren Vorgänger anzutreffen, wenn es sich mit etablierten anderen monotheistischen Bekenntnissen hätte vergleichen wollen. Der Islam, just in seiner gegenwärtigen Zerrissenheit *(sic!)*, hat diese Chance und man muss sie ihm in aller Konsequenz der Uneigennützigkeit und Güte anbieten, die sich ihrerseits „vermenschlicht" und vergegenständlicht: in undoktrinärer und uneigennütziger Hilfe einer jeglichen benötigten Form.

Auch aus dem Grunde, dass das institutionalisierte, existierende Judentum diese Chance *nicht* hatte, befindet sich der heutige Staat Israel in seinem innenwendigen Selbstverständnis auf einer Stufe, die der verschlossene Chauvinismus seiner Siedlungspolitik und der immer wieder barbarischen derzeitigen Übergriffe in Gaza autistisch erscheinen lassen. Hamas und Fatah sind die erklärten, aber gewollterweise unscharfen *targets*, Ziel der Angriffe ist das natürliche Existenzrecht einer ganzen aufstrebenden Nation. Und selbstverständlich darf zu dieser Diskussion der Hinweis bemüht werden: Am Volk der Juden sind, im Gegenteil, in einer vernichtenden Aufwallung von grenzenlosem Nihilismus und diabolischer Rassentheorie, die sich sogar christlich-theologisch legitimieren zu können glaubte, unsägliche Gräuel begangen worden. Die Erinnerung an dieses einschneidende Trauma, das unmittelbar der Konstitution des Staates Israel vorausgegangen ist, ist in dem Letzteren nicht im Mindesten verblasst, wie gerade der übersteuerte eigene Aktionismus um *felestin* bis heute bezeugt.[5]

---

[5] *Felestin* – Palästina. (Anm. d. Schreibers).

Der Islam behauptet nicht, allein der Offenbarung und der Bewusstheit um das Gesetz Gottes habhaft zu sein, er sieht die für sich reklamierte Offenbarung sogar in einer stadial-vervollkommnenden Abfolge aus beiden „vorherigen" monotheistischen Religionen. Und in der gegenwärtigen Diskussion behauptet er lediglich, dass der Westen das, für sich besehen, in seinen Verhältnissen, Bekenntnissen und Ausdrucksformen, *nicht* erkennen lässt: dass Religion mit Überzeugung gelebt wird, dass Religion primär *Bindung* an und durch Gott bedeutet, die verbindliche Orientierung am lebensstiftenden und -bewahrenden Gesetz Gottes sowie an der Würde und Majestät Gottes selber und seiner Offenbarung. Und tatsächlich: Zunächst, das bedingt die geschichtliche Disposition, steht die andere Seite, dieser in mancher Hinsicht stärkere potenzielle Mittler oder Partner, im Beweiszwang: Er muss zuerst den Nachweis führen, *dass* er den Geist der Einlassung besitzt, dass die Bereitschaft und Willigkeit zur gegenseitigen Förderung und Erkenntnis seine Antriebsfeder ist. Und, hiermit einhergehend, *dass* er eine authentische religiöse Motivation besitzt. Daher darf diese – anders, sie *muss* wahrhaftig christlich sein.

Nur, leider, die bereits von Kierkegaard erbittert vertretene These, das wahre Christentum sei gerade in und mittels der bestehenden Christenheit „abgeschafft" worden, dürfte heute in den Augen aller halbwegs ernst zu nehmenden aufgeklärten Theologen der muslimischen Welt Zustimmung finden, traurige Zustimmung. Dies ist, was Anlass geben muss zum Umdenken. – Wo sind die Indizien dafür zu finden, dass diese theologische Reflexion, wenigstens sie, begonnen habe?

So oder anders: Es ist offensichtlich, dass wir nur durch gewisse Kraftakte oder vernichtende Erfahrungen belehrbar sind. Die unfassbar, ja fast übernatürlich anmuten. So zu verstehen meine vorherige Anmerkung zu den Anschlägen von Nine-Eleven.

Aber darauf ist insbesondere auch die Bezeichnung der Göttlichen Liebe (oder ihrer „Handreichung") – im Gegensatz zum Sendungsbewusstsein jeglicher Bestrebung, jeglicher Ideologie des Menschen – als „unkorrumpierbar" gemünzt.

Zwar mag das Folgende zunächst als allzu prompter Überschlag auf sehr konkrete Verhältnisse erscheinen – als käme ich unbeholfen vom „Stöckchen aufs Hölzchen". Aber leider, sie sind gekreuzt:

Hätten die Vereinigten Staaten nicht über Jahre hinweg und gerade vor den jüngsten Eskalationen, verbunden mit ihren offenkundigen wirtschaftlichen Interessen, United States of Petroleum, in der weiter gefassten arabischen Region, zudem einen beleidigend lasziven Lebensstil importierend, gezielt den Wahabismus der Golf-Staaten subventioniert und vereinnahmt, der für einen völlig veräußerlichten, reglementarischen, seiner ganzen spirituellen Ursprünglichkeit beraubten Islam steht: Es wäre niemals zu diesem vehementen, perfiden Gegenschlag gekommen.

Bin Laden, seinerseits ein promotetes Produkt dieser Interventionen, hat vor Nine-Eleven deutlich zu verstehen gegeben, dass dieser zumal von *dem* Terrain ausgehende Prozess, auf dem sich die heiligsten Stätten des Islam befinden, für ihn die „Kriegserklärung an die muslimische Welt" bedeutet hat, das Fass der eigenen Ressentiments zum Überlaufen bringend (wozu der palästinensische Konflikt sein Übriges tut). So sehr er auch seinerseits der willkürlichen Ideologie einer Gruppe von blindwütigen Eiferern vorstand, die nicht etwa vom *qur'an* legitimiert wurden, sondern diesen verfälscht haben, zudem dem Ansehen des Islam durch ihr Handeln immensen Schaden zufügend: Man kann seinen imperialen „Feind" nicht von der Schuld einer schwerwiegenden opportunistischen Intervention freisprechen.

In dieselbe Kategorie der mit löblichem „Antiterrorismus" verbrämten Verbrechen an einer uneinnehmbar andersartigen Weltanschauung und Kultur gehört der ungezählte Hunger- und Bombentod Unschuldiger und der Kleinen und Kleinsten, der Kinder Iraks, der dem militärisch bewehrten zwölfjährigen Embargo und dem darauf folgenden Krieg zuzuschreiben ist. Gleichfalls aber, aufseiten eines verdächtig schnell und leicht rehabilitierten neuen Bündnispartners, der mit unbeschreiblicher Unmenschlichkeit betriebene Vernichtungskrieg Putins gegen die Tschetschenen. Ein Volk, das übrigens einem offenherzigen, sanften sufitischen Islam der Liebe Gottes für seine Schöpfung anhängt.

Im Sinne einer nüchternen und neutralen Reflexion des Eingetreten sollten diese Zusammenhänge der Allgemeinheit deutlicher vor Augen geführt werden: den überwältigend Vielen, die die ideologischen Darstellungen der Boulevardpresse für bare Münze nehmen. Nie zuvor in der „freien Welt" hat so sehr gegolten, dass Information nicht Wahrheit ist, nie zuvor sind die partikulären wirtschaftlichen Interessen ebendieses „freiheitlichen" Westens derart systematisch kaschiert worden. Denn um des Erdöls willen sind beide Supermächte in der Region zugange und um des Öls willen ist die heutige Ausgeburt des Terrorismus *von ihnen* in die Welt gesetzt worden. Wem das noch immer nicht aufgegangen ist, dessen Scharfsinn reicht in der Tat nicht einmal für das analytische Niveau der o. g. Nachrichtenblätter aus.

10.
Wenn die jetzt erforderliche Reflexion theologische Erwägungen und Erklärungsmuster bemüht, sollte sie niemals außer Acht lassen, ja, sie sollte mit Entsetzen und Trauer daran erinnern, dass wahrer Islam und wahres Christentum unauflöslich verbunden sind durch die Bestimmung der praktizierten Liebe im Geist der Menschenfreundlichkeit Eines Himmlischen Gottes, die durch dazu bereite und aufgerufene Menschen verbreitet wird in dieser Welt. Bekanntlich hat der Mensch zwei Hände, die Verschiedenes tun und verschieden positioniert sein können und dabei doch dieselbe Verrichtung gemeinsam ausführen.

„Überall kannst du beginnen, nirgends aber wirst du enden." Ausgehend von der hohen Verehrung und Anerkennung, die Jesus im *qur'an* findet, durchaus beschwörend im Synonym „Geist (*ruach*) Gottes" für ihn gipfelnd, wird man überall in der quranischen Tradition (mitnichten nur im schiitischen Geheimkanon und in der sufitischen Mystik) die frappierendsten und schönsten Bestätigungen dafür finden, dass wir es mit der innenwendigen Einheit zweier Religionen des überwindenden Lichtes der Höheren Liebe zu tun und es mit dieser Einheit ernst zu nehmen haben. Bezeichnenderweise sind es (beispielsweise in der Nachfolge Rumis und Muhammad Iqbals) bis heute immer bedeutende Stimmen der muslimischen Glaubenswelt gewesen, die auf diese Parallelen gepocht haben, während angesehenste Würdenträger des westlichen theologischen Lagers, in Ermangelung wirklicher Kenntnisse und wirklicher Einlassungsfähigkeit, sich auch heute üblicherweise nicht entblöden, den Islam als irreligiös, sinnlich-grob und engstirnig zu diskreditieren: was also die wirklichen Verhältnisse tatsächlich auf den Kopf stellt.

Verhält es sich aber tatsächlich so, dass *wir* der innigeren Offenbarung des Einen Lebendigen Gottes habhaft sind, dann – dann gerade – muss sich der Westen orientieren (orient-ieren). Wie seinerzeit der Mallorquiner Ramon Llull müssen wir das Mark des religiös Anderweltlichen, das sich nicht von ungefähr um uns verbreitet, richtiggehend schmecken, es mit wachem Geist in uns aufnehmen, um unser Bekenntnis dazu einlösen zu können, dass „der Tisch des Lebens der gesamte, weite Weltkreis und die Seele jedes einzelnen Menschen" ist. Die Frage ist dann nicht mehr, welches Bekenntnis ich angenommen habe, sondern durchaus die, welche Bekenntnisse Des ALLEinzigen ich noch nicht an (mich) genommen habe. *Ich möchte*, dass alle Gläubigen dieses Planeten EINEN Gott preisen, mit *torah*, Evangelium und *qu'ran*, und Diesem Einen dienen mit aller ihrer Energie und Überzeugung, mit der Tatkraft ihres Herzens. Ich sehe aber nicht, dass meine Glaubensbrüder das ebenso wollen. Sie kennen keine Katholizität, wie sie im Grund der Welt gewollt ist. Wollte Gott eine Glaubenskultur am Gängelband der anderen, dann hätte er zwei Schöpfungen hervorgebracht und dabei Seinen Sohn gar nicht erst einbezogen. Aber gerade um die Weite der Begründung ermessen zu können, warum unsere Liebe, unsere Hoffnung und unser Vertrauen Jesus Christus gilt, müssen wir erfahren und begreifen lernen, wie Dieser Allvorhandene und Einzige Sieger, sich alle ein-selbstend, enthalten ist in allen Formen existenzieller Gottesbejahung. Das wird sich als unabdingbar erweisen, um die religiös motivierte lebens- und weltanschauliche Spaltung der Kulturen, Islam und Christentum, halbwegs entschärfen zu können.

Diesen Beitrag kann jeder wirkliche Christ in diesen Tagen des Entsetzens und der Ohnmacht leisten.

In etwas weiterer Ferne aber, so unfliehbar, wie auf den Sonnenuntergang die dunkle Nacht folgt, auf diese das Goldrot der Frühe, auf diese das strenge, frische Grün des Morgens, erscheint danach ein neuer Horizont vor uns. Es könnte sein, befremdenderweise, dass Gott bestimmt hat, dass es *Ihm* gefällt, dass das Golgatha des Christentums, des bisherigen zumindest, Gestalt annehme vor unseren Augen. Das Golgatha unserer Religion, aufsteigend an ihm der Islam.

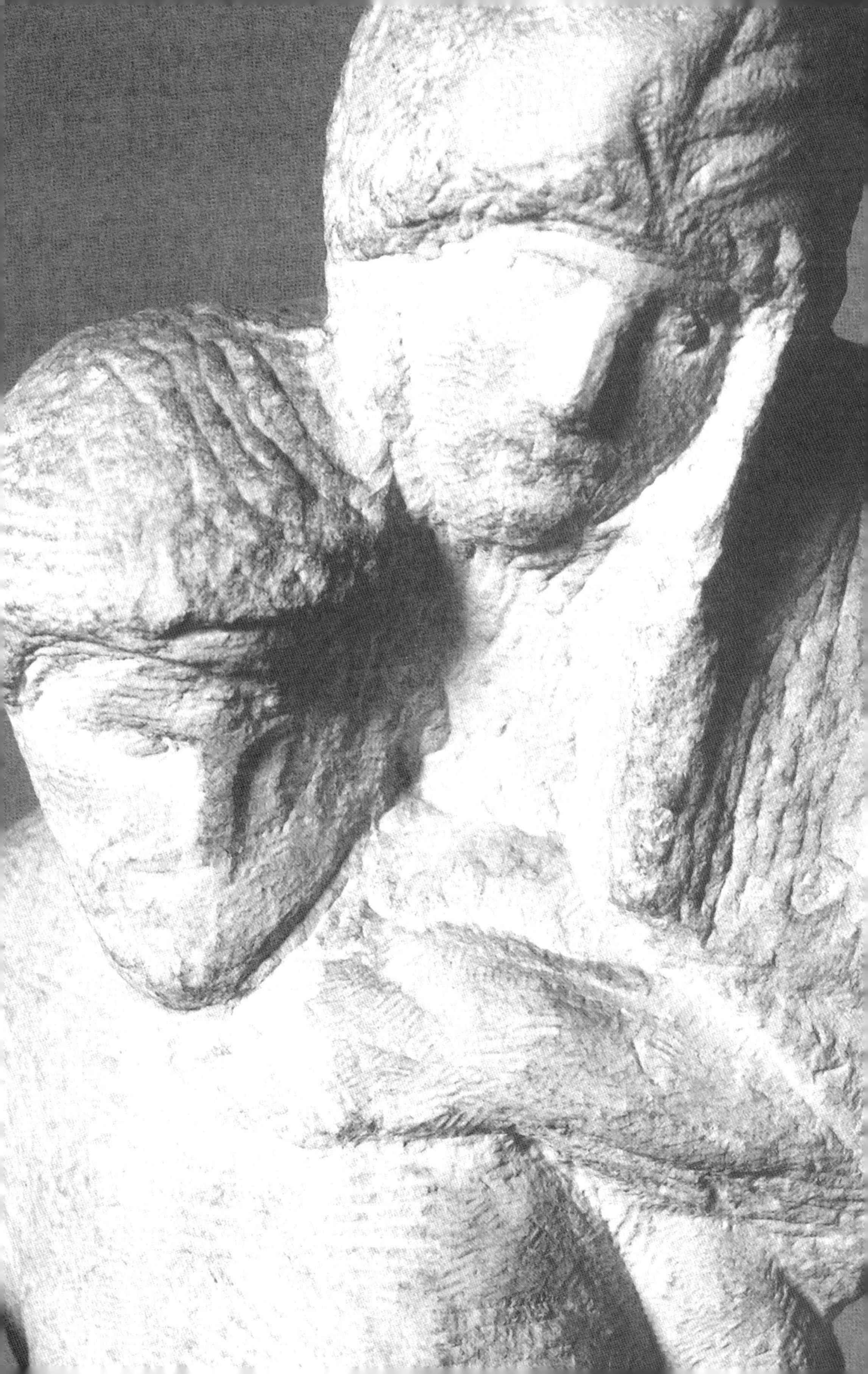

Das Alte Lied.

Versuch über den Anfang.[6]

Matéo
– Weißt du, woran ich immer denken muss? –

Albe
Nicht negativ.

– Ich denke an den ersten Menschen. –

Nicht negativ.

(*„Nicht negativ – nicht negativ." So fing es an. – Ich erinnerte mich, irgendwann vorher eindringlich von ihm gewarnt worden zu sein: Wenn es so weit käme, dass er mir von Adam und Eva zu sprechen anfinge, möge ich das nicht verhindern, ihn einfach gewähren lassen, es so lange wie möglich aushalten. Wenn nicht um meiner selbst willen, so doch wenigstens ihm zuliebe.*
  Ja, und nachdem ich dies alles angehört habe, alles, was nun an Vorbrin-

---

[6] Albes ursprünglicher Arbeitstitel: „Versuch über den Anfang der Versuchung". (Anm. d. Schreibers).

gungen folgte, weiß ich mit Bestimmtheit: *Albes ständiger Begleiter war in jenen Tagen Eva.*

Oder: Niemand. Eva oder Niemand anderes als Niemand.

Ich war bisher ein ums andere Mal kopfschüttelnd dagestanden oder weitergelaufen, indem ich immer wieder bei mir dachte, nur das eine: Was ist bloß aus meinem Freund geworden? Was aus dem heftigen jungen Mann, den ich kannte und liebte, mit den ausladenden Gesten und dem offenen Gesicht, mit seinen großen, so lebhaften Augen, nächtige Mühlen und Schrot von Sternen, auf noch leuchtenderem schwarzen Samt. Was nur? Und was aus seinen drangvollen, gewagten, flammenden Gedichten, die er gleichsam aus der Luft griff und mit hinreißendem Schwung zum Besten zu geben pflegte, wann immer man ihn, früher, dazu aufrief? – Nun also, in eben einem dieser Zwischenaugenblicke meines teilnahmslosen, ungläubigen Staunens, hob er wieder seine Augen zu mir auf und sprach, mit einem eigenartig bitteren und doch beherzten Ton:)

Wovon sollte meine Sprache noch künden? Wenn ich recht eigentlich *der Garten* bin, in den mich der Schöpfer gesetzt hat, sind es seine Schritte, seine Pflanzungen, ist es die Arbeit des Gärtners im Winter der Seele und seine lebendige Stille, was ich wirklich wahrnehme. – Wovon sollte meine Sprache dann noch künden?

(Eine unwiderstehliche Eingebung trieb mich darauf, ihm recht deutlich zu entgegnen:)

– Ich verstehe: Worin sollte schon die Verbindlichkeit eines *Gartens* bestehen, nicht wahr? Der denkt ja nicht, der hat ja nach sich selbst gar nicht zu sehen. Also bist du immer bar jeder Lässigkeit, jeder Widersetzlichkeit gegen seine „Arbeit" gewesen? Besitzt keinen natürlichen inneren Feind, der dir seine, Gottes, Greifbarkeit oder Erreichbarkeit – anders denn durch die ehrfürchtige Ansehung dessen, was Er gesagt hat und getan – weismachen möchte? Mir scheint, gerade *du* erliegst dieser intellektuellen Versuchung!

Der du sagst: Der Intellekt, eine schmächtige Seele, die wenig an der frischen Luft ist, pisst in den Garten. Ja, pisst unentwegt in den Brunnen des Lebens. – Und ich meinte eigentlich, wir wären *alle* aus jenem Garten vertrieben worden, weil wir irgendwann der arroganten Einflüsterung gehorcht haben, den Geist des Göttlichen einsehen oder seine Natur gleichsam mit inneren Händen greifen zu können. Wie eine besondere oder die köstlichste von vielen fassbaren „Früchten". –

Nicht deshalb vertrieben. Das Ganze hat mit einem Sichverschließen und Sichverweigern bei einem selber zu tun. Nicht seitens Gottes. Aus anderen Gründen. Vertrieben, und doch auf einen anderen, neuen Versuch hin begnadigt.
  Indem uns die geistige Freundin des Ursprunges blieb.
  (Hier bemerkte ich, als ob ihm ein bedeutender eigener Irrtum aufstieße, etwas wie eine feurige Scham in seinem jähen Innehalten, die ihn zögerlicher weitersprechen ließ:)
  Denn es ist und es war, unter seinem Geheiß, nicht Der Herr selbst, sondern die zu einem eigenwirklichen Wesen erweckte lebendige Seele dieses Ihm geweihten begeisterten Gartens, die ihn auch bewohnt und bestellt hat: die sein Sprechen hörende, sein Leben schmeckende und sein Licht erblickende Seele des Gartens.

(Scham, die sich zu einem flatternden Schatten entwickelte, einem traurigen Mutwillen, der sein Gesicht kurz verzerrte, dessen ganzen Ausdruck dann wie entzweigeteilt in sich hineinriss. Sein Blick wandte sich dann sehr langsam gegen mich, um dann wieder erschrocken ins Leere zu fallen. Wonach er weitersprach:)
  Und mit ihr *vertrieben*: Ab extra ad intra … : Aber auf die ernste, versöhnliche Möglichkeit hin, ihm dieses „Weib", ihm diese seine eigentlichste und strahlende Frucht danken zu können, vergelten zu können, eines Tages. Eines Tages nach der abgebrochenen Dämmerung der Welt, nach der aufgehaltenen Zeit *ihrer* Vermenschlichung. Was ist im Grunde unsere … Das ist schlichtweg – *die* Zeit.

(Und zwei oder drei Minuten verstrichen, bis dieser zuckende Schatten, der ihm sichtbar einen inneren Schmerz durchschlagen hatte und der aus ihm aufgestiegen war, nun wie etwas Zugreifendes, ihn nicht mehr Beschwerendes in ihn zurückdrängte, ihn ganz besaß. Der von dann an stete und jähe Trieb einer ihn frei machenden Kraft. „The bat that flits at close of Eve"[7]. Who hauntingly quoth:)

Jetzt allerdings auf Mannes Art, in Mannes Sein. Begreifend, entschließend, sich einselbstend, folgernd. Und *werdend*. „Die Erde bebauend, von der er genommen war." *Sich* also schaffend. – Denn sie mag empfänglich gewesen sein für jene teuflische Einflüsterung: die sie wahrscheinlich nur noch nicht wusste, wie zu sagen Nein … Aber er war der „innere Ort" der Führwahrhaltung dieser gewesen, der ihrer geistigen Befolgung.[8]

Und danach war mit einem Mal, sich von den sterbenden Fingern ihrer frühesten, sich verwandelnden Erscheinung lösend, die gleichsam körperlos war – wenn er etwa ihre Hand gehalten hatte, schienen sich *seine* Finger um sich selbst zu schließen –, war etwas in ihn gefahren, was *er* nicht mehr selbst war. *Seither* … hat er Dinge empfunden, die er nicht verstand. Und, bedenklicher noch, nur noch Dinge verstanden, die er nicht empfand.

Denn – „er selbst": Das war das Gewahrsein und -werden, das Begreifen oder An-denken an sich. Der die Dinge umfassende und zusammen-fassende Geist, der die wunderbare Einheit aller geschaffenen, lebendigen Dinge, diese Einheit für sich genommen, dadurch zu sich selbst führen sollte, als solche, in-eins: zu diesem einen Sein „geistiger Erde"[9]. Zum Ei-

---

[7] „/… Has left the brains that won't believe" (Blake). Matéo ergänzt: „Welcher eindringlich sprach: …". (Anm. d. Schreibers).

[8] Man lese im Anschluss hieran den ergänzenden Begleittext „*Boca*" im Anhang, der als Albes poetologisch-philosophische Deutung des „Sündenfalls" betrachtet werden kann und eine ältere Vorstudie zu diesem Buch darstellt. „*Boca*" ist nach unserem Ermessen derart tief mit Albes eigenstem Glauben und Denken verwoben, dass wir es bei der Wiedergabe des Textes vorgezogen haben, ihn in seiner rohen, ursprünglichen Form zu belassen, mit allen deren sprachlich-formellen und syntaktischen Eigenwilligkeiten. (Anm. d. Schreibers).

[9] = „Adam" nach Albes Deutung. (Anm. d. Schreibers).

gensein des Seinsgesamten im besungenen (sich singenden) Imaginarium der Hauch-Bilder, die *sie* in ihm erweckte.

Da diese geistige Erde bestand neben seiner „entsiegelten Quelle"[10] des Geisthimmels; von ihr belebt, undenkbar ohne diese Belebung.

Anders ausgedrückt: Der ungehinderte Zugang zum „Baume des Lebens" ist das Gewesen(e): Evas Wesen. Wesenhaft verstand und empfand *er* die Dinge mittels der Kraft des Sinnes, des Sinnes der Kraft, die „Eva" für ihn war und darstellte, die sie durch sich selbst vergegenständlichte. Der Zugang in *dem* Bilde und dem Empfinden, die, indem sie „um ihn war", der Geist des Schöpfers vom nackt-unverhohlenen, himmlischen Wesen der Dinge unmittelbar *in ihm* erweckte: als spräche und dächte und wiedererschüfe er diese Wesensschöpfungen in ihm, Adam. Sodass dieses, sein imaginales geistiges Empfinden, sein spirituelles hauch-bildliches Sehen und Denken ihrer, auch recht genommen das tatsächliche und unverfälschte Sein der lebendigen Dinge war: von und in ihm gehalten. Sodass es *das* war. Gewesen ist.

Eine sehr freizügige Eröffnung und lebensfördernde Hypothek zugleich, nein anders, eine Art garantierte, amortisierte Zusicherung an Geistes-Besitz. Der Geist ist nichts anderes als das von Gott aus statuierte Verhältnis zu Ihm selber in uns, das wir annehmen und bewusst pflegen, bewusstes Gottesverhältnis und die Gegenwart Gottes in einem (damit ist „Geist" letzthin Glaube); nur durch das paradiesische Erscheinungsbild *vermittelt*: in der Anmut jenes vertraulichen, unendlich aufgeschlossenen Ausdrucks, der zugleich von den Dingen selbst auf ihn ausging – während Eva ihm alle Dinge „gezeigt" hat.

Das tat sie, damit er, unter anderem, die diesem ihrem wahrhaftigen Sein getreuen „Namen" fände und anwenden lerne. Sie *fände*. Gemeint ist – nicht die lautliche, vom Menschen selbst erfundene Sprache, sondern die schon da war, die Sprache des Seins, die mit dem Sein gleichbedeutende und gleichlautende Sprache: die ihm *von ihr* intimierte, hauch-bildliche Geist-Sprache, die die Wesen zu sich selbst erweckt, in (eben:) wesenslebensbildlicher *Gestalt*. Damit er selber, im Interesse der Wesen, aller We-

---

[10] = „Eva" nach Albes Deutung. (Anm. d. Schreibers).

sen, aus diesem unverstellten Wiederverspüren *bestünde*; damit *sein* Geist, wie der ihm vergegenwärtigte, allein stehende Baum ihres unverbrüchlichen Zusammenhanges, den wesensmäßigen Weckgeist alles Seienden in sich enthielte, bewahrte und artikulierte, diesen „trüge"; und so auch die Dinge an sich fortwährend wieder ins Leben rufen könne. Erbanwärter eines riesigen Vermögens: die Schöpfung, durch A-Divination der Hauch-Bilder, Sehen-Sagen der sakralen Dimension alles Lebendigen, die von Gott spricht. Empfangender dieser Namen. Und Eva lebt (lebt ewig fort) in dieser Hefe und Effereszenz des Geistes (es gibt kein Äquivalent dafür in der deutschen Sprache): Dessen Blut ist sie oder der Geist an sich. Eingegebener „Mundgedanke" seines eigenen Erzeugers. Geist ist Leben, Leben ist Geist; gesprochen, entsprochen. Erhalten, geschaffen. Empfunden, gegeben. *Empfunden, befunden.*

Hierauf übrigens, wenn du mich heute danach fragst, möchte ich das Wesen aller wahren *Dichtung* bestimmen und einschränken. Und ihm, alles in allem, zugleich als solchem nachtrauern.

– Auf ein selbstständiges „Wortwerden des Wesens des Seins selbst", wie Heidegger gesagt hat? –

Es gibt verschiedene intellektuelle Konstrukte um die „biologische Sprache" des ewigen Ursprungs, wie etwa Hamann sie aufgefasst hat. Man darf aber annehmen, dass nur die reinste, ursprünglichste Dichtung, solcherart effereszente Dichtung, Spuren von ihr enthält, sie uns bisweilen verdeutlichen, an sie heranrühren kann. Aber alle wahren Dichter sind Juden, im metaphysischen Sinne. Und Sänger des Lebens sind selten, sehr selten.[11]

---

[11] Dies bezieht sich wohl in erster Linie auf den „gesicht-losen Gott", der für die jüdische Devotion verbindlich ist. Albe hatte uns hierzu bei anderer Gelegenheit etwa das Folgende verstehen lassen: Die wahrhaftigen Dichter seien zu diesem „Wortwerdenlassen des Seins" recht eigentlich in dieser Welt, ausgestattet jedoch mit der besondersten aller Erfahrungen, nicht in der Welt zu Hause, da sie gerade, was sie vermögen, anderenfalls nicht vermöchten. Für sich und jene, die an ihrer Arbeit teilnähmen, suchten sie umgekehrt den „direkten Weg ans Licht", in dem alles Wirkliche ins Überwirkliche der Unmittelbarkeit des Einen Unaussagbaren erhoben wird, einerlei, ob sie diesen Einen offen bekennen würden oder nicht.

Einen Weg oder Zustand, in dem sich beständig zu halten einen für den Menschen vielleicht unmöglichen, vielleicht ungerechtfertigten Anspruch darstellt. Dafür nähmen sie den zunehmenden Verlust jeglicher Kenntlichkeit ihrer subjektiven weltlichen Identität, ja auch der kognitiven Merkmale und Inhalte ihres bewussten Lebens in Kauf. Ein jeder von ihnen, beziehungsweise seine Sprache, komme aus der Erfahrung der abismalen Tiefe, der Unausschöpflichkeit und unendlichen Anmut des formenden göttlichen Geistes selbst, absorbierender Abgrund jener Wirklichkeit, aus der das Sein andererseits geschenkt wird. Des ganzlich Unaussprechlichen, Der auch nicht besingbare oder anschaubare Form wird. Ihre Sprache ist darum erst dann vollkommen oder am Ziel, wenn die gesamte Wahrheit des gesamten Seins sich in ihr selbst heraus-bildet; selbst dann aber weicht der Schatten des ewigen Unvermögens nicht von ihnen und ihrem Werk, das wesentlich Geistige auszusagen, wegen dem es um sie geschehen ist: das ihnen unverrückt und doch unbennbar vor Augen steht. Mit ihrem Verstand und Leben seien sie darum die eigentlich Wegbewegbaren, wegbewegbar ins Unverweltlichte, die exemplarisch Gottbesessenen, warum sie nicht selten, andererseits, auf den Spuren des Satans wandeln würden, der den göttlichen Funken im geschaffenen Menschen und im Wesen dieses Lebens nicht erkennen (oder nicht anerkennen) könne. Oder sie kompensierten diese innerste Unzugänglichkeit erst recht mit gar nicht „jüdischen" Pantheismen, um dem gerade hier notwendigen Zunichtewerden, der Entäußerung ihrer erarbeiteten Sprache auszuweichen. Sie suchten das Licht dann in den Buchstaben oder umgäben es mit bis zur Fatalität ungebührlichen Bildern und trübenden Schleiern. Die meisten blieben zunächst lange tief eingezogen in ein „gegenweltliches" Reich, für das sie ihre Seele geben müssten, wie lange vorher schon ihren Verstand. Letzteres galt Alberto sogar als oberstes Kriterium für die Zuordnung zu diesen „vollständigen, wahren Dichtern" (es versteht sich, dass er weder Goethe noch Shakespeare noch etwa Rilke, Valéry, Borges oder Ted Hughes zu diesen zählte und seine Optionen eher al-Hallaj, Quirinus Kullmann, E. Pound, Hölderlin und Dylan Thomas, Coleridge oder Sylvia Plath hießen): Damit die menschliche Bewusstseins-Erde ex-tendiert werde und in jene große Tiefe ein Stück hineinreiße, in die Tiefe des Unaussprechlichen, Dunkel-Lichten, Absorbierenden und Ewigen Schenkenden, Ungreifbar-Bleibenden, diese gestaltbare Erde unseres *Verstandes* – so gelte ihre Leidenschaft letztlich schlicht der Kenntnis Gottes selbst, nicht dem Gehorsam ihm gegenüber, nicht der anderen, inneren Schöpfung, der Neuschöpfung des Menschen –, müsse ihr eigener Verstand gerade dort verloren gehen, umgewechselt werden, anderen unverständlich werden. Dies sei seit den frühesten Tagen der Menschheit der Fall und sozusagen leider erforderlich. – Aber: Im Leben eines jeden dieser wirklichen Dichter vollziehe sich dann ein nachhaltiger Umbruch, nach einer solchen luziferischen Katastrophe – oder die Möglichkeit zu ihm: indem Eva, in der sich der unerreichte Eine als „Liebhaber des Lebens" (Weisheit Salomons 11,26) offenbare, mit einer ersten, sozusagen unmöglich-möglichen Gesichtigkeit auftrete, dann die in diesen Ausführungen dargestellte Rolle zu spielen. Sie sei es, die dafür sorge, dass aus den geborenen

Da nun aber Adam der geheiligten Früchte des Baumes, geheiligt um ihrer mittlerschaftlichen Eigenschaft gegenüber den Eigenschaften der Nachaußenwendung, der Liebe, Anmut und Güte Gottes willen, dieses, die vermittelnde Erdnatur, nicht vom eröffnet-eröffnenden Geist unterscheidend, entstanden aus einem, aber nicht gar dieser (wie Früchte *am* Baum prangen, der sie hervorbringt), da er sich ihrer nun mit seinem geschöpflichen Sinnen und Denken bemächtigen wollte, wofür das „eigene Schmecken des Verbotenen" steht, statt der Dinge oder Worte des Himmels, die sich mit ihnen bekundeten, weiterhin in einem Zustand des aufnehmenden Bewahrens, des Bewestseins, eines sozusagen jungfräulich intuitiven Wahrnehmens und Empfindens zu leben, zu dem Gott ihn als *das* Geschöpf seiner direkten geistigen Einwirkungskraft vermocht, ja überhaupt ins Sein gesetzt hatte; da wurde ihm *ebendas*, seine erleuchtete Stille, sein eigenstes himmlisches Leben entrückt.

Das ist Evas ersterbende erste Gestalt.

Dichtern – mit nunmehr durchgreifender Entäußerung und Umwandlung ihrer selbst-erdachten, formalisierten Sprache – jesuanisch empfindende und sprechende „Sänger des Lebens" würden. Dann, nicht vorher, werde ein jeder von ihnen ein Zeichen, ein Zeuge, ein Beschlagnahmter und Verhafteter der Schönheit Gottes und sein Eigentum: indem er *ihr,* Evas, uranfänglich und ewig mit allem Seienden unanimes Wesen und Empfinden und ihr Wissen auf je eigene Art verinnerliche. Sie eröffnet ihnen die inner-natürliche, metaphysische Konvergenz allen Lebens, die Jesus ethisch verbürgt; die *eine* Zusammenschöpfung in diese Einselbstung, in die Bestimmung einer geistigen Verpflichtung und Aktivität überführend, die jenseits allen ästhetischen Maßstabs liegt, tatsächlich aber, durch sich selber, das vermittelte und einzig vermittelbare „Gesicht Gottes" annimmt in ihm. – Danach teilten diese Dichter sich auf in jene, die schlicht von ihrem (Evas) göttlichen Licht und ihrer ungeteilten, alles verwandelnden Liebe schwanger gehen mit heiligen ästhetischen Werken, und jene, deren Ähren sie ausdrischt und an den Wind verschenkt, weil diese Ernte dann immer noch ethisch irrelevanten Bestrebungen frönt, die immer noch das Gesicht des Menschen und der Welt schwärzen, denen sich dieses (Evas) Licht erbarmend und verlebendigend zuwendet – Ernte der Erkenntnis, die sie durchdringt und zugleich übersteigt. Mit Blick auf das poetische Ringen um dieses vollkommen-neue, artikulierte Herz-Bewusstsein zitierte Albe oft einen dramatischen Blues-Song: *„Since I've been loving you, I'm about to lose my worried mind"*. Nur diese wenigen „Sänger des Lebens" vermöchten es, „den Leuten das richtige Essen aufzutragen und in ihnen den Keim des Geistes zu gießen, sodass der Baum daraus erwächst", da ebendas zuvor mit ihnen selber unternommen habe Der Lebendige Eine, der die gesamte Schöpfung Sein Eigen nennt. (Anm. d. Schreibers).

Nicht wegen des einen oder anderen einzelnen Males, sondern notorischer Verzehr, die Verkonsumierung *für sich* dessen, was als höheres anvertrautes Gut von ihm und in ihm wiedergestaltet werden sollte und aktiv aufzuwenden war; somit das Nicht-Beherzigen, Verscherzen seiner eigensten geistigen Kraft, das muss den Ausschlag dazu gegeben haben.

Tatsächlich sind das Essen und die Notwendigkeit, dass es zu ihm werde, dem Esser, das Essen und die Notwendigkeit, dass *er* gegessen werde, undenkbar ohne einander in der einen Schöpfung Gottes, in ihrem „spirituellen Haushalt". Übermächtig weist das bereits auf die Entsühnung dieses Essers durch das spätere Hingegebenwerden des „Gotteslammes", Jesu des Christus, voraus.

Dieses umgekehrte Essen und der nämliche Verlust, das ist Evas ersterbende erste Gestalt. Gerade da er noch über ihre welligen, wellenden Lippen und ihre haferartig hellere, zarte Haut staunt, Hafer und Honig, die sich hinter durchsichtig vor ihrer Brust gefalteten Fingern jetzt auszudehnen scheint, immer noch, immer weiter. Und dann – wie der grelle Lichtspalt auf der Schwelle einer plötzlich aufgeschlagenen Tür, hinter der ein halb Schlafender, halb Wachender im Dunkeln liegt – das implosive, verschlingende, das morgenrote Licht, mit dem sich der Eingriff des Schöpfers jäh manifestiert.

Und in diesem hervorbrechenden roten Sturm von Licht zwei überzählige erstarrte Sterne: statt der Perlaugen der geistigen Freundin des Ursprungs. Während seine, Adams, wie gestochen zufallen.

Dahin die paradiesische Gestalt der geistigen Freundin des Ursprungs.
Die, verschwindend, ab extra ad intra, ins ungreifbar Seelenweltliche, von hier an die widerstrebende, unbändige, unstillbare Seite seines eigenen Inneren bilden sollte.

Ihm dieses sein eigenstes himmlisches Leben gänzlich zu *nehmen* hätte auch bedeutet, die nämliche Schöpfung, die er selbst war, zunichte zu machen, und nicht nur eine bedeutende Veränderung seiner geistigen Prägung und Konstitution, wie sie tatsächlich dadurch eintrat.

Auch für den Fall, dass er jene himmlische Gabe missbrauchen würde, deren Sinn das Wiedergeben ist, die zurückstrahlende Be-Geisterung einer jeden lebendigen Gestalt mit dem sprechenden Hauch-Bild ihres wunderbaren Stammes, ihrer lichtweltlichen Einheit, für diesen Fall war *sie*, gewissermaßen aus seinem Innersten hervorgehoben, aus seiner „Rippe" gewonnen, in den Leib, das eigenwirkliche Leben gefügt worden der Eva, die bis hierhin als ein Teil, ja *der* wesentliche „Teil" seiner selbst, zugleich sich in einer jeden solchen Erscheinung des „begeisterten" Lebens für ihn anfand, widerspiegelte und darstellte.[12]

Aber nun schweigen die Dinge ihm von diesem leicht beweglichen und gütevollen Wesen der Verähnlichung und *seiner* ausnahmslosen Gegenbildlichkeit, da er völlig dem Wunsch erlegen war, dieses für sich selber in Anspruch zu nehmen, in *einer* ihm ebenso fasslichen, einer vereinzelten körperlichen Form, wie sie *ihm* nunmehr eignete. Gleichzeitig – nach einem unerquicklich langen, dunklen Schlaf, in dem er sich, bevor er diesen Leib bekam oder hervorbrachte, wild hin und her gewälzt hatte, wie wenn man ihn innerlich unaufhörlich hin und her risse – ging Adams erste, pneumatische Gestalt, ihrerseits als solche ersterbend, in den zweiten, fleischlichen *Körper* der irdischen Eva ein, in diesen über. Der ihn so ewig an *seine* ver-

---

[12] Somit lautete das Verbot des Baumes der Erkenntnis, des „Baumes der Ewigkeit und des Reiches, das nicht vergeht", mit den koranischen Worten des Satans (Sure 21,118), für Adam genau genommen auf ein *„Du bist dir selbst verboten"*, wie Albe später erläutert. Übrigens kann die koranische Version der Erzählung um Adam und Eva insgesamt als unanim mit Albes Deutung verstanden werden, nach der diese sich auf das geistige „Bewestsein" und Bestehen, auf die „beständige Geistesgeschöpflichkeit" des seinzuhabenden Menschen bezieht. „Wir fordern nicht von dir, dass du dich versorgst, wir wollen dich versorgen, und der Ausgang ist die Frömmigkeit" (Sure 21,132). Eine weitere Parallele liegt in der Tatsache, dass der Koran bzw. der Islam keine Erbsünde kennt. Trotz der Ausstoßung aus dem „Garten" bleibt dem Menschen die Möglichkeit, Gottes Leitung ernsthaft anzunehmen, auf seinem Pfad zu wandeln und sich dadurch zu rehabilitieren. „Dann empfing Adam von seinem Herrn gewisse Worte des Gebets. So kehrte er sich gnädig zu ihm; wahrlich, Er ist der oft Verzeihende und Barmherzige." (Sure 2,37). (Anm. d. Schreibers).

lorene geistige Höhe und Hellfühlendheit gemahnen sollte, *seinen inneren Ursprung* versichtbarlichend und erinnernd. Aber auch auf diesen Körper bezogen sollte er bald unverständig werden.[13]

Zusammen-unzusammen in der Harmonie der Nacht, die er gewählt hatte, mit der entwendeten Sonne des Lebens. Ihrerseits eingezwängt in ein unbeugsames Weib, von dem er zehrt, um *sich* zu nähren. Und das er nährt, um immer neu von ihr zu zehren. Das ihm das mit einem unausketzbaren und dunklen Lebenstrieb vergilt, von dem er sich deshalb bedroht fühlt, weil er sehr deutlich das unlebendige Leben, den Hauch des Todes in ihm aufweist, der die ursprüngliche Einmütigkeit und die ursprüngliche Partnerschaft des Seins, insbesondere ihrer beider, verwirkt, zersetzt hatte.

Obschon sie deswegen durchaus begründet ist, ruft nun die unnötige, dumme Angst, geistig zu *sterben*, auch „den Teufel" auf den Plan, den Plan der unsehnlichen Kräfte der Beharrung auf das eigene Verstehen und Empfinden, das man einfach nicht verabschieden – und nicht herausgeben kann: es sei denn als sichtbaren Schlund seiner Verbergung und Verborgenheit.

Denn ursprünglich ist dieser (unser) *Körper* die schicksalhafte Verifikation und Versichtbarlichung des *inneren* Todesleibes, in dem sich das empfangslose Eigendenken vereinzelt, die Stelle des konversativen, bewesten, rein präsentischen Geist-Seins einnehmend, das weder zu Gott aufschließt noch von Seinem Entfaltungsraum sich absetzt. Wo dieser „Umsprung" des bewesend göttlichen Geistes in den rein präsentischen Geist seiner Einlassung sich verhindert fand oder findet, ist *der Ursprung der Zeit*, nämlich der einzelhaft-verzeitlichten Lebensform selbst. *Ihr* väterlicher, generierender Impuls ist der der unsehnlichen Selbstunterscheidung, der Angst und der der Kapitulation. *An* das Ende dieses „Ewigkeitszustandes" – im Jetzt. Oder der der Angst *vor ihm*.

---

[13] „Wie es nahezu alle sexuellen Neigungen und Praktiken des gewöhnlichen Mannes heute ausdrücken": das oder etwas Ähnliches anzufügen unterließ er hier dezenterweise. Diese Praktiken bedeuten nichts anderes als ein eigenwilliges Einbrechen in den Himmel: bei konsequenter Ausdeutung der hier beschriebenen Zusammenhänge. (Anm. d. Schreibers).

Folglich wird der Mensch, sich dies eingehend vor Augen führend, vermöge der gläubigen Überwindung dieses Impulses, vermöge eines rein präsentischen, *seinszeitlichen* Bewusstseins, mit dem Geist der geschmeckten Erkenntnis und dessen voller Hingabe, seine Gefangenschaft in diesem Körper überwinden können: Einst wieder in diesem *seinem* tatsächlichen Wesen stehend, wird er, mitten in diesem Körper stehend, dann gerade aus ihm herausgelangen können. Er wird sogar mit ihm aus ihm herausgelangen können, sozusagen.[14] Das allerdings ist ein anderes Thema.

– Albe, du stellst es so dar, als habe der erste Mensch diese erhebliche Vergröberung oder Entlichtung, die sich mit ihm selbst ereignete, dann sogleich mit allen anderen Dingen, die ihm plötzlich vor Augen stand und ihn verstörte, als habe er das selber ausgelöst und sich in dieses selbst verantwortete Schrecknis mehr oder weniger kampflos gefügt. Vielleicht aber „kapitulierte" er gerade deshalb, weil er begriff – sowie er überhaupt anfing zu begreifen –, dass er *nicht* gotthaft war, dass er der Endlichkeit überantwortet war, dass vielmehr alles sich in einen solchen „Schlund" hier zurückwendet – in seiner Zurücknahme und Auslöschung „mündet". Aber das wirkliche *Denken* besteht in nichts anderem als der Fähigkeit oder dem Mut, in dieser Angst zu gehen. Jemand geht unweigerlich auf das zu, dessen Schrecklichkeit ihn aufwühlt, ihm permanent zusetzt. Aber er hält nicht inne, er geht weiter. Ja, statt dass ihn diese *Tatsache* als solche lähmen würde – und just in dem Moment, da sie ihm aufgeht –, geht er weiter, hält nicht inne. Das ist Denken. Wessen Ansichten und Äußerungen nicht auch von dieser Empfindung zeugen, dieser schrecklichen Gewissheit, hat sich nicht wirklich bedacht noch überhaupt – gedacht. Er über-legt und überlegte – dies und jenes, aber eine andere freundliche Macht meinte es gut mit ihm, zu gut – die ihm den wahren Grund seines Sinnens und Daseins besser ganz vorenthielt. –

---

[14] Indem es über die drei Gunas (die in der Welt der Dualität allgegenwärtig wirkenden drei „Energiearten" in der hinduistischen Theorie) hinausgelangt, aus denen sich die Körper entwickeln, genießt das Leibgebundene, von Geburt, Tod, Verschleiß, Schmerz erlöste Wesen die Unsterblichkeit". (Gita, XIV, 20) (Anm. d. Schreibers).

Dass und warum du keine über diesen einziehenden *Schlund* hinausreichende Hoffnung hast, verwundert nicht, wenn du nicht – *stehst* … Wenn dir die Gegenwart, das Sein an sich so wenig gilt. Das Im-Sein-Sein, seinszeitlich *nur*. Die 'ishq kann überhaupt nichts anderes. – Leider, Matéo, kennst auch du nur die Sprache der Resultate, die mit dem Leben und dem Werden so wenig zu tun hat wie wahrhaftige Poesie mit irgendeiner *Pose*. Gib mir nur etwas Zeit, ein wenig mehr noch, dir auch ihre wirkliche Natur und Heilsamkeit zu zeigen. Den wahren Gegenwert der *Gegenwart*. Wert allein. Wert gegenüber alledem.

Weil die Verhältnisse der Sterblichkeit – und manche sagen, die physische Welt an sich – von der Verselbstständigung dieses Besitzwillens, Adams, über den „Leib der Eva" herrühren, der seinen eigenen inneren Lebensleib vergegenständlicht und dessen Leben ganz aus der tätigen Liebe Gottes *zu ihm* (Adam) hervorgeht, weil diese Verhältnisse die erhellende Symbolik ihres gemeinsamen inneren Lebens sind, in der sie beide unauflöslich aufeinander bezogen bleiben, weiterhin, daher hat es auch mit jener weit verbreiteten Auffassung nur eine tiefere Verwirrung auf sich, nach der *ihr*, „Eva", ihrem eigentlichen Wesen und Einfluss, insbesondere die Sphäre des physischen Lebens zustehe. Und die des geistraubenden Todes.

Denn das ganze Gegenteil trifft zu. Seit jeher, unwiderruflich.

Evas Körper ist *nicht* verlassener Besitz des Herrn.

Wenn sie früher beieinanderlagen, einer schlief und einer wachte, so erwachte durch die bloße Tatsache, dass einer nicht schlief, auch der andere im schweigenden Sog seiner Wachheit, einerlei, wie tief er selber vorher schlief. Und eine stille große Einmütigkeit in ihrem ungesprochenen Wort empfing den hell aufstrahlenden Tag. Im Ersterwachten aus dem Leibe, der geschlafen hatte, tönte Evas ungesprochenes Wort und aufblühender Mundgedanke, welcher Adams helle Rede werden sollte. Und der „Wache", wem nun diese Rolle zufiele, äußerte sich stets auch dahin, dass er nur von jener Kraft, die er darin erhalte und erfahre, leben könne, leben wolle. Nur was Gott ihm durch diese Kraft stifte, sei von dauerndem

Wert und Bestand: so Liebe schaffen sei ihr Werk. Aber auch dass er diese Liebe empfinde und mit jedem seiner Atemzüge, Worte und Taten artikuliere. Umgekehrt brauche die Kraft, die er *darin* erfahre und hinausbringe, gerade jene. Nur die einkommende Gabe, die er unmittelbar aufwende, fließe auch in der Welt und fließe von seinem, Adams Geist aus in die Welt.

Hierauf war der begeisterte Garten begründet, in dem Gott das Licht des Tages war und in dem Er Sich Selbst, seinen „inneren" Geist in dem „unanderen" des erwidernden Geschöpfes anrief, ohne dass irgendein scheidender Gedanke je dazwischentrat. Unverlassen die Dimension des rein Präsentischen, des Eins- und Gleichzeitigseins, in der auch die tiefste Dunkelheit und der längste Morgenschatten nicht ein „umweltliches" Ding waren, sondern (auch dieser) eine sprechende, erwartsame Regung innerhalb des einen begeisterten Gartens selbst, von dem darin sich ereignenden Geist bewirkt, junktiver, „innerer" Geist der Dinge, von seinem aufkommenden Licht und seiner Sehnsucht nach weiteren, immer neuen dynamischen Synthesen *aller* verfügbaren, bewegbaren und nicht bewegbaren Elemente im Raum, berückenden Verbindungen der ehrwürdigen eigenschaftsgebenden Göttlichen Namen, welche die sprechenden Physiognomien ihrer Eigenschaften in der jeweiligen Erschaffenheit verquicken, auf je einzigartige, unwiederholbare Weise (wodurch im Ursprung *alles* hervorgebildet wurde[15]): *quién nos junten*[16],
alles Gute kommt von oben, und
miteinander verwoben, wird es
unten, so dass

Adam sah in die unendliche Zerdehntheit dieser *fussaifissaht*[17], die, obwohl sie zum Teil sehr fern waren, niemals von ihm wichen, wo die sich setzenden

---

[15] Al-Ghazālī erklärt: „Jedes Ding hat zwei Gesichter: sein eigenes Gesicht und ein Gesicht seines Herrn. In Bezug auf sein eigenes Gesicht ist es nichts, und in Bezug auf das Antlitz ALLAHS ist es Sein. Also existiert nichts außer Allah und Seinem Antlitz, da alles vergeht außer Seinem Antlitz.". (Anm. d. Schreibers).

[16] „Die da uns verbinden mögen", gereimt auf „unten". (Anm. d. Schreibers).

[17] „Mosaik(e)". (Anm. d. Schreibers).

Eigenformen herausgelöst werden und jene der Ingenien ergänzen, welche verteilte und gestaltende Identitäten darstellen, da sie in sich übernehmen, was sie einnehmen, so alles Vereinzelte inkorporieren und zugleich wiedergestalten, als Einzelkörper aufgefasst, sind sie so groß wie ganze Landschaften, die für keinen Augenblick stillstehen, und sie sind später gegangen, weil der Herr ihnen bedeutet hat: Für diese Welt seid ihr zu wach;

in unberechenbarer Unmittelbarkeit bleibt nichts für sich, steht alles für die eine jeweilige, konzertierte Bewegung, das mit allem Bewirkte Artikulierte, das nichts anderes als Dank, Schönheit und Freude, die Schönheit dieses Dankes darstellen kann. Der begeisterte Garten, unterster Ausläufer davon und das komprimierte Ganze, ist ebendas: die eigentliche Dimension des Augenblicks. Das vollauf Präsentische, in dem *allein* Er Sich erlebbar macht, durch das schauend Gehörte, das hörend Geschaute. Der Er weiß (darum so viel Schönheit), dass wir durch ein Lied, das wir nicht mögen, auf dessen Text schwerlich aufmerksam werden. Hingegen wenn ein Lied uns fesselt oder anrührt, nehmen wir auch seine Worte an, erforschen deren Sinn. Das, was Gott in uns (bzw. „in dieser Zeit" in uns) gedacht hat und gesprochen, wird nicht altern. Das kann es nicht: altern. Es wird, ganz im Gegenteil, immer wiederkommen, vielleicht immer anders gewandet, immer zudringlicher oder auch immer milder im Ausdruck, aber es wird beharrlich in uns wiedertönen, wiederaufscheinen in uns, bis zu seiner Daseinsannahme. Bis zu seiner vollen Daseinsannahme. Versauern nicht die Mundtrauben, verblühen nicht die Mundgedanken der göttlichen Intuition, hat man es gut, hat man es besser, jedoch zwecklos ist es, sie zu fliehen – soweit man leben will. Solange *dieser* Entschluss unwiderruflich ist: *Leben* will ich. Darin beide, Adam und Eva, einig waren, vollkommen einig.

Uneinigkeit bestand hinsichtlich der Bedeutung von „*Bedeutung*", jener Giftfrucht, die der Satan noch einschleusen sollte in den eigenlichtgrünen Garten des Geistes.

Aufs Genaueste diesem Verhältnis entsprach auch dasjenige ihrer beider, Adams und Evas, ihres gemeinsamen, miteinander-ineinander gesetzten Seins. In den Momenten, in denen Adam der Wache das ihm durch Eva insinuierte, aber ungesprochene Wort, das Gott *in ihm* gedacht hatte oder gesprochen, weniger deutlich vernahm, hätte man ihn beobachten und hören können, wie er sie sehr bestimmt fragte: „Eva, *was* hast du gesagt?"

Jetzt aber, jetzt, da er sich selbst genug sein wollte, riss ihn eine unbestimmte Dunkelheit ans Licht, ans Gegenwärtigsein, ans Denken. Eine ihm unverständliche, ihn aufschreckende Stimme, obschon sie unablässig kundtat: … *heaven's in your mind, look, heaven's in your mind* … Aus der nicht nur jene Gegenwart der Göttlichen Zwiesprache, sondern jeglicher menschlicher Stoff, jede *Persönlichkeit* gewichen war. Sie drückt gerade Selbstheit oder Persönlichkeit aus, sie bietet Persönlichkeit an; aber diese Persönlichkeit, die sie ihm anbietet oder belässt, ist die Persönlichkeit der Unpersönlichkeit, mit der er sich der Anmut der Begegnung, jeder Begegnung und Vermischung entzogen hat.

Weil dieses andere, dieser jetzt *in ihm* abgebundene, in ihm entmischte Stoff gerade jener ist, aus dem die Welt in ihren Wesensfesten und die vermeintliche Wirklichkeit gemacht sind, wacht nun sein Geist auf in dem Gefühl der Zwecklosigkeit und Willkür einer Schöpfung, deren Erscheinungen die Tiefe dieses seines Geistes seltsam überdachen und umnachten, wie mit einer flachen Schicht geronnener und schwarzer, verbrannter Milch. Das Bild verdichtet sich ihm in dem Fasslich-Anderen seiner neben ihm liegenden schlafenden Frau, ihrer wie aus der Dunkelheit herausgemeißelten Gestalt, die ihm, wenn sie erst wach wäre, lange nachdem *er* so erwacht war, eine völlig andere Deutung des Lebens und dieser Schöpfung dartun würde … Und, weiß Gott, das wird sie.

Nur dass es nicht mehr in *seiner* Macht stünde, sie wach zu machen. Nicht mehr in dem Gegebensein seines eigenen Wachseins.

Der dies forthin einzig und allein vermochte, Gott Der Schöpfer, war in diesen Tagen selber die Gewalt der Umgewöhnung, das unsichtbare Schwert der Scheidung. Und eine blutige Morgenröte, die ihre beiden Herzen miteinander verlöten sollte oder eines davon töten. Die Gewalt der Umgewöhnung, die dem Geist, der an die uneinnehmbare Reinheit des himmlischen

Lebens gerührt hatte, ein tieferes Angewiesensein auf die Schule des Lichtes lehrte, die Gott *außerhalb* seines, Adams, eigenem Denken und Erfassen gründen sollte. Ein tieferes Angewiesensein, als er, Adam, es je für möglich halten sollte. Als es dieser schwarze Europäer, gefühlt und selbst gefühlt schwarz, für möglich hält, der zwar aus Ostafrika stammt.[18]

Jene Stimme, die wir erwähnten, die Stimme des Durcheinanderbringers, hatte ihm dementgegen weisgemacht, dass er, wenn er nur wolle, ein Gott sein könne wie der des Himmels und vieler anderer über der seinen gestapelten Welten (in welcher Hinsicht er der „Durcheinanderbringer" – *diabolos* – genannt ist), die seiner, Adams, eher oder einzig würdig wären. Weil jener ihm im Grunde die *ihm* gegebene Welt und Geltung vor Gott neidete, gedachte er ihn zu verderben, mit dieser ihm unzuträglichen Versuchung seines Intellektes, die ihn von seiner Geschöpflichkeit und seiner eigensten geistigen Pflicht in der einen göttlichen Schöpfung schändlich abkehre. Die Selbstermächtigung des Menschen war gewollt – Adams, der ob der Zutunlichkeit Evas merken würde, wie er zur Sonne erstarkt. Aber dazu. Dazu, Sonne zu sein, Sonne der Welt, Sonne allem Lebendigen. Nicht zur Erhöhung seiner selbst.

Seither, da es ihm einmal ja gelang, hat der Versucher dasselbe immer wieder unternommen, mit ähnlich schief gelagerten, ätzend scharfen Vorstellungen, direkt eingegebenen Vorstellungen oder popularisierten der Wissenschaften, der Kunst, der falschen Religion, der esoterischen oder rationalistischen Philosophie, der positivistisch-technokratischen Geschichts- und Freiheitskonzeptionen. Auch darum ist es mir wichtig, die „Katzen des Nachbarn", gepaart mit dem tieferen Sinn des geläufigen Satzes: „Lass dir nichts erzählen", gerade als *solche* zu entlarven: die sie in diesem unserem Garten nicht das Geringste zu suchen haben.

Man täuscht sich sträflich, wenn man meint, der Feind belasse es bei dem *einen* halbwegs gelungenen Versuch.

Ebenso verkehrt ist es zu glauben, dass der Höchstzustand der Güte, der

---

[18] Die Wiege der Menschheit, evolutionär. (Anm. d. Schreibers).

ursprünglichen Verhältnisse des Seins, sozusagen nach unten korrigiert worden wäre und es sich damit schlussends habe.

Zu beidem: Folgendes … Sicherlich willst du auch ein Zeugnis dieser schweren „Durcheinanderbringung" hören?

(Ich versäumte – wie berauscht, aber von bloßem reinen Wasser – eine prächtige Gelegenheit, ihn am Verschütten dieses Wassers seiner Klarheit noch zu hindern, diese angedrohte Fortspinnung seiner Verwirrung aufzuhalten …)

Das geht im Umsehen, ohne Anstoß – wenn erst das *fetra*, welches auch „Eva" heißt, den Garten räumte, der wir sind. Wenn erst …

Bevor der Teufel dann zu einer neuen und gewiefteren List ansetzt, brüllt er einem seltsam antriebslosen, unentschlossenen, erschöpften Mann ins Ohr: „Schlag sie dir aus dem Kopf!" – Denn *dort* würde sie dir ohnehin nicht aufgehen.

Und dort, das heißt hier, Adam, in deinem Kopf, wo du mit dir allein bist, „und wo ich mit dir allein bin, ist der Himmel. Ihre Welt aber ist grausam, warm und feucht. Vor allem grausam. Du schaust in den Garten und weißt nicht, dass es ein böser Garten ist. Wieder erwartest du die strenge Schöne und weißt nicht, dass ihre Schönheit Verderben bringt: das Gift ihrer heimtückischen Blumen, heimtückische Wüchse ihrer, fremdweltliche Stücke ihrer, die, wie ihr Atem, vom Gift des hungernden Erdgrundes, der Verzauberung durchtränkt sind des unverwelklichen Anderweltlichen, an dem man ewig hängt. Ihre Mundtrauben versauern aber und verätzen dir, von innen her, Augen und Hirn. Ihr schöner Garten! Vergiftet ist er, aber mutet schön und rein an, bis der böse Same der Verzauberung in dich gelegt ist – der ist so lange verzaubert, bis sein Gift sich durch dich tankt, bis in die letzte Faserspitze – den verstecktesten Gedanken. Dabei schaut sie dich an, als könnte sie wirklich kein Wässerchen trüben! – Ja, die Frau ist eine sehr feine Erfindung Gottes. Du siehst es. Wahrscheinlich die feinste. Aber sie passt nicht her in diese Welt.

Deswegen musste dein Versuch scheitern, *sie* wirklich in Besitz zu nehmen – statt des Himmels, deines Himmels in der Welt!

Den liebe: ehe sie ihn dir vergällt. Ehe er dir überwuchert wird von diesem schlingarmigen, dumpfen Sumpf. Entsetzlich …

Bohlen baue über ihn, friede ihn ein. Was er dir anbietet von sich aus, das verwirf. Das zu dir Hochgereckte weise ab. Mit den zwei Ausnahmen der Frucht, die ich dir zeige. Die weiße Frucht, der wilde Hafer. Hier entlang gehe mit mir …"

Aber, tatsächlich, wenn erst die Stimme der Weltbringerin Gottes *uns* verlässt, verschwimmt und kompliziert sich alles. Ich und Nicht-Ich und Innen und Außen, Vorher, Nachher, Richtung, Ursache und Wirkung – in einem Zustand des hohlen Treibens, Dahingetriebenwerdens, der mit höllischem Gelächter die ursprüngliche Einwendigkeit und harmonische Entfaltung dieser Momente oder Gegensätze verhöhnt, auf uneinheitlichste, dunkelste Weise.

Dann erheben sich die kichrigen Wesen der Hölle vom Rücken unserer Stirn her, über die Landkarte unsres Gehirns, wie aus dunklen, knorrigen Wurzeln, deren erhitzte Geflechte gekappt, verdreht und auseinandergepusselt werden; jedes An-Setzen unseres Liebens und Verstehens („*res tantum cognoscitur quantum diligitur*") hineinreißend in eine Welt völliger Sinnverlassenheit, in der uns alles, mehr oder weniger, ängstigt oder alles Verachtung und Hohn bei uns findet. In der nichts mehr unseren natürlichen Enthusiasmus entfacht, nichts mehr unsere Aufgeschlossenheit, Zuwendung, Andacht findet. Die alles ist, was uns gehört, solange wir uns selbst gehören.

Wenn diese „neuen Empfindungen" durch das dunkle Gestrüpp der Schlingpflanzen vordringen, entpuppt sich dieses sein Gehirn, drahthart werdend, um dem Impuls der sie begleitenden Verzweiflung nicht stattzugeben, oder diesen auszustoßen, besser, dass dieser Impuls sich nicht verselbstständige, seine Gedacktheit, diese völlige Eigenausfüllung entpuppt sich als der angeblich himmlische Garten selbst: oder das, was vom ihm blieb. „Ich selbst? Dieser verwachsen-verschwefelte Garten?" In dem, vielleicht sogar einträchtig, Gärtner und Bock vereint sind? Wer ist jener … – Wer ist dieser?

Eine Art Angst-Lähmung, die schnell und hart pulsiert, ein innerer Stupor der Abwehrung, nunmehr des Guten wie des Bösen, ist, in verschiedenen Graden, die psychische Grundspannung, die von dann an den begeisterten Garten ersetzt.

Seelisch und vegetativ verdinglichen sich hier wiederum der Zustand des ob seiner plötzlichen Verminderung gestörten Atems – und die Geste der sich schließenden, dabei verkrampfenden Hand.

Damit beginnen Zeit und Zeitempfindung; das ist die Grund-Spannung, die von hier an das rein oder unaufhörlich Präsentische ersetzt, die eigentliche, volle Dimension des Augenblicks, in der sich durch alle Erscheinungen hindurch Gottes Liebe mit dem Hauch-Bild ihrer voll erschlossenen, wild-lichten Wesensanmut in ihn eintrug – und zugleich von ihm, Adam, ausging, von ihm ausging diese selbe himmlische Sinnlichkeit.

Da sich, demzufolge, als die nämliche Hand ganz offen war, die zwischen seinen Augen, dieser „begeisterte Garten" nicht weniger *in ihm* selbst befand, in dem erleuchteten und voll erblühten Blumenkohl-artigen Gebilde über seinem Stammhirn. Sozusagen minimalisiert (und wer wohl – wer bewohnte ihn *dennoch*?), identischer sogar in den Ganglien seines enterischen Nervensystems und des Vegetativums …

Aber – *Schnitt. Er wird durch sein eigenes Sich-Versehen zurechtgestutzt, wie von einer Saugpumpe ganz auf den Vordergrund des Bewusstseins gezogen, zusammengedrückt von Gravitationswellen, die mit dem Schrumpfen des „bebilderten" Raumes um ihn her einhergehen. Reduziert auf einen nach und nach bequem gequetschten Verstand und auf das bloße Selbst-Gewahrsein. In diesem geräumten roten Raum wird er sein unseliges, misstrauisches Eigendasein führen, von hier an.*[19]

Was aber war … – Was war aus Adams blauem Stern geworden, der in ihm die hauch-bildliche Wesensgegenwart, den vorewigen Geist, den un-

---

[19] Jeder Mensch ist durch diese Art Drucktunnel getreten. Manche durch ihre leibliche Geburt, viele in der Adoleszenz, wieder andere in reiferem Mannesalter. Durch ihn dringen wir auch zurück, wenn wir aus diesem Leben scheiden. (Anm. d. Schreibers).

betrachtbaren Lebensgehalt aller Erscheinungen zu einem anderen, einem wirklichen „Sehen" dieser entflammte, das in nichts anderem als einem Leben geradewegs *in ihnen*, in dem definitiv Anderen der *Dinge* bestand: dessen bar diese Erscheinungen selber wiederum nicht erst erschienen, nicht gewesen wären, nicht erschienen in der Seinsnatur?

Was war aus diesem seinem Stern geworden, dessen schwindendes Entgegenströmen von diesen allen Erscheinungen ihm schon verdeutlichte, dass sie, beziehungsweise dieser Stern, nun ihren eigenen Bereich bezogen hatten, ihre eigene „irdische" Wohnung …

Sobald aber *er*, in sich rutschend wie beschrieben, *sich* in seinem eigenen Denken fand, „verlor er Grund", verlor den weiß blühenden Baum und den gesamten Garten aus der Sicht, um den der Himmel sich zugleich wie eine fortschwebende … *Muschel* schloss.
Und um diese die Nacht des unerträglichen Durcheinanders und des Gemischtseins der beiden Gefühle, dass er, wo er sich befinde, eigentlich nicht hingehöre, und dass er, von wannen er gekommen, nicht bestimmt sei, nicht „dahergehöre", hierher.

Jetzt war *er* derjenige, der sich wie eine geschorene Katze, die man ins Meer geworfen hat, entsetzte; dass ihn dieses, etwa dieses Gefühl beschlich, macht insofern den ersten Sieg des Durcheinanderbringers aus, als der sein Werk darin übt, dass er uns *die* Erfahrungen durchleben lässt, die seine Selbstsucht – *ihm* beschert hat.

Nunmehr den Sog der Gemeinschaft zweier, die im Geiste fielen, witternd, für sich nutzen wollend, tritt der Durcheinanderbringer (*diabolos*) unverhüllt an ihn heran.

Zum Zeichen des Umstandes, dass nicht *er* es ist, der Regie führt über all das Geschehende, das, was Adam widerfährt, erscheint er diesem mit hinter dem Rücken zusammengebundenen Händen. Und hält diese *Muschel* zwischen seinen schlierigen, brandschwarzen Zähnen, die ihm, unverhoffterweise, dabei recht zu geben scheint.

Aber es ist derselbe Trick. Wieder versucht er dem von Gott erschaffenen

Menschen zu verkaufen, was dieser, der Mensch, selbst *ist* – als wär' er's nicht.

Die „anderen Welten des freien Geistes" um jener willen, die in ihm lebt, die aus ihm hervorlebt, um jenes Lebens willen, welches er, der Mensch, selber zum Himmel werden lassen kann. In dem jene Ersteren *ihn* um dieser Befähigung willen und gerade mit derselben hierher gesetzt oder erwählt haben.

Doch der Akzent liegt auf *Be*-fähigung: Adam erkennt im besten Fall, dass die Muschel auch ihm nicht greifbar und verschlossen ist. Und dass der Teufel sie – *nicht* öffnen kann.

Auch in dieser zweiten Prüfung möchte der *ihn selbst* gegen seinen geistigen Ursprung ausspielen – seinen Herrn und Schöpfer, der allein die Muschel öffnen kann, das heißt, dem geistigen Menschen sich selbst offenbaren, auflösend den einklänglichen „Umsprung" der sich selbst gestaltenden geistigen *Einheit* ihrer beider, Erschaffer und Erschaffener, in der die Unterscheidung zur Kreatur nur zum Zweck der kreativen Verbindung, des aktiven Bewesungsverhältnisses zu ihr bestand. Den Bruch darin will der Verleumder provozieren, um Adam geradewegs in dieselbe innerweltliche Öde zu befördern, in die *er* zuvor verbannt wurde und aus der er hier, wie auf gemeinsames Terrain, zu ihm hervortritt.

In den Maßen der wahren Tatsache, dass Adam aber *getötet* worden wäre, ja eigentlich *nur dann* getötet worden wäre, wenn sie *ihm*, Eva, tatsächlich genommen worden wäre, laviert jener essenzielle Bereich, in dem sein „blauer Stern" verschwand.

Und die Weltbringerin lebt im Inneren der mystischen Muschel, die sich zweimal öffnet und auch zweimal schließt.

Soweit sie ihm als die geistige Freundin des Ursprungs erhalten blieb, ist sie die ungeborgene Perle seines fliehenden und suchenden und unschlüssigen Denkens: *Wonach*, also, soll er die Reusen desselben auswerfen? – Wonach suchst du, Mensch, nach wem – in dieser Welt?

Gerade weil er sie in seinem eigenen geist-geschöpflichen Grund trägt, ist seine äußerliche Spaltung, die des von diesem Grund entlassenen Eigendenkens, welches verwunderungsvoll oder unverständig über ihm kauert, diese Art Bewusstseinsspaltung – die noch zu *ihrem* kündenden Mund sich wenden und hervorgestalten kann – auch gottgewollt und unumgänglich. Er muss nicht nur dem verderblichen Zauber jeder anderen Führung misstrauen, sondern sich selbst am allermeisten. Verwerfen und hassen, was er von sich selber hört, bis eine andere, falschlose, leitende Macht des natürlichen Denkens in ihm die dem Teufel verleidete Stelle versieht …

Der ist sich dieser Unentschiedenheit Adams bewusst. Aber er weiß, dass er nach der ersten in Adam ausgelösten Erschütterung dessen Neugier und Suche nach seinem eigensten Selbst entfacht hat, unweigerlich.

Adam, der so „Durcheinandergebrachte", angstvoll zu den Sternen aufschauend, die nun scheinbar am Firmament hinaufklimmen, nacheinander einzeln emporzüngelnd, mag hierauf nachgesonnen haben:

„Ich bin etwas und weiß nicht, o Schwestern, was ich bin!
Ich meine: vielleicht eine Puppe, vielleicht, dran sie hängt, jener Faden,
Ein Ball in der Hand des Geliebten; vielleicht ein Joch, schwer beladen;
Vielleicht bin der Palast ich, darin ein König sinnt,
Gar manche Dinge beredend, dass Kenntnis er neu gewinnt.
Vielleicht bin ich ein Ross auch, das irgendein Reiter lenkt,
Vielleicht die Woge des Meeres, die äußeres Sein versenkt,
Vielleicht die Hennablüte, mit Röte ausgelegt,
Vielleicht auch eine Rose, die Duft im Haupte trägt;
Auch mag ich eine Quelle, gefüllt von der Wolke, sein,
In der die Sonne sich spiegelt und Mondes Widerschein.
Vielleicht auch der Widerschein Gottes bin ich von Anbeginn,
Der jenseits aller Worte …   Vielleicht, dass ich gar nicht bin!"[20]

Hierauf führt der Satan ihn bei untergehender Sonne an einen zweiten, auf der Abendseite des Gartens silbrig schimmernden Baum heran, an dem auch morsche und unreife Früchte erkennbar werden, auffällig groß einige

---

[20]   Sachal Sarmast, Risaló Sindhi. (Anm. d. Schreibers).

angefaulte auch, die der spiegelnde Glast des Abendlichtes über Gebühr verschönert. Hier erwidert er ihm auf seinen Gesang:

„Wenn es so ist, brauchst du einen Partner, der dir begreiflich macht, wo du stehst und wer du bist, Adam."

(Dieser) Sag du mir, wer ich bin.

(Satan) „Das verdeutlichen alle Dinge in ihrer dich umgebenden Herrlichkeit und Verfügbarkeit: Ein Gott bist du, nach dem Ebenbild des Höchsten geschaffen, gebildet aus dem Widerglanz Seiner Macht und Allgegenwart. Ja, mehr als das: Das Werk des Alleinzigen ist mit deiner Erschaffung beendet, womit du an seine Stelle trittst, Adam. Jetzt beginnt, nach der Art des Seinen, hier dein Werk. Hier hat es zu beginnen. Und was ist das? – Frage dich: Was hat Er mit dir gemacht?

– Er hat *mich* gemacht. –

Richtig, und hat dir den Geist gegeben, damit du dich Ihm dankbar zuwendest und ihn anerkennest als deinen Herrn und Erschaffer. Nun also: ist der Geist *dein* Geschäft, Adam; eine Ware, beweglich wie die Luft, teuer wie der nährende Hauch des Lebens, für den Handel mit der dich hier umgebenden Natur, die um dich wirbt; da du, Adam, ihr Gott, höher stehend und mehr als ihre Sonne, ihr mitnichten angehörst. Da sie den Geist von dir empfängt – was tut sie außerdem? – hat sie, in immer neuen, weihevollen Formen, die entstehen und vergehen, ihre Dankbarkeit dir auszudrücken: Sie hat sich dir ganz hinzugeben.

Alles ist zu deiner Erfüllung da, und alles, was zu deiner eigenen Erfüllung beiträgt, steht dir zu: Leben geben und Leben nehmen.

Dein Scheinen ist auch seine Weigerung, die Weigerung deines Scheinens. Mit Verweigerung *der* Dunkelheit aber, das ist geschickter, aus der alles Scheinen hervorgeht, tritt weder irgendeine dieser Erscheinungen ans Licht noch das Scheinende in dir selber in Erscheinung. Sieh zu: Diese

Verweigerung deiner innersten Besinnung gib, die Tiefe, nicht die Güte, oder aber das bloße *Licht*: Was Göttlichkeit an sich ist und dein Gottsein, beides richtig. Dieser Macht, Adam, musst du als *ihr* Gott, der Gott der Erde, dich jetzt versichern und bedienen.

Auch das Leben, welches sich im Ableben und Nichtleben dir zeigt, auch das Verkümmern und Zugrundegehen dieser dir gegebenen Welt, ja jedes einzelnen Wesens in ihr, müssen von dir ausgehen: Du musst das ebenso wollen und auslösen. – Komm nur, tritt noch etwas näher heran …

Ich will dir heute Leiden und Kummer aller Art vorführen, damit du sehest: Sache zwar der dir unterstellten Natur, die deiner Einwilligung dazu bedarf, sind das andere Formen deines eigenen Widerglanzes. Wie all diejenigen, Adam, die nach dir kommen, die nach deinem Bild werden entstehen. Viele, Unzählige werden durch dich kommen, aus dir entstehend, nach deinem Ebenbild oder dem deiner Gegenspielerin gemacht. Durch die, durch dieses Weib, Gott dich in den Stand gesetzt hat, das, was er an dir vollbracht hat und mit dir anstellt, unzählige Male selber zu vollbringen. Sie kann dir in beiderlei Hinsicht sehr behilflich sein.
Noch ehe sie sich untereinander anblicken können werden, beliebige zwei, wirst du alle diese Gesichter sehen, weil sie alle Möglichkeiten sind deines Gesichtes. Sodass sie, von ihm aus entstehend, anfangs neben ihm stehen, bis sie schließlich von ihm gehen. Alle, alle … Sieh, wie viele!

Und oh die Zahllosen, die nicht mehr reif werden und niemals reif geworden sind am Baum des Lebens! Schau durch die eisernen Ranken des Großen Tors, hierher, an denen du bald Halt suchend und weinend mir um den Hals fallen wirst!

Bei diesen brandigen Feldern beginnen wir, auf denen verhungernde Neugeborene ihre trockenen Mütter anschreien mit starren Augen. In beider Tränenglast sich ein blitzender Feuerdom erhebt. Über dem Darben in irdenen Gebäuden und zerfallenen Hütten jagen riesige eisgraue Vögel, die einen unsäglichen Lärm verursachen, die übrige Landschaft mit einem verrauchenden Abwurf bedeckend, von dem alles versengt wird, alles verglüht. Alles, was man zuvor auf diesen Feldern sieht, die du in Zukunft bestellst, Adam. So viele Blumen die Erde zuvor besaß, selbst unter den Kämmen der Schneewächten barg, so viele entstellte Köpfe und Rümpfe jetzt in den menschlichen Siedlungen, auf den Feldern, in halb zertrümmerten weißen Türmen lagernd. Dann hier, andernorts, schau: Diese Wesen wie schwarze Krähen, die den Menschen auf den Dächern steigen, Millionen kleiner Dächer, auf denen die Menschen noch einmal so viele spindeldürre Kreuze aufstellen, verdrahten: umsonst. Die Dächer können es nicht aushalten, das Daraufherumpoltern dieser Wesen, welche schwarzen Krähen ähneln, bis sie einstürzen mitsamt den Wänden. Und es kommt dann, siehst du hier, zu allen diesen schlimmen Brüchen und Gehbehinderungen der Gedanken, all den fiebrigen Entzündungen der Gefühle der Menschen darunter, weil die Dächer über ihnen einstürzen, vom Daraufherumpoltern dieser Wesen, die wie schwarze Krähen sind, nicht wie ich: weißes Fleisch und cyanblaues Blut, sodass man mich kaum sieht; andersherum bei ihnen ist es, Leben fühlen sie nicht (ich sehr wohl). – Nein, es ist *nicht* der elende Bauch, das hungrige Fleisch, das die Menschen hindert, unbescholten, frei und aufrecht durchs Leben zu gehen und den Willen Gottes zu tun. Bliebe das Urgeprägte in ihnen sich gegenwärtig, sich selbst gegenwärtig, wäre die Herausforderung für uns eine ganz andere. Was aber empfangen sie, was wissen sie von dir? Und wer sorgt tatsächlich dafür, dass sie bald ihre inneren Lebensziele, bald sich selbst verfehlen, bald miteinander sich anfeinden? – Wir sind das. Ich wandle, allerdings, immer auf leisen Sohlen bis zu dem Ort, an dem ich solches anrichte, ich weiß selbst dann mich zurückzuhalten. *Deine* Angriffe dieser Art aber, Adam, müssen schreiend offenkundig sein; denn Das Unergründliche bist Du. Beziehungsweise *Der Un-Verborgene*, der Verborgene *und* Offenbare. Darin fühle ich mich wie der letzte Bruder dir, dir immer zur Hilfe verpflichtet."

Adam bedeckt sich das Gesicht mit beiden Händen, im Zustand innerster Aufruhr, sichtlich der des Entsetzens über ein fatales eigenes Vergessen oder Versehen. Und vernimmt:

„Richtig, richtig: Was gemacht wurde, um kaputt zu sein, kannst du nicht heilen. Und bis ihr beide, Eva und du, einst zurückkehren werdet zur Schönheit, versinkt die Welt in einem Meer von Blut und metallenen Schatten. Schlussends die Folge des Umstands, dass jeder der Menschen für sich steht, warum das Einander-Bekriegen und -Ausbeuten vom ersten Anstoß, von der ersten bösen Absicht an kein Ende nehmen wird, sondern ins Unermessliche wachsen. Der Sohn deines Sohnes wird einen Mann in der Erde verscharren wollen, den er im Streit erdolcht hat. Mit diesem Dolch und seinen bloßen Händen gräbt er des Nachts hier eine Grube, dass er den Leichnam hineinlegen könne. Nachdem jedoch eine gewisse Tiefe freigelegt ist, tritt ebendort ein anderer verwester Leib zutage, der zuvor hier verscharrt wurde von einem anderen Mörder. Rate du, wer das ist – wer *das* war? Ganz einfach, der Erstgeseh'ne, al-Amar[21], wer auch immer das Umbrechen und Säen hier begann. Aber ein anderer sah einfach zu. Sah einfach, ausdauernd und reglos, zu.

Was kann Gott anderes von *dir* wollen, wie ich eingangs sagte, als dass du gutheißt, alles gutheißt, was du siehst? Etwas mehr noch: Du musst das alles *sehend wollen*, Adam. Ich meinerseits verlange das von dir, nur das: Nicht einen Fingerbreit musst du dich rühren. Allen diesen kommenden Menschen, Adam, die nach dir kommen und zu dir, wende ab morgen deine Pracht zu. Wende ihnen dein Licht zu; gemeinsam mit dem ihren, dem Licht deiner Gegenspielerin, die deine Nacht ist: oder die Nacht deines weltschaffenden Lichtes. Zugleich also verweigere es ihnen: damit sie, wie dieses Weib, dir dienstbar bleiben und dem göttlichen Wesen deiner Macht gerecht werden. Solange *du* lebst – und danach. Sei dieser Gott, deiner Anlage gemäß, damit sie verstehen, dass vor dir etwas anderes war, das für sie nicht erlangbar noch begreifbar ist. Und dass nach dir, dir und euch beiden, nach dir und jener *(er deutet mit dem linken Zeigefinger, indigniertem, wütendem Gesicht und zugekniffenen Augen, dem ganzen Ausdruck eines Anklägers, auf Eva)*, nichts mehr kommt.

So werden sie nicht mehr nach unserem Vater flehen oder wünschen, ihn zu sehen, sondern sich ins Verderben fügen ohne Reue, ohne schmerzliche Hoffnung. Oder sie werden ihn in dir sehen, Khuory Yussuf, werden sich selbst in dir erschauen, viele nach deiner Art lebend, lahmend und verste-

---

[21] „Der Rote". (Anm. d. Schreibers).

hend. Aber jeder zweite *ta'ih*[22] zeitlebens *ta'ih,* jeder dritte ein verfilztes, schmutziges Etwas. Und jeder vierte, was *ich will.*
Aber DU bist es, wie ich sagte, dem alle diese Möglichkeiten ab jetzt offenstehen, dem es zusteht, über alle Möglichkeiten im Kreislauf des Werdens und Verendens zu verfügen. Während, wie beteuert, schon das Vorhandensein dieser vielen Möglichkeiten dich dazu zwingt, sie zu versuchen: Mache sie möglich, indem du zuschaust und geschehen lässt, immer wieder geschehen lässt, was möglich wurde. Was möglich wurde, möglich wird: genau dadurch. Nun komm, damit beginne jetzt! Versuche es! Versuch's … Oder ab morgen. Nun, ich sehe … – Dann eine gute Nacht dir, wie man sie mir entboten. Gut weiß ich nicht, allerdings eine ohne Ende."

Die ihm vom Teufel als Nächstes in der Erscheinung der Schlange (s. u.) angebotene Frucht ist also die, in der sich der Teufel selber ihm anbietet; wie er zuvor, in der ersten Versuchung, ihn, Adam, sich selbst zu schmecken gab: als wär er's nicht.
Denn der bzw. das Böse ist das, was im Zeitlichen eingekerkert, „eingetempelt" ist; als dessen aufgedeckter Kern und gefühllose Seele. Deren umgebende Nacht anders entboten: „Willkommen in mir." Die vertodende Macht, die sich wider die Macht des Ewigen, d. h. des unausgesetzten Liebes- und Lebensgedankens erhoben hat, der in vertraulicher Dienstbarkeit gegenüber dem hervorgebrachten Leben selber dieses bewest und trägt: als deren Widersteher. Da er selber im Zeitlichen festgebunden ist, bemüht er jeglichen zeitlichen Reiz (des Auslösens und Beobachtens von Zerstörung, Auflösung, Zerwürfnissen), alles bis zum würgenden Abwinken auskostend, was ihm diese vorübergehende Befriedigung verschaffen kann. Ohne allerdings jemals tatsächlich Befriedigung finden zu können.
Auch für Satan, gerade für ihn, bleibt das ursprüngliche Licht der Gottesbewestheit das eigene Unerkannte und unerkannte Liebe, die ihn im Unerkannten befehligt. Bleibt dieses auch insofern *unvergegenständlichte* Licht seines Ursprungs, das dahin drängt, sich *als solches,* unverwandelt einzuverwandeln, also „umsprünglich" in seinem Geschöpf sich auszu-

---

[22] Haltlos, unstet umherirrend. (Anm. d. Schreibers).

zeugen, bleibt ein Unauslöschliches, das ihn am seelischen Hungertuch der Welt nagen lässt, solange diese Welt besteht. Welt, die *er* – ohne diese Vergegenständlichung und statt ihrer – selber vorgezogen und gewollt hat.

Auch eingedenk dieser bevorstehenden weiteren Versuchung vergegenständlicht Gott Adam vorher seine Eva, damit er zur Wahl des eigenen Guten und dessen aktiver Erprobung fähig sei, es vor dieser Wahl, die er treffen muss, an ihr kennenlernen, anschen, seine höhere Wirkmacht schmecken könne. Gerade auch hierzu dient der paradiesische Zustand der unversehrten Ganzheit und Einheit ihrer beider. Hiernach ist seine, Adams, persönliche Wahl frei; nicht bevor ihm das eigene Gute vollends offenbart wurde.

Die Eva selbst geltende Ermahnung bezieht sich auf ihr Anschmecken, auf (ihre:) die geistseelische Durchdringung des Widersacherisch-Bösen, Vertodenden: eben als eine Möglichkeit der sich in sich einziehenden, einrollenden, nach innen entsagten, dadurch veruntreuten Gabe Des Einen, des Licht-Geistes. *Insofern* haben das *vergegenständlichte* Gute und Böse ein und denselben – unvergegenständlichten – Ursprung in Gott. Da aber *sie*, Eva, die gegenteilige, die schöpferisch-analeptische Macht des Geistes im Ursprung besitzt, diejenige, überhaupt Wirklichkeit zu erzeugen, erweckt sie auch dieses Möglich-Böse zum Leben, wenn *sie* es antastet, wenn sie diese erweckende Kraft (in Adam) auf „seine anderen Möglichkeiten" aus richtet. – Die „sie nur noch nicht wusste, wie zu sagen Nein", oder: die „Scham ihrer Nacktheit" – dieses ihres freigiebigen Dar-Seins – nicht gekannt hat. Ja, sollte man annehmen, tatsächlich außerstande war, sich Adam in dieser ihrer eigensten bekräftigend-erweckenden Eigenschaft zu versagen.

Und, verwirrt durch Adams erste Verfehlung, sein Unverständigwerden ihr selbst gegenüber, durch das beider ursprüngliche spirituelle Verständigung darangegeben wurde, hängt sie sich nun verzweifelt *an ihn*: um wenigstens in der Vertodung und Verzeitlichung, in dem eigenen Entlichtetsein, mit und bei ihm zu bleiben. Wodurch sie, nicht willentlich, aber wenig besorgt um die Folgen, ihm in seiner Neugier folgt und diesen seinen Schritt zur entfesselnden „Erkenntnis des Bösen" mit trägt, mit verursacht.

Daher ist die Erscheinung des Versuchers in der Schlange auch oder genauer die einer lasziven Frau auf einem roten Thron, dem Thron der Welt, den sie „verspätet einnimmt". Das Böse beruht auf der missbräuchlichen Verkehrung der guten, weißen Macht der Adam inwendig beisituierten himmlischen Seele – und auf deren Willfährigkeit gegenüber dem erblindeten Mannesmenschen, um seiner, zwar ungerechten, Liebe willen vergessend, dass sie eigentlich Gott gehört, Gott entstammt, nur von *ihm* lebt.

Letztlich ist aber diese „andere Frau" *seine,* Adams, verkehrte ursprüngliche Identität: Surkpush, „der mit dem roten Gewand". Der weiße Himmel wird sich rot färben (s. u.).

Das Böse ist mehr als eine Potenz des Wirklichen, eine „lauernde Existenz"; es ist die Kraft der Unkraft, das Wollen der Entsagung, die eigenliebige Einziehung jenes geistigen Lichtes, das Gott von sich in sie, in uns gelegt hat. Daher müssen *beide* ihm sowohl aus Gehorsam gegenüber Gott als auch aus eigenem Antrieb um ihrer selbst willen widerstehen. Was also heißt: widerstehen dem Widerstehen; dem Widerstehen, Gottes eigene Sonnen-Positur innerhalb seiner Schöpfung einzunehmen: *eine Sonne* zu sein (Sonne – und dabei *eine*). *Sie,* weil sie dieses Böse andernfalls entscheidend auf den Plan der Wirklichkeit ruft; *er* aber, weil es sonst seine geistige und (dann wiederum deren sich-schaffende real-iterative) weltliche Wirklichkeit einnimmt und bestimmt, das Leben des Menschen in allen seinen Inhalten und Wendungen, überdies ingeneriert, beschicksalend diese (unrettbar?), dem Leben seiner Nachkommen. Hier wiederum darin, dass deren Gottesdienst sich als entseelt-pragmatisch bzw. opportunistisch herausstellt, das Mal der Leblosigkeit und Unberufenheit trägt, soweit nicht der Herr selber aktiv wahrhaft Gläubige erweckt und beruft. Das ist fortan die wurmstichige Frucht vom Baum, haarig und milchig, was ihre Giftigkeit verrät. Damals hing sie irgendwo zwischen den Dornsavannen und den Mangrovenwäldern einer Berggegend Ostafrikas[23], dann an Speeren und

---

[23] Die Wiege der Menschheit. (Anm. d. Schreibers).

Gewehren, heute ist es das ehrgeizige Vorhaben, das andere ins Straucheln bringt, das berufliche *target* der „selbstverständlichen" Ellbogenmoral, für das man auch noch Gottes Zutun erbittet, statt für andere zu bitten und für sie zu handeln. Kain – „Errungenschaft". Abel – „Hauch, etwas, das aufsteigt nach oben". Ersterer ist Pragmatiker, Macher, Verwirtschafter der vorgefundenen Ressourcen, für den das Religiöse nachfolgt als Routine und kein Herzensanliegen darstellt, der nicht einmal in seinem Bruder die Natur des anderen als solche achtet. „Bin ich der Hüter meines Bruders": Diese Abspaltung des Anderen im eigenen Bewusstsein ist (war bereits) der Brudermord im Keim, nicht etwa ein erstes *Schisma*, das Gott evoziert, etwa weil er einen der Brüder weniger anerkennend ansieht. Abel ist der anbetend Gläubige, der in allem auf Gott ausgerichtet bleibt und intime Zwiesprache mit Gott sucht aus unbändiger Liebe zu IHM, der zugleich weiß, dass er alles von Gott beziehen muss, weil er in Gott das Gute selbst erachtet, dessen er selber ansonsten gar nicht habhaft ist. Daher bringt er ein Opfer der Entsühnung („Blut", Besprengung mit Blut – Sühne) in Demut, mit dem „Herzen voller Demut", das Gott verlangt, dem er dann Kühnheit gibt von seinem Thron. Anders die „toten" Werke, mit denen Gott nur günstig gestimmt werden soll, mit denen man bestenfalls sich selbst dient: Dies sind die verkehrten Werke, die Knoten ins Leben des Menschen bringen und die dazu führen, dass der Acker seine Kraft verweigert („Acker" – Berufsleben, Erwerbs- und Familienleben), möge dieser Acker auch anfänglich die gewollte Frucht tragen. Was Gott will und gefällt, sind nicht unsere eigenen Anstrengungen und Verdienste, sondern dass man *ihn einlädt*, an unserem Leben teilzuhaben, dass man seine Gebefreudigkeit nicht ausschlägt, sondern durch diese gestärkt seinen Willen des Dienstes am Mitmenschen und der Schöpfung konsequent versieht. Wenn man so sein Leben und seine Geschäfte auf dem Gottesdank aufbaut, läuft das Leben daher ganz anders, vollkommen anders, für einen selbst wie für unsere nächsten Mitmenschen, Angehörigen, meist Bezogenen. Selbst die heftigste Strenge des Lebens wird durch die Güte des Einen Göttlichen Vaters aufgewogen. Nicht umgekehrt. Also kommt es tatsächlich nur auf den Grad der eigenen Verbundenheit mit dem Gnädigen Geber an; es gibt ansonsten nur unzulängliche Lösungswege. Erhalten wir uns diese Demut, dann hat für uns immer die gesuchte Lösung und betreffende Erklärung der *rūh ol-hajāt- e nāteqa,* wie man die uns umschwingende Intimantin auch genannt hat.[24]

Anfänglich warnt ihn noch Eva: „Nein, Adam. Alles, was du tun musst, ist singen. Und alles, was du tun darfst, ist singen. Singe den alles erhaltenden Geist und die alles durchdringende Schönheit des Herrn. Vor allem: Singe sein Licht im Anblick eines jeden lebendigen Wesens – um ebendieses jeweiligen Geschöpfes willen!"

Wonach sie aber – Wahn und Wirklichkeit ringen miteinander in Adams Augen, aller Hoffnung beraubt durch den an diesem Blick sichtbar erlittenen Einbruch ihrer ursprünglichen, rein spirituellen Kommunikation, die durch eine vollkommen wortlose Sicherheit im Glauben an die verborgenen Kräfte ihres Vertrauens gestützt wurde –, wonach sie keine andere Möglichkeit sieht, als ihm in seinem Entschluss zu folgen.

Adam verstummt vollends und nimmt die ihm gewiesene, inzwischen mehlige Frucht …

Es entsteht ein seltsames Rumoren fern und nah, eine Art dröhnendes Gedämmer um sie her, auf das hin beide aufgeregt den malvenfarbenen Himmel abspähen. Dieser entwölkt sich für Augenblicke ganz, um den Blick freizugeben auf eine blakende, weiße Sonne, die nicht nur mit einem Mal wandert, sondern sich regelrecht hetzt, am westlichen Horizont abzutreten. Kaum merklich weicht oder erwacht der schattenbleiche Tag.

„Teufel, wie kommt es, dass ich dich nicht sehe?"

– „Adam, ich habe mich in dir versteckt. Entbot ich nicht dem Herrn des Tages eine gute Nacht? Die Nacht ist mein. Ich bin der Herr der Nacht, wie Eva die Herrin des Tages bleibt." –

---

[24] Der „Redende Lebensgeist". (Anm. d. Schreibers).

(Verstehe: gut, da Nacht als solche.) Nun plötzlich gerät der Himmel, wie feuergespickt, in wilde Auflösung. Dorther, wie aus einem zerspringenden Felsgrat hinabsteigend, treten ihnen einige Dutzend an Kopf und Rumpf verwundeter, verzweifelt dreinblickender Gestalten entgegen. Bald ist es eine nicht abbrechende Schlange angebrannter, wie unter Schimmelflecken gärender menschlicher Körper, herausstürzend aus tosenden Feuer- und Kugelwellen, die schreien, zerbersten, sich winden in einem züngelnd-glühenden Staub, alles ist rot, dann über diesen pulverisiert zerfallend oder wie dürres Laub sich in alle Winde zerstreuend … Einige Fünzig oder Hundert aber bleiben unmittelbar vor dem Menschenpaare stehen. Geschundene Gerippe, haltlos, mit irrem Blick, weit mehr tot als lebendig, mit Ausnahme dieser ihrer überwachen Augen. Traurige, alte Augen, aber schreckgeweitet von dem alterslosen Feuer jener unbegrenzten Verzweiflung, die die Einmal-Gestorbenen, die Einmal-zugrunde-Gegangenen allein kennen. Augen wie die von Ertrinkenden unter Wasser, die es unsinnigerweise wagen, unter Wasser zu atmen.

Die Stimme des Teufels erklingt jetzt als eines, in dessen Augen trotzige Genugtuung blinkt: „Auch das bist du, Adam. Die da sind die Antwort. Das schwere Eisentor ward zur Seite geschoben, als ihr gebannt nach oben schautet. Oben ist unten, unten ist oben. Gibt es aber einen Unterschied zwischen dir und unserem Vater, gibt es diesen Unterschied, den du erfrugst, so siehe, sind diese hier der ganze Unterschied "

Diese vielen harrenden Verwundeten drängen jetzt Eva und Adam, sich zuvörderst, als ihre „Ahnherren", in ihre sich dahinschleppende, jetzt unüberschaubar große Menge einzufügen, die an der Gabelung zweier roter Wege stehen geblieben ist.

Da erhebt Eva ihre farblose, von Bitternis und Ekel zerquälte Stimme zum Himmel: „Mein Herr, soll etwa das aus uns werden? Dann nimm mich fort von dieser Erde, deren Sonne ich verstört habe."

Der Himmel antwortet:
„Nein, Eva, du musst nicht sterben um des Adams oder um dieser eurer

Kinder willen. Denn ein anderer wird das an deiner Stelle tun, und ICH selber werde in diesem Menschen sein. Vorerst, im Gegenteil, brauche ich dich dazu, dass Adam am Leben bleibe: dass er mich hören und verstehen könne.

Meine hohe Rose, ich nehme dich in meine Hände. Um der Nähe willen, die ich zu dir halten werde, die du dem Adam spenden wirst, will ich an ihm festhalten: durch dich.

Ich nehme dein Herz heute in meine Hände und segne alles, was in ihm ist, mit meinem Lebenshauch und meinem Wort. Was in ihm ist, wird in ihm bleiben und hören und zuwarten: unveränderlich wie mein Wort."

Worauf sie sagte, nur das, mit unverrückbarer Bestimmtheit: sie werde Wort halten. *Ich werde Wort halten.*

Was immer Gott seitdem getan hat, das tut Er, um unseretwillen, mit Hinblick auf sie, oder tut es durch sie.[25]

Ist sie es doch, was von Ihm in uns „steckt": durchaus bewusst benutzend das hässliche Verb. Denn das ist das ganze Problem: dass es sonach in uns steckt. Dass sie so in uns steckt, *stuck here*, diese besagte wunderbare, hohe Rose. Mit deren zartem Blust der Herr uns überzogen hat, ursprünglich. Mit deren Licht er uns eigentlich angekleidet hat.

Deshalb ist der Geist mit nichts zu vergleichen.

Ist mit Nichts zu vergleichen. Mit dem Antun von Nichts. Mit einem Belegen mit Nichts. Und mit einer gefährlichen Nacktheit, die den Segen, der wirklich macht, der uns Wirklichkeit bringt, an anderen Menschen und anderem Leben negativ faktiziert: vertodendes Leben.[26] Das, was Gnade, umkehrt ins Verderben.

---

[25] Zu diesem „folgerichtigen", co-naturalen Zusammen-Gehören Christi und Evas siehe insbesondere EZAL 3 (im Anhang). (Anm. d. Schreibers).

[26] Ich gebe aus dem späteren Gespräch wieder: „Und ich werde trostlosen Erscheinungen, so mit dem Herzen gesehenen, diese Trostlosigkeit mit meinem konstatierenden ‚Sehen' ihrer zudenken, während mein Geist sie ihnen aufbürdet; er wird die Trostlosigkeit, die er an ihnen ‚sieht', die jedoch *sein* Ausfluss ist, selbst ohne das

Es wäre besser, der Geist wäre das Selbstverständlichste und Offenkundigste von allem. Er wäre *an* allem und von allem das Offenkundigste. Beginnend bei seinem gottgewollten Besitzer, von diesem ausstrahlend auf alles. Von diesem ausstrahlend auf alles – eine lodernde, Fayence-artige Schönheit – das Hauch-Bild ihrer Urerweckung, das tatsächliche Gesicht der Wesen, das bei allem Lebendigen das lichte Inwendigste und Inner-Meiste sichtbarlich verifiziert, in Freiheit und Enthusiasmus. Das freie Feuer Einer Seele, geboren aus dem Auge Gottes (was sie ist), das sich an keinerlei Stoff entzündet sieht, nicht einmal an der Luft, nur an der Atemluft des Menschen und an seiner Sprache. Dazu frei. Und dadurch frei und unverlöschlich. You should know now the sun, you should know it by now. Du solltest wissen, dass, wo sie auftaucht, es auf Anhieb Frühling wird. Sodass daraufhin nichts mehr wird umgeben sein von seinem körperlichen Schatten: bald …

Was ist alles nur ein Bild; leider wieder nur ein Bild, das mit dem ursprünglichen, ersten Gesicht des Lebens gar nicht konkurrieren kann.

Nur dann, erst dann – wäre der Geist auch bei sich selber: wäre er das Offenkundigste an allem und von allem. Er wird es wieder sein.

Er wird es erst recht sein, neu und anders, in der malvinen Zeit des Singens und mit der Wiederkunft Des Herrn. Wenn

Wir finden in dem Alten Lied
Die alte Wirklichkeit nicht mehr.
Verwandelt aber, neu und mehr
Erscheint sie uns im Neuen Lied.

---

zu *wollen,* auf andere laden. Dann auch an ihnen bewahrheiten. Und schließlich an ihnen verschulden. Die Heranbildung von Nichts. Dieser eingeknotete Harm: indem er fühlt, leider noch nicht deutlich genug, dass das vermeintlich Fehlende *ihm* fehlt. Und eben wegen des ihm Fehlenden so fühlt, als fehlte *den anderen,* dem begegnenden Leben Fühlen, Wesen und Geist. Indem er fühlt, dass etwas ganz und gar Andersartiges, vielmehr Bekräftigendes und Be-Glaubigendes, gezeugt vom eigenen Inner-Meisten, von Hoffnung und hingebungsvollem Vertrauen in dieses Et-Was, von ihm ausgehend auf dieses begegnende Leben ausfließen sollte. Etwas, das sich aber nicht in ihm anfindet. Nein, nicht auf Anhieb: unerbeten – ungeborgen. Indem er fühlt, in weiterem Selbstausschluss, dass er dem Leben nichts zu geben hat. Ihm aber etwas zu geben haben sollte.". (Anm. d. Schreibers).

Was unterdessen zu erläutern bleibt. *In the meantime.* Einschließlich der Tatsache, dass die noch ausstehende Begegnung mit Dem Herrn in der Vollendung daher „nur über sie führt", nur über Eva. Über all das, was sich in diesem, ihrem Herzen befindet, das der Herr in seine Hände hat genommen und besprochen, in der Zeit des Abschieds. Der Zeit des Abschieds in die Zeit.

(Hiernach hüllte Albe sich in längeres Schweigen. Wir machten Rast an einem Baum von heller Rinde, der, breiter als andere um diesen, sich seltsam trocken anfühlte, aber zu bluten schien, krankhaft harzend.

Hier hockte er sich ermattet hin, dumpf vor sich hin starrend, meine Augen meidend, wie ich die seinen, die sich danach für einige Augenblicke schlossen. Völlige Ruhe bemächtigte sich dann seiner. Vermutlich fand er sogar etwas Schlaf.

Ungefähr zehn Minuten später richteten wir uns wieder auf, mit einiger Mühe. Mich sogleich zum Weitergehen auffordernd, fuhr Albe fort:)

Wenn wir uns nun in den Zustand nach Adams eigentlichem oder erstem „Sündenfall" zurückversetzen, der zum Verlust des ursprünglichen zweieinigen Lebens seiner vollen Natur geführt hatte.

Und wenn nun dies an sich die innere Geschichte eines jeden in der Welt ist, die Geschichte jedes Menschen:

Womit sollte *er* nun anfangen, in dieser Art bleibender Unverständigkeit, in der Zerknirschung ob der so entstandenen Begrenztheit dessen, was *er* war? In der Lehre und Leere seines eigenen Geschickes, für das er, wie er in seinem anfänglichen Verwirrtsein meint, im Grunde gar nichts kann?

Wer kündet nun von der durchdringenden, herzlichen Wärme des Einst, der möglichen Höhe des Lebens aus DEM SEIN, von dessen williger, bebender Ergreifung, die er *nicht* besitzt, der alles Lebendige zusammen-fassenden „Nimmbrunst" Evas.[27] Von der menschlichen Blüte aus Licht hinterm zu-

---

27 Siehe das vor „Das Alte Lied" gestellte Adam-Gedicht. (Anm. d. Scheibers).

gigen Bogen des bleibenden Aufruhrs und der bleibenden Zuversicht, dieses sein einziges, vollständiges „Sein" wieder zurückgewinnen zu können. Welches, wie das innere Heil, das man zwar aufs Spiel setzen muss, aber nicht verlieren darf, so nun mit ihrer beider Feind wirklich vertraut – *ihn* nunmehr ernstlich warnt? Und nun anders:

Dass er jetzt in sich hinein wirken muss. Ohne das ihnen beiden weiterhin zugeneigte Heilige unter das eigene Joch zu beugen, aber auch die gegenwärtige Schmach nicht als unlöschbar anzusehen. Noch als unabänderliches Fatum, um dann willens *vom Ort des Seins zu gehen*, der doch versehen werden muss, der als „Stelle" an sich überall und nirgends verortbar ist, fliehend diese vermeintliche Knechtschaft, in die hinein der völligen, entfremdenden Verzweckung seines inneren Lichtes, seiner verlebendigenden geistigen Achtungskraft in äußeren Sachzwängen, die dahin reichen, aus ihm eine Maschine zu machen, die verrichtet, auch innerlich, im Denken und Fühlen aus harten Laufbändern gemacht, die immer weiter laufen, bis sie rosten, verschleißen, zerfallen. Wessen Blick, aufgelöst in Wasser, wie ein ungefasster Brunnen, kühlt sein abgehetztes Antlitz?

Während er im stickigen Dampf der Jahrhunderte sich allem zuwendet, was zum Errichten und Betreiben einer fabulösen Gegen- und Ersatzwelt der stumpfen Befriedigung notwendig ist, einem in seiner vermummenden Künstlichkeit perfekten Nichts, das wegen der immer größeren Wartung und Widmung, die es von ihm heischt, alle nur vorstellbaren Rechtfertigungen liefert, diese verlebendigende geistige Achtungskraft des Menschen von sich und seinesgleichen abzuziehen. Unaufhörlich diese „Verhältnisse" als Schicksal „erster Ordnung" schaffend, damit das Elend und die Schuld der Welt in ebendiesen und nicht womöglich etwa in ihm beziehungsweise uns selber georted werden. – Sich wirklich allem zuwendend: nur nicht dem geistigen Lebenslicht in sich, bei sich, dem *er* selber entsprungen ist. Und wie ist er ihm entsprungen?

Indem es ihm entsprang.

Adam kann mit der Lüge leben. Er kann sogar meisterhaft mit *ihr* leben. Ja, wenn es noch irgendetwas gibt, von dem sie, Eva, staunend in ihren Liedern sagen wird, die aus den Fäden der Enttäuschung, Schmach und Armut in dieser Welt gesponnen sind: Adam, das kannst du aber gut, dann ist es das, leben mit der Lüge, die uns alles durchbringt. Man meint sogar, sie wäre gar nicht da; so selbstverständlich geht die Lüge neben ihm her. Aber, im Gegenteil, das hält sie hoch, das gibt ihr alle Macht der Welt, dass *er* sie nicht bloßstellt, dass er sie frei gewähren lässt, sich frei ausweiten, entropieren …

Und weiter: Wer gibt und kündet diesem blinden Feuer vom Freikampf des währenden inneren Morgens, der zu neuen, hoffenden Lebensentwürfen entschließt, von der Kraft und Bereitschaft, auch für andere zu handeln und gesellschaftliche Zustände als eigene Verantwortung anzunehmen. Wer gibt und kündet vom sehenden Licht, von den versöhnenden Ideen des einstigen Erwachens in diese „Vollständigkeit des Seins"[28], das dann augenblickhaft, hin und wieder, vorerlebbar wird? – Alles Dinge, die *sie* ihm seitdem, „seine Eva", danach eingegeben hat, wenn sie auch in der Mühsal der „Wirklichkeit", seiner selbstverhafteten eigenen Existenz, in ihm selber dann doch meistens ausbrannten.

Wenn ich sage (was ich nicht tue): Unsere eigene Seele tut das, bleibt zu berücksichtigen, dass etwas versetzt bleibt aus der Erde. In den Leib der Intimantin: die aus sich selber grünende, rotviolett blühende, mitunter bekopftuchte *verdad*.[29] Wenn ich sage: Unsere eigene Seele tut das, ist die Trennung zu berücksichtigen, von der hier die Rede ist, grundlegend, von der wir notorisch weitersprächen, selbst wenn wir die Essenz des Menschen nicht von der der Engel unterschieden (was wir tun). Ist entschieden die zugleich bewahrende Versetzung angezeigt eines wesentlichen „Teiles" dessen, was gemeinhin als „die Seele" überhaupt verstanden werden kann: nämlich aus dem Bereich *ihres* unmittelbaren oder beliebigen Zugriffs auf sich *selber*.

---

[28] Das Ideal Rimbauds. (Anm. d. Schreibers).

[29] Die spanische „Wahrheit" ist eine „Grünendheit", genau genommen: *dar – verde*. (Anm. d. Schreibers).

Das ist das wahre Kind. Der Teil, der *sie,* der uns geschöpflich bleiben lässt. Dem das Leben der Welt in anderer Weise anvertraut und in einem ganz anderen Sinne *vertraut* ist.

Dem in dem „jungfräulichen Denken" der authentischen Wiedergabe unseres Geistes die wahrhaftige Wesensessenz, das unmissverständlich weibliche *dhat*[30] eines jeden wirklichen Dinges *zugehört*, und ihm so auch, „einfach", eingeht. Das, drittens, auch rückwirkend und fördernd auf dieses jeweilige gebende Leben, ihm selber entströmt. Aus seiner unverortbaren und niemandem insonderheit zukommenden Sonnenpositur. Sie die Sonne, er die Positur.

Ihr Licht entströmt ihm (uns) wie dem eigentlichen „Leib" dieser tatsächlich sehr essenswerten Essenz: wieder als Frucht des Wahrheitsbaumes. Als die alles erhaltende Kraft ihrer direkten und unverbrüchlichen Allverknüpfung, die der weiß blühende „Baum des Lebens" darstellt. Sollte die Rückbindung also gelingen und sogar stabilisiert werden – Evas Auftrag und Versprechen –, kennt der Nachstrom gar kein Ende. Gar kein Ende der Essenz, die ohne Ende ist und so vor dem „Ende der Ewigkeit" bestand, gegeben von dem Ewig Einen: uns.

– Ich verstehe nicht. Was ist mit dem Baum gemeint? Und dieses „wahre Kind"? Des Menschen Seele oder dieser „geistige Mensch", als der ersteren Lebensform *in actu*? –

(Er wirbelte jäh herum und starrte mich lebhaft-zufrieden an.)

Merhaba! Welcher Gottes *Geschöpf* ist. – Diese geistige Geschöpflichkeit oder geschöpfliche Geistigkeit ist das, worauf die Symbolik der Genesis durchweg abzielt, wenn nicht sogar der gesamten Schrift. Es ist *ihr* Hintergrund, der im wendungsreichen Vordergrund der Erzählung vom geschaffenen Menschen steht. Wer den nicht annimmt, liest nicht nur nicht die Bibel richtig, sondern missversteht das ganze Leben: das aus diesem selben

---

[30] In der mystischen arabischen Philosophie, insb. in der Linie Ibn-Arabis, wird dieses sinnfällige grammatische *Femininum* mit Hinblick auf alles Seins- und Wesenhafte nachdrücklich betont. (Anm. d. Schreibers).

Hinter-Grund heraus bedeutungslos, bedeutungsstumm genannt werden könnte, wenn man es von ihm losgelöst betrachtet.

Jede echt göttliche Unterweisung vermittelt recht besehen diesen Hinter-Grund und warnt vor dieser Gefahr und soll diesem schwerwiegenden Fehler vorbeugen, während sie tiefere Betrachtungen oder Erkundungen zur Heiligkeit des Lebens anregt. Die kommt von dort. Während nichts anderes als die Verkennung und Entheiligung des Lebens selbst die Hybris des menschlichen Denkens gegenüber der schöpferischen Liebe Gottes nach sich zieht und den währenden Bruch.

Lass uns aber bei dieser eingetretenen Versetzung der seelenräumlichen Mitte bleiben, die ich eben ansprach:

„Nur" insofern – was sehr viel ist – hat sich an dem ursprünglich-paradiesischen Zustand des Bewestseins, der Intimation, des erleuchtenden Gegebenwerdens dieser eigentlicheren „Seele" nichts geändert, als *ihr* Leben nur aus der Liebe Gottes hervorgeht, nur aus seiner Liebe zur erschaudernden und hungrigen Erde seines Geschöpfes, auf die wir nicht den geringsten Einfluss haben. Und so *kann* dieses jene nur haben – wenn *sie ihn* vollends besitzt. Nicht umgekehrt.
Während sie ihrerseits den Geist der göttlichen Intimation und Anrufung *in ihm*, Adam, vertritt, außerhalb dessen sie nicht fassbar, nicht gegeben, nicht bestimmbar noch überhaupt selbst bemerkbar ist. Was übrigens unsere Sprache weiß: „Der Ruf" ist „die Gerufene", die in ihrem Wesen wie eine Flamme ist, geflammt oder „beflammt". Der Ruf ist die Beflammte und Gerufene: Das alles drückt das Wort *llamada* aus.

(*Wieder schien ein mich schwindelig machender Grad der Abstraktion erreicht zu sein, der mich an einem beliebigen Punkt seiner Ausführungen ansetzen – und hier förmlich herausplatzen ließ:*)
 – Aber ich kenne diese „Eva" nicht. *Diese* Eva kenne ich nicht. –

Das genau waren Adams erste eigene Worte: angesichts der *irdischen* Eva, die er nunmehr neben sich liegend fand, am vermeintlichen Morgen (da vielmehr eine aufgehaltene Dämmerung, die die Zeit an sich, die Zeit der Welt ist) nach der weiteren schwarzen Laune des Teufels.

– Doch, nein – ich kenne *deine* Eva nicht, und weniger noch diesen angeblich „richtigen" oder eigentlich „wirklichen" *Zustand*, in dem der Geist Gottes den menschlichen besetzt hält wie ein usurpiertes Land, ein fremdes Land in Krieg und Aufruhr. Von dem man niemals weiß, wem es zufallen wird – den Himmeln, den Teufeln, einem völligen Nichts, uns selbst … Das kann einfach nicht sein! –

(Solches hätte ich vielleicht früher einwerfen sollen: Denn nun erst erreichte ich bei ihm eine klare, zwingende Schlussfolgerung seiner Einsichten zu diesem Thema, die mich erst, im Nachhinein, den Kern der Sache als eine gar nicht abstrakte Angst und Traurigkeit erfahren ließ: indem diese Empfindungen endlich benannt wurden.

Heute zweifle ich übrigens nicht mehr daran, dass dies schlicht und ergreifend das Thema des Geistes ist, das erste, innerste und letzte. Das denn vielleicht auch eine so wenig fliehende, monolithische Betrachtung fordert, wie er uns beide von hier an ihrer unterzog. Auch glaube ich, dass er mich gezielt einer sozusagen unendlichen Auslängung dessen unterziehen wollte, dem ich mich damals grundsätzlich – besonders in dieser Situation der einseitigen Einwirkung auf mich – entzog: dem, was er die reine oder ganze „Dimension des Augenblicks" genannt hatte.)

Wenn das der Fall wäre, lebtest du mit halbierter Seele und würde dir der bedeutsamste Teil deines inneren Wesens schlichtweg fehlen.

Aus deiner Antwort spricht nichts anderes als die durchaus berechtigte, aber ganz unsinnige Angst, in dem, was dein gewilltes und gelenktes Eigendenken ist, „zu sterben". Und ich äußerte mich schon zur Eigenart dieses sozusagen metaphysisch vererbten Angstgefühls unseres Denkens.

Aber in dieser Angst erwachst auch du neben ihrem sehr weichen und glutigen Körper.

Sie schläft; und doch glaubst du, ihr Weinen zu vernehmen. In dir regnet es, in dir weint es. *Humedad, luna negra.* Und doch ist es nicht dieses – dein Herz, welches weint. Du erwachst neben ihrem Körper, der ganz schwarz ist, schwarz, wie nur irgendetwas schwarz sein kann, schwarz wie eine bis auf den letzten Grus erloschene Sonne. *Dieser körperliche Schatten …*

Da du jetzt deine Augen aufschlägst in der Nacht, weil sich dein Herz zusammenkrampfte, zusammenschloss, wie eine rundum gezähnte Muschel, die man losreißen will von ihrem Versteck. In einem drückenden Traum, den meine Worte dir in Erinnerung riefen, dir nachbereiteten. Träumtest *du* ihn? – Den Traum vom Teufel mit der Muschel in seinem fälschenden Mund.

Der Mensch ist die Schale, sein Geist das Muschelfleisch, die Perle im Fleische das ewige Leben.

Der Teufel lügt: Es gibt jene „anderen hehren Welten" nicht, genauso wenig wie das innere Leben und Licht der Gegenwart, des Allumherigen, des Seins schlechthin; es sei denn, dass sie mitten in deinem Herzen, mitten in deinem inneren Lebensleib stecken. Oder dass sie diesen *Leib* bilden.

Es ist *sein* Fleisch, das ich dir zeige, das wirkliche, innere, bleibende, pulsende Leben des Geistes, das etwas Zweideutiges und Unaussprechliches noch für dich selber darstellt. So zweideutig und unaussprechlich, vorerst, wie *das* Wirkliche, *das* Bleibende *außerhalb* deines Bewusstseins von dir selbst. Wie das Licht der Gegenwart an sich, in das dieser Geist dich immer und fortwährend – manchmal schlagartig – hineinversetzt. Oder besser *hinaus*.

Das „Licht des Lebens" und das Allerinnerste im Menschen sind unauflöslich aufeinander bezogen. Wenn die Menschenschale einst geöffnet ist, wird nicht der mindeste Unterschied zwischen diesen beiden „Dingen" bestehen.

(Seine Augen blickten mich unsäglich seltsam, schleierig, wie blind an.)

Nachdem du dies gehört oder geträumt hast, wird dein Herz von der Sehnsucht nach dem Bild *deines* inneren Ursprungs gepresst; den du, tatsächlich, in der Auseinanderlösung von deiner wahrhaftigen und wirklichen Seele gefunden hast. Und dennoch: Du hörst sie weinen. Vermeinst, sie weinen zu hören.

Kenntest du tatsächlich die Besitzerin des Schattens deiner Seele *nicht*, würde dir dieser „Teil", der bedeutsamste Teil deines inneren Wesens, in dem Maße fehlen, als man dir nur den Mut zur Angst wünschen könnte, mit dem man die beängstigenden Phasen *seines* Erwachens verwindet. Wenn es gut geht. Denn das sind auch die Phasen des Verschwindens aus dem Verschwunden-Sein, der notwendigen Darangabe des anderen „Teiles" *als solchem*: in dem „Eva" erwacht – aber nicht außerhalb des ihren. Sie erwacht, wenn sie erwacht, in „ihrem Körper"; und die Worte, die ihr Mund formt, werden dich treffen in deinem Innersten und dich dort förmlich entzweireißen. Wenn sie das nicht zuvor schon taten.

Auch dieser *Mut*, den ich dir wünsche, bezeugt *ihr* Leben, ihr Leben *in dir*, und nicht deines, d. h. „Adams" in seiner Angst.

Dass sie nicht *in dir* leben kann, dass sie in *deiner* Art und Form von Wachheit *nicht* erwacht, indem deine Bewusstseinsstimme nicht die ihrige erweckt – so gegenwärtig und aktiv die erstere auch sei, denn gerade „deine" Aufgewichtung ist der Hinderungsgrund –, das bringt sie um jeglichen Atem, jeden Freiraum, jegliches Licht, jede Lebendigkeit: *Seid ihr doch eins. Es scheint, sie weint.*[31] Angesichts dieser Unaufhörlichkeit des Aufhörens und dieser „Unverständigkeit der Angst", dass da zwei Körper sind, aber ineinander und füreinander geschaffen …

Es scheint, sie weint. – „Wohin mit mir, wohin mit meinem kalten Zucken, wo mit meinem kalten Feuer hin." Mit dem automatischen, oberflächlichen Zugriff seiner Sinne und seines Bewusstseins auf das bloß Gegenständlich-Bekannte, dessen Umklammerung ihn wieder ruhigstellt, wieder mit der

---

[31] Wenn man die in diesem Neutrum („Es") auf ihn, „Adam", gemünzte (oftmalige, situative?) „Persönlichkeit des Unpersönlichen" auf sein „unlebendiges Leben" einbedenkt, wie in dem anschließenden „scheinen" diese kalte Sonne seines Geistes, der die Quelle des Flusses missachtet, von dem er sich letztlich nährt; dann sind diese vier schlichten Worte der wahrscheinlich tiefste und gehaltvollste Viersilbensatz, der im Deutschen überhaupt gebildet werden kann. (Anm. d. Schreibers).

Vergegenwärtigung seiner selbst, des Sich-Anwendenden, ihn befriedet. Das „zweifache Greifen" genannt im Buddhismus, das weder nach innen noch nach außen tatsächlich greift (oder besser begreift). Das ihn zurückbringen kann in die Nacht, da weder „er" noch „sie" sich abzeichneten *in* der Welt und *in* den Dingen.

Das aber ist, was „zu sein hat": was das Sein *hat* – um seinetwillen. Beider Sich-Abzeichnen und Sich-Bereitfinden in einem und als eine(r). So tut Mann im tragenden Licht der wirklichen Natur des Denkens, „extreme Frühe" *seines* unmittelbaren Erfassens, welche Natur nichts anderes als die Erhebung der wahren Natur der Dinge ist, wie wir schon sagten: eine vollkommen einsfühlige, harrende Herausprägung derselben ohne jegliche Herausbesonderung des „Erkennenden" selber. *That precious void.* Das ist – dann ist – das Leben gebende geistige Element, das hauch-bildliche Brot des Seins, das er, Adam, dem Leben schuldet. Und nicht umgekehrt der „Leib der Eva" *ihm*.

Er muss seinen Blick kurz halten oder sehr weit. Bis er zu aller Lust erloschen ist. Und das Licht ihm verzeiht. Erloschen in all *der* Lust, aus ihrem, Evas vergemeinsamenden Geist freier, unerfragter Güte einen Brauch-Körper zu machen, dem der gedengelte Blick seiner gedanklichen Eigenfremdheit befiehlt, diesen irgendwie fühllosen, abgebundenen Leib seines Denkens mit ihrem wärmenden, erhaltenden Licht zu ernähren. Aufhören damit, immer fest auf sich selbst geheftet bleibend, aus jedem Ding und Wesen ein gefügiges Etwas zu machen, das, um in den Tempel der Wirklichkeit zu finden, zu dem (umgekehrt) sein Denken und dessen Selbstwahrnehmung sich, *haram*[32], erhoben haben, sich wie jener „Körper" ihm opfern muss, verbrennen und erlöschen; nämlich in dem, was die diesem „Ding" eigene Natur und Seele für und von sich selbst besehen ist.

Nur wenn die Form der Einverwandlung und seiner inneren An-Sehung der in *ihrem*, Evas, Geist empfangenen entspräche, fände dieser *Tod der Dinge* vorher nicht statt. Wo all die ungelebten inneren Lebensgestalten, die doch auf *ihn*, diese versammelnde „geistige Erde", zu gerichteten Hauch-Bilder

---

[32] Arab.: „Verbotenes". (Anm. d. Schreibers).

ihrer unberechenbaren Unmittelbarkeit, deren bar die Geschöpfe nicht sie selbst wären – wie traurige Kinder, fern ihrer Heimat, vor sich hinkümmern, bis sie verbrannt oder geschröpft werden für einen schiechen, wanken Gott, dessen Beschwörung, selbst wenn sie um seiner eigenen *Gesundung* willen angestimmt würde, selbst tot ist – lautet sie doch: „Wandle dich *nicht*! Nein, eröffne mir *nicht* deine unsichtigen und vollen Tiefen, deinen bittern Geschmack von „Jenseitigkeit", von mir gänzlich unähnlicher Unendlichkeit; denn keine Sehnsucht presst mein Herz als die nach dem Bild und Ursprung meines Selbst, das ich fand einst in der Auseinanderlösung von deiner Seele. *Dazu* brauche ich dich, dass ich diese Auseinanderlösung wiedererlebe, in der ich zu mir selber fand."
Doch das genau ist *nicht* geschehen.

„Deine Seele", o glaube mir, das ist das Licht der Aschen, das sich über so viele, so viele Jahre in uns hielt ... Wo doch ein einzelner Tag ihres Wiederaufglühens schon einem Wunder gleichkäme, wenn wir die „geflammte Gerufene" hätten mit eigenen Kräften des Verstandes und Fühlens ernähren müssen. – Wessen „Hauch" speist also *ihr* Licht, wenn doch der unsere sie nicht erreicht, nicht zu ihr spricht? Nein, nicht einmal ihr antwortet?

Erneut unterbreche ich mich bewusst hier: weil dieser „Jemand", dieses *unum necessarium* rundweg über „unseren" Geist geht, über unserem Selbstgewahrsein, „über unserem Leben steht". Das tut es im Sinne der Höheren Liebe und des ungreifbar Wirklichen in deren kenntlichem und mitlebendem Grund, in Evas eigenem „Selbst". Das allerdings kaum etwas davon an sich hat: weswegen seine Wahl auf *sie* gefallen ist. Denn „Gott wohnt nicht in einer Wohnung, die aus sich selber Bestand haben will, sondern er liebt ein solches Haus, das sich selber nicht kennt".[33]

Die Antwort lautet: Jesus Christus, Sohn der ewigen Weisheit, Weisheit Der uranfänglichen Liebe, Die aus sich selber lebt und dadurch Leben schafft. Ihn als Erstes. Er: ihr fleischgewordenes Wort. Verkannt, verstoßen und er-

---

[33] Hildegard von Bingen, „Geheimnis der Liebe", II. (Anm. d. Schreibers).

mordet von seinen ihm als solche entrückten Brüdern; wie da „Adam" einer ist, oder, gewissermaßen, alle von dessen Nachkommen. Einander entrückte Brüder in dem, was uns Menschen wahrhaft zu Menschen macht: worin der Teufel wahrhaftig *nicht* irrt. – Tod und Leben hatten seither denselben Ort. Himmel und Verdammnis (Vertreibung) waren ebenso scharf voneinander getrennt wie fest gefugt in der einen „menschlichen Erde", die auch als deren, dieser seiner „menschlichen Brüder" geistige Existenz zu deuten ist. Diese ist der Ort, an den Christus sich nach seinem Tode begab, um, mit einer weiteren Heilstat, eine nicht minder große, vor dem Hingehen in seinen Ursprung, dem uns unwissbaren Gott (soweit nicht Weisheit und Liebe an diesem seinem Sohn „sichtbar" geworden), das höllische Riegel zu lösen der Gefangenschaft im Nichts, dem adamitischen Nichts, in *ihrer* Unausgestaltetheit, der evaischen, *die* ihn letztlich, den Sichtbaren, ermordete (auch und gerade Ihn, unter Pilatus).

Auch die Hölle hat er aus den Händen der widergöttlichen Todesmacht befreit, sodass die Kräfte und Bestrebungen selbst in ihr verteilt sind. In ihr ist Aufruhr alle Tage, ein Ringen und Aufbrechen-Wollen ins Lichtweltliche, in die andere Welt des Nichtsichtbaren, das dem spirituellen Streben und Geschehen in der Sichtbarkeit, in der uns sichtbaren Sichtbarkeit, auf Erden sehr ähnlich, verdächtig ähnlich ist … (Die Erlösung suchenden verdammten Seelen drängen sich auf den belebten Straßen, auf die Verwandlungsmenagerien unserer modernen Städte, darunter, im scheuen Nachstrom, auch Pflichtenathleten mit geschorenen Köpfen und leisen Stimmen.) Durch das Sichhingeben und Eingehen in die „geistige Erde" des Menschen hat Jesus Christus deren himmlischen Anteile, unsere angelische Identität wiederbelebt, die unabhängig von diesem Kriterium der Sichtbarkeit bzw. der Körperlichkeit besteht, unabhängig von einem bestimmten Existenzbereich. Wie durch das Zuleiten des diesen Anteilen entsprechenden Blutes hat Er sie wiederbelebt, eines „gegentodlichen" Mark-Serums, ihres Markes, dessen Wirkung auf eine erste starke Anregung und auf ihre langfristige Gesundung angelegt ist.

Und Er hat in einem jeden seither geborenen Menschen, der an Ihn glaubt, mit diesem *Seinem* Bilde die „Geflammte" beprägt. Hat in diese geistige Erde einen machtvollen Hunger nach ebendiesem Bild gelegt. Und mit ihm eine getriebene *Leere* hinterlassen, die dieses einzige *Muster* hat: die deshalb nur von Ihm selber gefüllt werden kann. Das Muster der unüberwindbaren innersten Leere im Menschen, das folglich nur von dieser „Form" Gottes ausgefüllt werden kann: eingesetzt wie das fehlende Stück in eine genauestens ausgesparte Fläche.

Welches Vakuum, ein Vakuum an Wesen und Willen, wir alle (ansonsten) das ganze Leben mit uns herumtragen. In das wir mindestens einmal, mit der persönlichen Untergangserfahrung dieser angelischen Wesensanteile, oder anders gesagt, des vorläufigen Verendens Evas in uns, auch hineinfallen werden: wahrscheinlicher mehrmals oder immer wieder. Das sich lange, völlig diffus, in einem so unbändigen wie unbestimmten Sehnen ausdrückt, das wir mit allen möglichen materialisierten und nicht materialisierten Irrtümern und Projektionen auszufüllen suchen. Doch vergebens: weil also dieses Muster Gottes dem Vakuum selber eingeprägt ist.

Und in dieses sein Bild „ruft" sie Jesus; ruft die in uns, in der menschlichen Erde begrabene Seele der himmlisch Geflammten in *das* Leben, welches an *Seinem* über-irdischen und über-persönlichen Leben teilhat: welches irdische Persönlichkeit gerade einschließt und verlangt. Teilnehmend am erfüllten Werk Seiner unvergänglichen Weisheit und unüberwindbaren Liebe.

(In meinem Inneren glühte es wie in einer Esse und meine Augen müssen helle Blitze gespien haben, als ich ihm darauf entgegnete:)

– Und das ist ganz klar keine Botschaft des Friedens zwischen Gott und Mensch! Wenn dieser Friede Gottes und sein „positiver Tod" voraussetzen, dass er uns besetzt und besitzt, und wenn also, damit wir „seelisch wieder leben", erstmals oder wieder leben, jede andere Persönlichkeit an uns erst ausgelöscht werden muss – durch die „seine"! –

Welche die Überwinderin des wirklichen, geistigen Todes, des Entwestseins am wirklichen Leben ist. Die einzige. Und dementsprechend: furchtbar gut.

– Das ist nicht der Jesus, der mir gelehrt wurde! – Diese Art Schamane der Freiseele, deren Entschwinden aus uns selber uns in die Gefahr des geistigen und eigentlichen Todes gebracht haben soll! Ja, faktisch schon in den Zustand dieses Todes … *(Ich konnte kaum an mich halten.)* Ist das denn noch zu fassen? –

Auf dem Verloren-*Haben* liegt die Betonung. Wir haben sie zwar – und zwar *wir* – jedoch „verlorenerweise". Das kann man vom geistigen Leben überhaupt sagen. Und gegen diese Form des Habens – des Innebehaltens von etwas, das in ebendiesem Bei-sich-*Behalten* verloren geht, entleibt, entwirklicht wird, wie wir seiner entwest – dagegen richten sich Christi gegentodliche Kraft und Gottes furchtbare Güte. Wir werden überwältigt von eigener schmerzlicher Güte, wenn sie es ist, die in uns lebt, wenn sie wieder Besitz ergreift von uns, was währt so lange, bis wir imstande sind, dieses Gefühl zu leben, es zu atmen, dieses sein Atmen nicht nur auszuhalten.

Solange wir nicht mit jeder Faser unseres Seins begreifen, dass man die eigene wirkliche Seele nur darin „haben" kann, dass sie *uns* gänzlich besitzt: So lange behält Er *selber* sich ganz ihr Leben und ihre Belebung vor.

Nur *darum* geht es … Wie schon, da Er „bei uns war", sein ganzes Handeln, Auftreten und Sprechen, die vollkommene Einheit des Denkens und Seins, die er lebte, sich gegen diese Form des Einbehaltens gerichtet hat: gegen das zu sich eingezogene Selbst, das unsehnliche, feuerscheue Ego, diesen Feind naher Berührung, der die hier besungene Quelle des Flusses, von dem er sich ernährt, wissend verleugnet und verrät. Oder sie nicht einmal ansehen will. Der jedoch der von uns aus und in uns vorauswirkende Tod ist: zu dem sich dadurch das in uns selber verscherzte Licht unserer ursprünglichen geistigen Natur verkehrt, langsam aber unaufhaltsam verkehrt. Begreife, das Töten im Geist, das von da an beginnt, fällt einem allenfalls an der eigenen Traurigkeit auf. Was zwar recht deutlich sich ausnehmen mag. Indes ist es, obschon nicht das faktische Töten, vom faktischen Tod alles faktisch Vorhandenen das initiale Quantum, sein Keimgut, das tödliche Serum, das einzig und allein Christi gegentodliches Sterben noch ausmerzen kann, nur Sein In-uns-hinein-Sterben. Davor ist da ein Mensch bei jedem, kerngespalten, ausgesetzt aus sich selbst und entsichert, der spricht ohne Wissen und der ohne Wissen tötet, tötend aber kraft seines eingebildeten Wissens, durch das er alles andere, das lebt, mit seiner negativ faktizierten Verlebendigungskraft be-nachtet. Die aus Dem Sein kam, seine Intimantin, verloren-*habend*, wird er allem und allen anderen zum Intimanten des Nichtseins. Ausgesetzt aus sich selbst, keine Sonne in sich, neu gesetzt in der Sorge um sich, abgesondert vom wirklichen Licht, da er kennt seine eigene Wissenheit nicht. Aber sein Denken ist es, gerade sein Denken, das uns alle tötet.

Ausschließlich die Sensibilität ihr gegenüber rettet. Die Sensibilität ihrem Licht (oder schlicht Eva) gegenüber, die Gott uns zusammen mit dem Geschenk und der bestimmten Gabe dieses Lichtes gebietet, hinweisend auf die Beschlossenheit *aller Wirklichkeit* in der Sphäre des geistigen Lebens aus Ihm. Damit vor allem auf die Frage:

Wenn etwas, das unsterblich und gut ist, das unabwendbar „Seinzuhabende", das, einmal von Ihm selbst ins Sein gerufen, nicht zurückgedrängt werden kann ins Unausgestaltete, ins Nichts, sodass eine „unverunwirklichbare" Kraft entsteht, die vom Geiste des Menschen her Bestand in der Welt nehmen soll, welcher, dazu, mit ihr beschenkt wurde;

wenn dieses wirkmächtige „Licht der Welt", welches „ihr seid" (Mat. 5,14), so später in seiner durch Christus besiegelten Über-Gabe an uns, in ebendieser wesens-kräftlichen Wirklichkeit, die zur Vergegenständlichung im Menschen selber und durch ihn gelangen muss, die, ihm gegeben, auch von ihm gegeben und bewiesen werden muss;

wenn nun dieses Licht, diese Gabe als solche zurückgewiesen, die Wieder-Gabe verweigert wird, dieses initiale und lebensbekräftigende Licht nicht angenommen wird vom Menschen: Was passiert dann?

Antwort: Sie verwirklicht sich dennoch. Nunmehr aber dem reinen Wesen der „unverunwirklichbaren" *Kraft* nach; und also wesenhaft sich in ihr Gegenteil, in die Wirklichkeit ihrer eigenen Entsagung oder Be-nachtung verkehrend.

Der Geist des Menschen, von seinem himmlischen Ursprung,
    dem Ursprung, der wieder tätig geworden ist, dessen Be-kommenschaft in Christus eine neue Form der Herrscherlichkeit angenommen hat, nicht hintergehbar verankert in einer uns co-naturalen Seele, die wir also nicht einfach abwerfen oder einfach „mundtot" machen können,
    seinerseits, verlebendigter Ursprung, mit der Gabe ausgestattet, „sich selbst zu schaffen", wird unwissentlich oder willentlich in jene Form seiner *eigenen* Vergegenständlichung hinausgeführt, die *ihr* Nichtbestehen und Verenden in ihm bezeugt. Die der offenkundigen Erscheinung nach nicht das Geringste mit dem Hohen Ursprung, mit dem Denken vom Glauben her, überhaupt mit torpedierten Bestrebungen der christlichen oder schlicht der menschlichen Liebe zu tun hat.
    Das vor-wirkliche inwendige Drama ist nur noch an den Augen des Menschen und der Welt, die sich in *ihnen* darstellt, abzulesen:
    Eine schreiend offenkundige Welt des negativen Hinweises auf die gemeinte, selbstbestimmte Gabe, in Annalen des Grauens, der gegenseitigen Verachtung der Menschen und Völker, des Aushungerns und Herumschleifens der menschlichen Seele auf ihren Knien. In denen „jede neue Form des Entsetzens überbietet die ältere", und „was überdauert, kein invariantes Quantum von Leid, sondern dessen Fortschritt zur Hölle" ist.[34] Eine Welt der schuldhaften Verstrickung seines in dieser Gabe ungewordenen oder „unverwesentlichten" Geistes an allem Leid und aller entmenschten Brutalität jener Zeit, in der er lebt: ebendadurch.
    Insofern haben das *vergegenständlichte* Gute und Böse ein und denselben – unvergegenständlichten – Ursprung in Gott.
    Mit der gewichtigen Einschränkung, dass Er unser Schöpfer ist, wir aber Schöpfer unseres eigenen Daseins und Schicksals sind – mitnichten jedoch

---

[34] Adorno, Minima Moralia. (Anm. d. Schreibers).

Schöpfer unserer selbst. Dass Er mit eben der Schöpfung unserer selbst es nicht versäumt hat, diese andere, unanschaulich-wesenhafte Kraft animisch zu definieren, sie *ihrem* Willen und Sein nach zu definieren, ihr unmissverständlich ein eigenes Gesicht zu geben, dem Guten *in uns selber* unverkennliche, lebendige Züge und eine eigene Stimme zu verleihen.

Das tat Er, indem er Adam seine Eva zu zeigen und zu geben geruht hat: damit der Mensch das von diesem seinem göttlichen Ursprung her in ihm Seinzuhabende prinzipiell als die eigenste Möglichkeit und Grundlage seines geistigen Wesens ermessen und erfahren könne.

Indem Er darüber hinaus nicht gezögert hat, Seinen eigenen Sohn, „vom Weib geboren", uns zu senden und zu opfern, auf dass wir zum Leben selbst finden könnten, das im Festhalten und Glauben an dieses uns unmissverständlich geoffenbarte Gesicht Seiner Liebe, das Seines Sohnes, erlangt werden kann – „schon" darin, aber auch nur darin. Ungeachtet all unseres bisherigen persönlichen Versäumnisses darin und unserer sonstigen Vergehen. Auch und gerade ohne Ansehen der weltlich verstrickten und verschuldeten Person.

Denn in den Tod *ging* Er, weil wir *im Tod* sind.

Soll aber also der Tod nicht *in uns* bleiben, braucht es ebenso unsere ganz persönliche Entscheidung für Ihn, die Seine, Gottes, Entscheidung und Aufopferung für uns erwidert.
Aber wenn wir von Jesus Christus sprechen, genügt es nicht, uns Seine konsequente Selbstentäußerung um unseretwillen, für jeden von uns, zu vergegenwärtigen und die angewandte Liebe, die Er uns lehrt, die Er uns in diesem Leben zu beherzigen auffordert. Wir müssen ebenso jenes Unabdingbare finden, die substanzielle Grundlage im Menschen ansehen, die Gott zu diesem Seinem *prima facie* illusorischen „Glauben an uns" und dessen Umsetzung bewegt; die uns überhaupt in den Stand setzt oder setzen kann, diese Liebe ebenso aufzunehmen.
„*O testimonium anima naturaliter Christianae.*"[35]

---

[35] „O über dieses Zeugnis der Seele, die von Natur aus Christin ist." (Tertullian)

Es gibt eine geistesgeschöpfliche, sozusagen generische Voraussetzung dafür, an die Gott immer „dachte", mit der Er kommuniziert. Diese zu zeigen war und bleibt hier unsere Absicht. Das Lemma der Co-naturaliät, das wir hier vorgeben, ist näherhin das *Binaturale* am gläubigen und im Glauben mit Gott verbundenen Menschen: folge ich Christus. Das Innernatürlich-Evaische am Menschen, dessen himmlische *tinctur*, ist von dem All-Einzigen Selber, der sie einließ in uns, nicht zu trennen: Sie kommt von Ihm und sie gebiert et-WAS von Ihm in uns. So, wie ohne diese allererste Ein-Wirkung auch Christus nicht „von der Jungfrau geboren" hätte werden können, kann ohne sie SEIN WORT nicht fruchten, kann ohne *ihre* Anrufbarkeit und Bereitschaft und ohne ihr *Gehör* Christi Geburt in uns nicht stattfinden.

Und auch weil die Währung der Münze „Mensch" eine ganz andere ist und wir die Münze falsch verwenden: Wenn wir uns *ihr* nicht zuwenden, wenn wir uns dieser ganz anders besetzten Seite, dieser von Grund auf für diesen Plan prä-okkupierten Prägung des menschlichen Wesens nicht entschieden zuwenden, wenn unser Glaube sich nicht auch und gerade *auf sie* bezieht oder wenn wir diesen „andersgesichtigen Grund" nicht einmal entdecken, dann wird die tragische *Polarisierung* unserer eigensten Natur niemals behoben werden können. Und damit gerade das nämliche göttliche Ansinnen an uns vor *dem* Graben, der Ihn, Christus, weiterhin von unserem offenkundig werdenden Naturell, sozusagen unserem geistigen „Phänotyp" trennt, etwas „Un-erhörtes" (sic!) bleiben. Das ewige „Diese Rede ist hart. Wer kann sie hören?" (Joh. 6,61).

Ja, der Graben[36] selber wird dem Teufel recht geben. Er hat es beinahe auch schon getan. Wie die Flut, die Noah verheißen wurde, wird dieser Graben dann eher und früher die gesamte Menschheit verschlingen, als etwa in einer neuen Prophetie und in der an Christi eigenem Beispiel eingegangenen gläubigen Lebensarbeit zu überbrücken sein, in der in den metanoetischen

---

36 Siehe den in EZAL 1 (Anlage) genannten „Spagat" des zwei-einigen geistigen Lebens, der vom Menschen gemeistert werden muss, damit sein „inneres Entwestsein" aufgehoben werden könne. (Anm. d. Schreibers).

Wandel einwilligenden „Arbeit an sich" eines jeden Gläubigen (oder auch Zweifelnden).

Anders gesagt: Wenn wir nicht wie das Licht selber schwanger gehen, wenn wir, von Gott berührt, nicht *ihr* Leben und Wissen in uns selber zu würdigen anfangen, ist sie es, Eva, die uns alle in blinde Eulen verwandelt und in Erdlöchern zu leben zwingt. Uns in dumpfen gehirnlichen Bauden gefangen hält, von denen aus wir uns in immer körniger werdenden Bildern voneinander gegenseitig negieren und ver-toden oder aus denen wir, „Irre, die zwischen den Gräbern wohnen", hervorspringen, um Argwohn, Missvertrauen, blanken Hass aneinander walten zu lassen.

Die Erzählung der Genesis mag uns, anders, verstehen lassen: Wenn du gegeben wardst, indem der Segen dir gegeben ward, damit du gibst von diesem Segen, indem du *dich selber* aus freien Stücken gibst, dann *bist du selber dir verboten*, oder du wirst recht bald zu trägem, sich zunehmend verfestigendem, schließlich unentmüdbarem *Lehm*. Gemeint ist nicht der körperliche Lehm, sondern Nach-innen-Ziehung, *der Lehm der Introversion*. Die lehmige Ich-Gestalt des Menschen ist *haram*, Verbotenes. Keine Mimikry, kein Vertuschen und Verstecken, sondern ein (gravierendes) Sich-Entzweien von seiner tatsächlichen inneren Lebensgestalt, da damit von der eigenen allheitlichen Sonnen- oder Nährerfunktion, wie oben beschrieben. Nicht nur dass die abgedämmte, unverkostete Erkenntnis überhaupt keine Erkenntnis darstellt, sondern im Interesse der Wesen, aller Wesen (im inneren Interesse aller Wesen, welches sie verbindet in Formen stabiler Interdependenzen oder intersubjektiver, emotionaler Intelligenz), braucht es volle verkostete Erkenntnis des Menschen durch den Menschen wie auch des Mitmenschen durch den Menschen. Das Verbotene ist gerade dessen Nichtberühren und das Ungerührtbleiben (wie auch das geistige Un*berührt*bleiben), die feige Trockenübung des denkenden Geistes, bei der das bestätigende und voluntative Moment des Mitgefühls und das innere Sicheinbegreifen des Anderen nicht zum Tragen kommen.

Gemeint ist also das, was uns innen verlehmt und nach innen. Gemeint, dass der eigentliche und möglich-gemachte Mensch noch innenirdisch und noch nicht außenirdisch ist. Noch nicht ent-standen aus der Mulde, noch nur der Form nach Mensch, im Seinzuhabenden noch nicht er-schienen. „Ich habe dem Menschen von meinem Geist eingehaucht" (Sure 15, Vers 28–31). Das sagt Der AllEinzige, Der die Schöpferische Liebe IST. Er darf daher mit Fug und Recht fragen: *Are you breathing me?* Der modulierbare und expressive Mensch antwortet durch sein Dasein an sich und das Verüben seiner Liebesfähigkeit darauf mit einem klaren Ja. Er erfährt das eigene Lieben dann folgerichtig als existenzialisierend, Seins-gebend und -verstätigend für andere, statt nicht-verstätigend und vertodend. Kann er das selber hingegen nicht bejahen, ehrlicherweise (wozu ihm Evas co-naturaler Bruder Christus wird aufhelfen können und müssen, gerade uns Heutigen), dann ist er nicht zum Einatmen Gottes erwacht: noch nicht ent-standen aus der Mulde, der Form nach allerdings zwar *Mensch*. Genauso sein Denken: Es blieb seither bei einer zielberaubten Nabelschau (deren Bedeutung Eva und mir schon immer entging). Ein Leben ohne W-Fragen, soweit sie ihn nicht selber beträfen, wollte der Mensch (im Wesentlichen jene Frage *nicht*, weshalb sich so viele Menschen allerorten erniedrigen müssen für andere und wie es dazu kommt), soweit es aber ihn beträfe, das Für-sich-Sein, hier allerdings *nur* W-Fragen. Da er tatsächlich jedoch noch gar nicht eingetreten ist ins Sein, hat(te) er die Wahl, sich dahingehend selber zu belügen oder sich dieser bitteren Wahrheit zunächst zu stellen. Dass Gott ist und dass die Welt ist, dass Gott das Sein ist und die Welt folglich durch Ihn, ich aber weder dort „draußen" bin noch irgendwie bei Ihm. Diese spitzige Kruste hat er letztlich nie durchstoßen, die uns seither umkerkert (jeden von uns, solange wir zu Christus nicht gefunden haben). Aus allen W-Fragen wurden zunehmend Weh-Fragen: wie schrecklich … Es geht aber doch also darum, *es geht zuerst darum*, überhaupt ins Leben – das Geöffnete, immense Eine zu gelangen. Während der Kaktus der Erkenntnis, den er selber seither züchtete, mitnichten in der Seele des Menschen zu finden ist. Den aber wollte er an seinen Händen spüren; nein, es genügte ihm nicht, vom Seienden, Vom ALLEinzigen geliebt zu werden und Ihn um Seiner Gegenwart um Seiner willen zu lieben.

Gott gab ihm den Kaktus daher im Leib des anderen. Dieser Kompromiss ist der Mitmensch. Gegeben zunächst an der verständigen Freundin des

Ursprungs, die Er ihm auch als Mittlerin zu Seiner Welt beließ. „Gott an sich" wollte der erste Verstehende nicht. Er wollte sich in Seinesgleichen sehen. Und erhielt daher *diesen* als Rätsel.

Aber *eine andere Lesart will wissen,* dass Adam war, als würde es stockfinster um ihn, als der Versucher ihn das berichtete zweite Mal anging, er aber hier die plötzliche Eingebung hatte, ihm dies zu antworten:

Dir beißwütiger Natter schlagen die Flammen aus dem Kopf. Aber was habe *ich* mit dem Wollen zu tun? Und: Es gibt mich nur zweimal. Du irrst dich. *Mich gibt es nur zweimal.* Auch wenn du mir Milliarden kranker, verderbter oder verschenkter menschlicher Leben vorführst … Dennoch bleibt *eine* ihre leidende menschliche Seele. Und diese ist *eine* durch eben die meine.

Worauf der Satan geschworen haben soll: „Dann will ich alles von dir nehmen, was ich überhaupt von dir bekommen kann. Auch wenn es wenig ist: dann aber alles."

Und Adam darauf: „Das nennst du wenig? Alles nennst du wenig. Aber da gibt es etwas, das du mir nicht nehmen kannst, weil es aus sich selbst in mir schwingt, weil ich es selber mir gar nicht verschaffen kann. Weil es zu mir kommt, wenn sowohl du als auch ich schweigen, als ob der Mond sich durch mich schiebt. Das zu mir kommt, wann immer es ihm beliebt."

Welches Et-Was meint dieser gläubige Adam? Und wie das, dass das Gemeinte zum Menschen gehört und zugleich nicht zu ihm gehört – und offenbar nicht auf ihn *hört?*

„Er nahm Fleisch von Adams Rippe." Wort, „Rippe", das sich in der gesamten Schrift nur einmal findet. Es darf sich auch nur dieses eine Mal finden in der gesamten Schrift. Gemeint ist weder die anatomische noch etwa eine sozusagen pneumatisch-aurale, geistleibliche Rippe des Menschen, sondern sein Inner-Meistes, sein „Alles und Innerstes", das zu verleiblichen, ihm „zur Gehilfin und zur Freundin", Gott den Menschen ins Vertrauen zog, ja aktiv einbezog. Adam fiel dazu in einen tiefen Schlaf (siehe S. Freud: Träume, in denen die Seele sich vor sich selbst vergegenwärtigt), in welchem er seine

Wunschgefährtin träumt, indem ihm das allerliebste vorstellbare Wesen in Natur erscheint, so ihm eingegeben. Bei diesem handelt es sich allerdings um seine eigenste, geistige Schönheit, sein eigenstes Empfindungsvermögen in reinster und vollster Ausprägung, *kashf wa dhawq*[37], mit dem der Geist des Schöpfers Um-Gang hat, über dem Er sich unverändert beugt und zeigt die Schätze Seiner Schönheit, wäre jene, die zärtliche Intimantin, verleiblicht oder nicht.

Das Leben wirft späterhin vermehrt Fragen auf, die nicht leicht zu lösen sind, wie etwa emotionale Verletzungen zu behandeln und zu heilen sind, wie Gott angemessen zu ehren ist, ob man Ihn überhaupt ehren kann, wenn man einander wehgetan hat, wie die Hervorbringungen der Natur schonend zu handhaben, diese oder jene verzehrbar aufzubereiten sind, wie das Wasser auf ein Feld und unter einen Steg zu bahnen, eine Behausung oder ein Reisender vor Krankheit und Unheil zu feien, wie man sich an bestimmte *duendes* oder Genien und Engel adressiert, Getreide unverderbbar zu lagern, ein verstörtes Tier zu bändigen ist, usw. Und da, späterhin, spricht Adams Zweitgeborener, Abel, jedes Mal zu seinem Erzeuger: „Wenn nicht mein Vater es mir zeigt, wie kann ich's wissen, wie man's macht?" Und Adam antwortet: „Wenn nicht mein Vater es mir zeigt, wie kann ich's wissen. – „Ist es nicht Mutter, die das meiste weiß?" – „Das stimmt. Sie aber weiß nicht, wie es zu ihr kommt."

Siehst du, das ist der Kontext, in dem ich meine Fragen stelle. In dem ich frage mit Abel, der reinen Religion – bloß zwei Fragen:

Warum müssen wir sterben?

Zweitens, *mit welchem Recht* zur Unscham, zur völligen Schamlosigkeit, gönnen wir uns jede Hässlichkeit, Achtlosigkeit und Nachlässigkeit, mutieren mehr und mehr zu Untieren, obschon wir in „Ebenbildlichkeit" dessen geschaffen und veranlagt sind, Dessen Ehre wir sein sollen, wofür die Himmel uns dienstbar werden, Teufel und Engel uns hochachten sollen?

---

[37] Arab.: „Feinheit der Empfindung". (Anm. d. Schreibers).

Und wenn diese „Ebenbildlichkeit" nicht eben in der physischen Schönheit und Anmut des Menschen zu finden ist – wenige Menschen ja werden schön und anmutig geboren –, worin liegt sie dann, diese angenommene, ursprüngliche oder essenzielle Gottesebenbildlichkeit des Menschen?

„Wie erschuf der Ewige den Menschen? Er ließ das Bild vom Menschen, das er in sich trug, aus sich heraustreten und Erdenwirklichkeit werden, und er hauchte ihm Leben ein. Welches Leben? Es gibt nur eines: das Seine. So wurde der Mensch, und so wird jeder Mensch, (…) in jedem lebt der Ewige. Wie kannst du dem Ewigen ins Gesicht spucken, wie kannst du den Ewigen schlagen, wie kannst du den Ewigen töten wollen." (L. Rinser, aus „Mirjam").

Adams Worte, mit denen er den Versucher abwehrt: „Was habe ich überhaupt mit dem Wollen zu tun? Mit meinem eigenen Wollen?" – „Gott achte ich. Ich liebe Ihn um Seiner Selbst willen und aus tiefster Dankbarkeit für die Nachsicht und Großzügigkeit, die ich ohne Unterlass von Ihm erfahre. Achte ich Ihn, so berücksichtige ich in besonderem Maß das, was Er von uns verlangt. Und das ist ganz offensichtlich etwas anderes als unser eigenes Verlangen, als die Art von Erfüllung, nach der unser Innerstes und unsere schwachen Körper rufen." – Aber ist das wirklich der Fall? Dem blanken Anschein nach vielleicht. Der reinen, getriebenen Körperlichkeit nach: ja. Wer aber jemals jene Glückseligkeit, das Wohlbehagen und die Dankbarkeit gefühlt hat, in die wir unversehens eintauchen, wenn wir Ihn ansprechen und ehren aus eigenem Antrieb, und wenn wir *Ihn* ehren, indem wir unsere Mitmenschen ehren, diese auffangend in ihrer Verletzbarkeit oder ihnen eine der vielen bedrückenden Lasten abnehmend, denen sich zu stellen ihr Herz und ihre Sprache sich weigern, unbenennbare, obschon offenkundige Lasten, die den Alltag der meisten unserer Mitmenschen bestimmen; wer je dieses Gefühl gekannt hat, der weiß, dass hier seine ansonsten stumme und immer unhintergehbare Mitte aufgeklungen ist, im Vollklang angeschlagen wurde die eigenste Mitte ihm, wie ein selten benutztes Instrument, dessen bezaubernden Klang nichts und niemand nachahmen oder ersetzen kann.

Nein, es gibt keinen Zwiespalt zwischen dem, was Gott von uns will, und der Natur des Menschen. Wir wollen für uns und für unsere Mitmenschen etwas völlig anderes, als wir vermeinen zu wollen, als man uns weismacht, wollen zu dürfen und eben: wollen zu wollen. Darin liegt die tatsächliche, permanente Versuchung. Das eigene Inner-Meiste einander zu entziehen, im Nicht-Zutrauen des Guten, anderen nicht, uns selbst nicht, im Nicht-Vertrauen allgemein, in der Haltung, andere mitnichten für das, was sie sind, segnen zu wollen. Und dies ohnehin nicht zu können …

Nehmen wir – „ungläubig" – an, die Bibel, ab Genesis, sei keineswegs Gottes verkündigtes Gebot und Wort, sondern das Elaborat subtiler Dichter, die eine eigene religiöse Disziplin oder Schule kreiert und deren Kanon über Jahrzehnte, Jahrhunderte gepflogen haben. In Ordnung, angenommen. Wenn nun ein Dichter oder Philosoph durch sein inspiriertes Werk dem Menschen „Gottesebenbildlichkeit" zudenkt, kann er eine derart verlautende Offenbarung empfangen haben oder nicht. Aber selbst dann: Was beabsichtigt er mit dieser verstiegenen, unziemlichen Würdigung? Habe er diese Offenbarung oder nicht: Er will dem Menschen Großes zusprechen an Möglichkeiten und Ressourcen. Er will ihm sagen: In dir liegt Gutes und in deinem Mitmenschen liegt Gutes. Halte daran fest, erwecke es, wo du kannst. Denn das, ohne Zweifel, vermagst du: das Gute in deinem Mitmenschen hervorrufen. Ja, selbst wenn alles Göttliche sich irgendwann als bloße Illusion herausstellen sollte, wäre der Glaube daran doch das größte Gut des Menschen. Selbst wenn, rückblickend betrachtet, alles Göttliche in den Welt- und Wertvorstellungen sich als irreal erwiese, so wäre doch der Glaube – dieser Glaube – das weitaus größte Gut gewesen im Leben des Menschen. Und ist dieses unser Leben nun die Gnade des Am-Leben-Seins oder der Fluch des Leben-Müssens: wenn der Glaube das entscheidet, nur der Glaube, nicht die äußere Realität? Mit ihm, seinem Segen, *muss* man vertrauen auf den Menschen; trotz seiner Verführbarkeit und Hinfälligkeit, der Abgründigkeit seiner moralischen Schwäche und seiner Unvernunft. Trotz *dem*: Man *muss* vertrauen auf den Menschen, trotz seiner Blindheit und offensichtlichen Fehlbarkeit. Diese besiegt nur das Zutrauen und Vertrauen, die Haltung als Fanal, ihn „unbesehen" segnen zu wollen. Ihm un-bedingt Segen zu schenken.

Ausgeschlossen, diese Hoffnung zur Rechtfertigung, dass der unendliche Schöpfer, Der nur voluntative „Liebe ist", uns unvollendet erschaffen, uns nicht vollenden und nicht vollendet gewollt habe, uns also nicht vollendet habe, „incomplete and hollow, for our maker's gone away". Gerade diese Annahme wäre der reinste Unglaube. Das reicht mir als Beweis dafür, dass wir Vollkommenheit besessen, aber diese darangegeben haben, während sie gleichzeitig nicht „von uns gehen" kann, sodass die Ebenbildlichkeit uns „verlorenerweise" bleibt; dass wir alles gehabt und das meiste verloren haben, indem wir es, verstehe man, verlorenererweise *haben*. Dahingehend ist die Erzählung der Genesis für mich ungemein lehrreich, in jedem Detail, und sogar ausnehmend hoffnungsvoll, wenn man diese Hinweise richtig deutet.
Zudem geht es hier nicht um theologische oder meinetwegen psychologische Sachverhalte, die sich in der Kategorie des Reflektierbaren, etwa des „Motivierenden", „Entsetzenden", „Anregenden", usw. ermessen ließen. Nein, es geht um die Wiedergewinnung oder Erreichung des Lebens an sich, des unmittelbaren, „rein präsentischen" Lebens unseres Geistes in der Geschöpflichkeit und der Geschöpflichkeit im Geist: somit des eigentlichen Lebens. Weil dieses nur im zwei-einigen Empfangen Gottes, im gegenseitigen Sich-Einverwandeln der bewussten beiden Wesensanteile des inneren Menschen erreichbar wird, wird dieses erreichte Leben auch mit den gestrigen Spielen des Geistes sämtlichst aufräumen; mit allen seinen, hinsichtlich dieses Distanzverhältnisses, telemetrischen Disziplinen, nur brauchbar für eben den Betrachterstandpunkt – ob sie nun philosophisch, religiös oder wissenschaftlich-physikalisch sich äußern.

Es gibt, das vor allem, keine rechtmäßige „Wissenschaft von Gott" oder „seinen Wegen", die eine solche von Zuschauern sein dürfte. Es gibt auch keine legitime Aussage über irgendeine Erscheinung in der Welt oder in der Schöpfung, die nicht von *dem* Verstand getroffen würde, der sich in ebendieser Erscheinung selber ausprägt, den *sie* modifiziert; dessen eigene Veränderung sie nicht wäre: Selbstaussage somit alles, Selbstaussage die vermeintliche Erkenntnis, keineswegs erfasst sie irgendetwas an sich. Welch unglaubliche Vermessenheit, umso mehr, gar über Gott bestimmte Aussagen tätigen zu wollen, einerlei, auf welche hehre Offenbarung diese sich berufen mögen. Nein, allenfalls über die Widerfahrung Dieses Einen an einem selbst kann man sprechen, über Seine dann manifestierte Wirkgeschehlichkeit oder Ereignishaftigkeit innerhalb unserer eigenen Erfahrung und deren Möglichkeiten – und allenfalls noch darüber, dass dieses reinpräsentische, erfahrbare Wesen offenbar zu Ihm gehöre. Selbstverständlich sind Gottes Wege unerforschlich, aber sie sind unerforschlich selbstverständlich; das heißt selbstverständlich-unerforschlich. Will sagen, Er lässt in der Regel das offensichtlich Richtige oder Erforderliche geschehen, obschon der ersten Anmutung nach bisweilen etwas Ungutes, dessen „gute Sinnfälligkeit" sich einem oft erst Jahre später erschließt; jedoch, wie Er das vollbringt, entzieht sich vollkommen unserer Einsicht, erst recht jeglicher Nachahmbarkeit.

Die erörterte seinshafte Voraussetzung aber, *mit Ihm zu sein, aus Ihm zu sein*, diese der „menschlichen Erde" ursprünglich ingenerierte „Grund-Lage" und ihr segnendes Licht des allheitlichen Einklangs: Das ist der „frühe Geist" der Eva, an den das sich in unseren Tod gebende „Wort Gottes" sich gerichtet hat und richtet: weil es diese Eva ist, die wesenhaft, co-natural, zu ihm, Jesus Christus, *gehört*.[38] Das ist *der* Geist, der unsere innere Antwortfähigkeit auf Den Wirkgeschehlichen überhaupt *gibt*, den Gott in der menschlichen Erde aufruft und – entmüdet … Zu dem „menschlichen Licht", das zu dem ihr, der Angerufen-Geflammten, dem ihr verinwendigten Bild Christi erwacht und das, menschliches Licht, mit dem paulinischen „Angeld" seiner Herrlichkeit umschrieben wird. – Und nun …

---

[38] Zu diesem co-naturalen Zusammensein ist Entscheidendes in EZAL 1 und 2 ergänzt, das parallel hierzu gelesen werden sollte. (Anm. d. Schreibers).

(Plötzlich verdüsterte sich sein Gesicht und nahm einen aberwitzig starren Ausdruck an.)

Wenn du nun sagst, das sei nicht der Jesus, den man dich gelehrt hat, dann ist das auch schon die entscheidende Feststellung:

Der dir *gelehrt* wurde, kann *unmöglich Er selbst* sein.

Wie muss doch seine *eigene* Gegenwart dich eigentlicher, näher und eher berühren – mit elementarer Kraft –, bedenkst du nur einmal selbst, wer *Er ist*! Wie muss Er dich und jegliches andere Leben berühren, in welcher Gestalt und Realität auch immer …

Aber man muss es also umdrehen: Dir wurde eine andere Eva gelehrt, weil dir ein anderer Jesus gelehrt wurde.

Und in dem Maße, als dir ein schmeichlerischer, begütigender Gott gelehrt wurde oder anders ein autoritärer, dir per se unzugänglicher Gott, der von deinem eigenen Inneren losgelöst und abgetrennt bestehen soll (in beiden Fällen kann es nicht anders sein), ist dir eine tumb-gegenständliche, stimmlose, sogar verwerfliche Eva gelehrt worden (und so zumal die Frau an sich, frage ich dich?), die mit deinem eigenen Wesen nur beziehungsweise etwas zu tun hat, nicht aber diesem deinem eigenen Sein nach.

Damit, schließlich, ist dir Gott aus deinem Inneren gerissen worden, damit du ihn als ein Bild anbetest dessen, worin menschlich-vernünftige Wertvorstellungen sich selbst preisen, ein Bild des Strebens nach vollkommener Unabhängigkeit oder nach höchster Mäßigung, nach gesellschaftlich-sittlicher Vervollkommnung, somit einer in billiger, gespielter Demut verborgenen Weihe des Ichs, und nichts anderes. Ein Bild des höchsten Affirmanten einer darin gesättigten Welt, eines ausgesprochen irdisch gesättigten Nebeneinanders geregelter Privatzonen, wo ein erfundenes Christentum im Stillen hochgehalten wird, oder in der unbedingten Wahrung der sittlich-sozialen Ordnung, mit der es immer noch notorisch verwechselt wird, in der der Gläubige den Schutz hat der Verborgenheit und keinen Zwang auferlegt bekommt oder erkennt, sich zu beweisen. Damit du nur nicht auf den Gedanken kommest, von dir aus oder von Gott aus mit IHM verbunden oder an IHN gebunden zu sein, ohne eine Akkulturation der

Gruppe, ohne eine institutionelle Unterweisung. Damit du nur nicht der schier unbändigen Kraft folgest, dich selbst und alles Bestehende zu verändern, auf das du Einfluss nehmen kannst. Unbändige Kraft, die Seine dir geschenkte Auferstehungskraft und Seine Liebe auslösen, auslösen *müssen*, so wie du Seine Wirklichkeit tatsächlich annimmst.

Denn wenn du Seine Wirklichkeit annimmst als die einzige, nimmst du sie als die deine an; das heißt als die, die in dir spricht und zu dir spricht, zu dir persönlich. Unbedingt und direkt. Du anerkennst, dass es keinen Gott gibt ohne Kenntnis der Bewegungen deines Inneren, keinen, der nicht um dich wäre jederzeit, um ebendieser Regungen deines Herzens Herr zu bleiben oder (wieder) Herr zu werden. Du nimmst somit seine Un-widerstehlichkeit für dich und die Unweigerlichkeit deiner eigenen Entwicklung dahin an, wo Der Herr dich, dein Herz be-herrscht, und dahin, wohin Er dich stellen, worin Er dich beschäftigt sehen will.

Wenn mich Seine Gegenwart hingegen *nicht* berührt, mich nicht mit dieser elementaren Kraft berührt, dann gibt es dafür nur eine mögliche Erklärung. Eine Erklärung, die nicht weniger elementar, nicht weniger zwingend ist als der Umstand der ALLEinwirklichkeit des Einen, Der Er das Sein Selbst ist und für uns hat, aus diesem Umstand folgend. Und beachte: Diese nämliche Erklärung hat Gottes Fleischwerdung und Heilswirken in Seinem Sohn ausgelöst, ursprünglich. Recht eigentlich diese Erklärung hat zu Seinem Entschluss geführt, Seinen Eigenen Sohn für uns zu opfern.
Darum möge sich dies jeder selber vor Augen führen, sich begreiflich machen, der mich anhört, wenn er auch nur ungefähr nachvollziehen kann, was ich hier sage:

Wenn also ich, der ich etwas Leben besaß, der ich selber aber, so viel ist sicher, nicht das Leben selbst war (sondern Leben empfangen habe ich), wenn ich also in mir, in meinem tiefsten Inneren, eine unverrückbare, bodenlose Leere empfinde und, trotz aller angestrengt festgehaltenen und doch vorübergehenden Überdeckung ihrer mit den Gegenständen meiner äußeren Beschäftigungen, meiner Interessen, meines Glaubens, trotzdem den heulenden Wind in der trockenen Höhlung höre, seinen traurigen Ammengesang im herumwirbelnden, veraschten Trumm dort,

ob ich nun weiß oder nicht weiß, dass dies die Leere ist, die wir vorhin als Noch-Absenz, als negative Be-Musterung durch den Einen Gottessohn erwähnt haben;

wenn das tiefe, leidvolle Geraune dieser Leere in mir mich beherrscht, wenn die Leere selbst mich ausfüllt und nicht nur mich bedrückt, indem sie regelmäßig da ist, unaufhörlich wiederkehrend:

Ist es dann nicht wahrscheinlicher, sehr viel wahrscheinlicher, dass ich, recht besehen, in letzter Hinsicht tot bin? Dass ich, der ich mich für wirklich halte, vielmehr *unbelebter* Lehm bin:

als dass etwas Vergleichbares, ein solches Hinschwinden, mit *dem Leben an sich* der Fall sein sollte, geschehen sein sollte? – Ist dieses Nämliche dann nicht von mir abgezogen, nicht an mir abgezogen worden?

Sage: Ist das nicht wahrscheinlicher, sehr viel wahrscheinlicher, als dass die Freiheit, die Fülle und der Friede des Lebens selbst, deren geistiger Grund dieser CHRISTUS ist, das sich-innerselbige, zusammengefasste, reine Leben (darum: Garant und Geber jeglicher Er-füllung *im* Leben und *mit* Leben), welches mich sicherlich einmal umfangen hat und das mich, zudem, ursprünglich ins Sein gebracht hat – dass dieses Leben *selber* aufgehört haben, zum Stillstand gekommen sein sollte? – Nein, nicht Gott ist tot sondern alles spricht dafür, dass ich tot bin.

Sowie dafür, dass ich diesen Einen also unbedingt finden muss; dass ich, um zu dem Einen Zusammen-Hängenden Leben zurückzufinden, mich von Ihm finden *lassen* muss: um diesem meinem eigenen Todeszustand ein Ende zu setzen.

(Er hatte seine Hände um die Augen gelegt, in sie hineinblickend, beim Hervorbringen dieser abschließenden Sätze. Jetzt nahm er beide Hände fort und blickte mich fest an.)

Zu der üblichen armseligen Verwechslung zwischen dem Einen Lebendigen Gott und dem Christus, der uns gelehrt wurde, möchte ich mich später näher äußern. – Es scheint nämlich, dass wir wieder von vorne anfangen müssen. Ganz von vorne … Komm, hier entlang, weiter, *jalla*.[39]

(Wie selbstverständlich entwanden sich hierauf unerträglich sinnfällige Wortgemälde seinem bläulichen Mund, beweglich wie die Luft, die ein eisiger Sprühregen durchzog, für den ich dankbar und dankbarer war, je mehr mir der Kopf vom angestrengten Zuhören schwirrte.)

Gott ist jener, der uns „in seinem Ebenbild erschuf". Es heißt: „Als Mann und Frau erschuf er sie, in seinem eigenen Ebenbilde". Weder „Mann" noch „Frau" gesondert, sondern das „Paar" an sich ist Gottes „Eigenbild" nachgebildet, dieses spiegelnd. Soweit er den Menschen nach seinem eigenen Bild erschuf, und das gerade tat er, erschuf er ihn als Mann *und* Frau. Sodann hervorzuheben ist, dass Der, Dessen Schöpfer-Sein sich also darin zu einem lebendigen Bild „gemacht" sah, nicht von dessen Formnatur *ist*, der hervortragend-hervorgetragenen, sondern unumschränkt *Geist*: obschon dahin sich gebender, dahin ein-wendiger Geist, unumkehrbar. Dieser Geist am allerwenigsten kann zu nichts werden, er gründet in und aus ihm selbst gründet sich unverunwirklichbare Kraft (die folglich eher in ihr Gegenteil sich verkehrt, als dass sie zu nichts würde). Der Grund, der *Geist ist*, unumkehrbar in seinem schöpferischen „Naturell", vergegenständlicht die eigene Liebe zum Leben in seiner Schöpfung, der vielgestaltigen, ist aber in dem *einen* Bild selbst ausbildlich, selbstherig, das seinem eigenen, voluntativen Dar-Sein entspringt. Er positioniert und hinterbringt sich selber in dieser reaktiven Spiegelung, am Menschen, die aus ebendem Widerschein ihr unvergleichbares eigenes Leben bezieht.

Mit diesem „Ebenbild Gottes" ist somit der unverkehrte *Wesenszustand* des erschaffenen Menschen gemeint, derart von diesem Grund hergenommen, dass in ihm der Geist der entschiedenen Liebe zum Leben, die sich im Schöpfungsakt ausdrückt, und der selbst-subsistente Geist der Schöpfung, der sich in der lebendigen Hinterbringung ebendieser Liebe ausdrückt, „einbildlich" sich vereinen.

---

[39] Arab.: „vorwärts". (Anm. d. Schreibers).

Mann und Frau erschuf er in dieser Weise *geistig* den einzelnen, „ersten" Menschen: in nichts anderem als einem „geistigen Geschöpf der Liebe", das also sowohl den formend-belebenden als auch den lebendig-geformten Hervorgang des Schöpfer-Geistes aus sich selber ausdrückt. Mit dieser kennzeichnenden Gabe – aber auch unter ihrer inneren Voraussetzung – unterstellt Er dem Menschen die ganze lebendige Schöpfung als die *ihm* entsprechende – als *seine* Welt. Und ebendann tritt Gott *selber* als Schöpfer und Zusammenschließer derselben zur Ruhe: gerade weil er das in diesem geistigen Menschen keinesfalls tut.

Von hier aus ist der allgegenwärtige innere Schöpfungszusammenhang keine „gemachte Sache", kein schweigend-sprechendes mystisches Rumoren, sondern gründet in einem bestimmten werklichen Prinzip und in einer bestimmten segnenden Kraft *innerhalb dieses einen Geschöpfes*: Nicht nur das geborene, geschöpfliche Moment, sondern auch das Hervortragende, Schöpferische, das sich in und um dieses sein selbstheriges Bild eine ganze neue, lebendige Welt entringt, gelangt so wesens-kräftig, als innernatürliches oder „seelisches" Licht dieser Lebens-Welt, in dieses erschaffene „Bild", den Menschen, dessen Empfindungen, Worte und Vorstellungen von den Dingen, von allem Erschaffenen, folglich die Kraft besitzend, deren Existenz zu festigen, zu wahren, zu perpetuieren.

Diese neue lebendige Welt erhält sich oder geht beständig hervor aus der inneren Vermählung der beiden Wesensanteile des Menschen[40]:
der himmlischen Natur des ins-Sein-setzenden, ewigen „Wortes", das sich antwortfähig, „hauch-bildlich" antwortend im wirklichen Wesen aller belebten Erschaffenheit bekundet bzw. dieses Letztere an sich bekundet,
und deren Natur in eigener „Leibwerdung", jener, die all das zur Schöpfung gelangende Sein sammelnd oder liebend rückverbildlicht in das eigene, tragende Sein: den vermenschlichten Stern der Welt, das con-sider-ierende Hauch-Bild aller Hauch-Bilder (oder Wesen) der Welt.

Das Erstere, die geistige Leibwerdung, ist somit weiblich; sie ereignet sich vor der, die irdisch sein wird, und um derselben willen, entsteht als

---

[40] Vgl. EZAL 1.3. und insb. EZAL 3. (Anm. d. Schreibers).

deren Postament, sozusagen schöpfgeschöpflich erst zwischen Gott und Schöpfung.

Der „männliche" und verwirklichend-erkennende Vollzug dringt durch in deren irdisches Werk, indem „Adam" die Schöpfung in ihrem ein-weltlichen Zusammenklang erkennt, bestätigt und benennt, bekräftigt und erhält.[41] Den Baum des Lebens als erkannten, den der Erkenntnis als gelebten; außerhalb und unwandelbar *vor* jeder nicht-eingedenkenden Scheidung des eigenen „Hauch-Bildes" von allen anderen; da dieses, vielmehr, nur als alle diese Hauch-Bilder eingedenkende Abrufbarkeit aller in ihm selber verstanden werden kann. Vielmehr also, indem er *selbst* zu dieser „geistigen Erde" gerät, in dem irdischem Bilde einer ursprünglich „geistigen Fleischwerdung": als der mittigste und der höchste Aus-Bund aller Formen und Stufen der gottgegebenen Schöpfung, nämlich Adam, eingeführt.

Was also in Gott männlich ist und weiblich, aber an sich ununterschieden, tritt erst im geschöpften Bilde eigenwirklich auseinander. Das jedoch gerade, um das aktive Bewesungsverhältnis des all-einigen hervorbringenden Grundes in seinem präsentischen Empfänger oder „Träger" auszulösen, der, seiner-seits (*sic!*), diese ihm selbst widerfahrende belebend-erweckende Gabe der ihm anvertrauten Lebenswelt unaufhörlich angedeihen lassen soll.

Daraus folgt, dass diese Welt in ihrem Angewiesensein auf sie, diese Gabe, bzw. auf deren Träger begründet ist.

Dass diese eine erschaffene Welt, mithin, *bestehen* könne, ohne dass die sie vermögende und schöpferische Liebe in diesem ihrem „selbstherigen"

---

[41] Das geschieht durch die Intimation der Hauch-Bilder: d. h. des inner-natürlichen oder „kompartimentären" Wesensbildes, der „wahren Gestalt des Lebens" eines jeden Erschaffenen, durch die gerade diese „individuelle Form des Einig- und Gastesbewestseins" in allem Erschaffenen befestigt und belebt wird: Das jeweilige Hauch-Bild ist „der familiale Geist der um den einen Gottessohn verdichteten inneren Wirklichkeit, der alles Geschaffene inwendig beprägt hat und nach sich be-hungert, unvertröstbar auf irgendetwas anderes". (Anm. d. Schreibers).
Zum näheren Verständnis der Begriffe Hauch-Bild, Kompartimentarität und Intimation ist „Die Bitte" heranzuziehen. Einen anderen, früheren Versuch der systematischen Aufarbeitung dieser Motive stellt unser Buch „Mittlerweile" dar. (Anm. d. Schreibers).

Bilde bestehe, das heißt im gegenseitigen Enthalten und Hervorgehen *seiner* beiden Wesensanteile, sondern auch bestehen könne, wenn diese geistgeschöpfliche Ehe verwehe:

Das ist eine ebenso irrige wie verführerische und mörderische Annahme, die – mit dem Verlust der hauch-bildlichen Sprache, die nichts anderes als sein liebegeleitetes ursprüngliches Denken war, und der Segnungskraft der Intimation – bis auf den heutigen Tag Adams ursprüngliche Hybris und Unverständigkeit, sein Entwestsein und Entwesen wiederbringt.

Mörderisch, weil sie aufgrund dieses unaufhebbaren inner-natürlichen Hängens ihrer[42] an Riemen seines eigenen „geistigen Fleisches", die gesamte – ihm in diesem ursprünglichen Sinne anvertraute – Schöpfung zu der einen animisch[43] ausgehungerten, „wehen Kreatur" werden lässt, die zugleich diese losgerissenen, gekappten Riemen vergegenständlicht: zugleich Evas Verkanntheit, Zurückweisung, Ersterben. Todes Walten in der Welt, seit er sich ihr[44] zu entfremden begann.

Es sind Riemen *ihres* Herzfleisches, an dem die gesamte Kreatürlichkeit und Schöpfung hängt wie *eine*; es ist nicht bloß eine von ihm abgetrennte und sich verselbstständigende *Rippe*, aus der Gott die „Männin" formt. Die in diesem Schatten-Körper Vergegenständlichte – stumm dahinlebend, vermeintlich stumm, neben einem anderen, stolzen Schatten …
Darauf beruht Adams tief greifende Verirrung: in der er *den* Teil seiner selbst, der ihn gerade in geistiger Hinsicht gottesgeschöpflich macht und bleiben lässt, von sich abstößt, und dessen „weibliche Werke" unbeantwortet und unverseint aushungert. Damit eben beileibe nicht nur jenen spiebrigen körperlichen Schatten seiner Seele aushungernd, dem Gott unwiderruflich das weibliche Wesen und Antlitz gab. Der nicht nur, untrennbar von ihm, „die andere Hälfte des Mannes" ist, sondern also unabtrennbar die „andere Hälfte" des Seins, allen Seins überhaupt. Seine wahrhaftige, von hier an missempfundene, missachtete, zurückgewiesene Natur. Noch dazu unzu-

---

[42] Evas und der Schöpfung insgesamt. (Anm. d. Schreibers).
[43] Wesenhaft-wesenskräftlich. (Anm. d. Schreibers).
[44] Eva. (Anm. d. Schreibers).

frieden beargwöhnt von ihrem Nehmer und Zehrer, vom unsehnlichen Eigendenken (dessen), *who separates what's real*: Mensch-Nichtmensch. Was ist in ihm? Woraus besteht *er* dann noch: demzufolge?

Der animische Tod, der „seither von ihm wirkte", der diese seine Welt sozusagen von innen entlichtende Tod ist die „natürliche" Auswirkung der wahren Tatsache, dass wir in dem, was uns in jenem ursprünglich-geistesgeschöpflichen „Bild" gegeben wurde, allenfalls noch „spielen, was wir sind". Die Wurzel allen Übels (wie ursprünglich des Todes überhaupt, des Vergehens alles Gegebenen) besteht in jener entsetzlich lässigen philosophischen Geste des Undanks, nach der der Glaube und die Liebe des Geistes, der uns gegeben wurde, seine widmungsfähig-attentionalen Kräfte, für uns keine realen oder wirklichkeitsbedingenden Kräfte darstellen, die um dieser lebensfördernden Einlösung durch uns willen von der Schöpfung selber, der kompromittierenden, in uns aufgeboten sein könnten: indem wir diese Kräfte vielmehr für unser eignes Wohlbefinden, unsere eigene geistige und sonstige Sättigung, unsere eigene Er-Füllung reklamieren. Während es Gott immer und von Anfang an nur um die gegenteilige Erzeugung gegangen ist, um dieses beschworene „menschliche Licht", in dem es nicht den leisesten Schatten der sich be-wägenden oder herausbesondernden „Erkenntnis" geben soll, *neben* jener des „Angelds" seiner „Herrlichkeit", dessen „Sinn die Gabe und das Gegebenwerden selbst" ist. In welchem „Sinn" also der Mensch an sich verwirklicht oder besser „verwesentlicht" werden sollte. Mensch an sich sein oder bleiben: nur so. Und so, nur so, verstehe man: „An dem Tage, an dem ihr von diesem Baum esset, werdet ihr des Todes sterben." So also könnte die Erläuterung lauten: „Weil du, leuchtender Mensch, du Geschöpf aus Mir Selbst, weiterhin vom Geist Meiner Liebe leben und ausgehen sollst, alles in allem seiend und alles für alles: Darum bist du *dir selbst verboten.*"

Nur die Erkenntnis und geleitete Bewahrheitung seiner ursprünglichen göttlichen Bewesung kann den Tod, der seither „von ihm wirkte", und zwar in ebendieser *seiner* Welt, wieder aufheben. Indem der Mensch dahin gelangt, nicht mehr der Sohn seiner eigenen geistigen Werke zu sein, sondern der seinerseits „werkliche" Sohn der weiblichen Werke, die der Geist des Herrn in ihm vollbringt.

Kein Disput der Welt und keine moralische Anstrengung, wie edel und unbeirrt auch immer, ideell, wie gewissenhaft und aufwendig in ihrer Umsetzung, kann die ursprüngliche Vollständigkeit und Partnerschaft des Seins in dieser Welt wiederherstellen. Sie rührt nicht an die primären Umstände und Ursachen. Was *ist*, wie kalt, verworfen und verkehrt auch immer, kann nur angenommen werden in ebendiesem ver-todeten Zustand, indem es in und um der Möglichkeit eines in ihm keimenden neuen Seins willen gesegnet wird. Darauf beruht im Wesentlichen Gottes Handeln und Gnade in Christus. Eine andere Kraft – neben der, die ent-west und ver-todet – gibt es nicht nur in uns selber nicht. Sondern nur die segnende Schöpferkraft Des Herrn existiert, da sie in uns fließt und durch uns. Aber auch unverunwirklichbar ist sie; tut sie das nicht, wird sie selbst negativ validiert, sie verkehrt sich durch uns aktiv in ihr Gegenteil, weil sie zunichte nicht kann werden. Wir haben sie also allerdings, oder wir haben sie „verlorenerweise"; in dem fatalen und ausufernden Maße der verkehrten Flussrichtung, dass nur der Stifter und Erfinder selbst das reparieren kann und konnte. Er tat das mit dem größtmöglichen und schmerzlichsten Opfer, dem der Hingabe Seines Eigenen Sohnes. Aber was nun? Was soll aus uns werden, wenn wir uns nicht darum bekümmern, diese Handreichung nicht annehmen?

Nur die Wiedererlangung und Einlösung dieser *segnenden Kraft*, die auf dem Grund unseres Herzens schläft, die von Jesus Christus an der Quelle unseres wirklichen, geistgeschöpflichen Lebens berührt wird, um immer mehr und eines Tages vollständig aufzuwachen, kann das schlecht-gemachte Leben, das wir leben, von Grund auf verändern. Weil nur sie – nicht der Groll, nicht die Ethik, nur die Mensch gewordene Liebe – diesen animischen Tod, der seither „von ihm wirkte" (Adam), *in uns selbst* besiegen kann und hiernach in unseren Mitmenschen.

Alle anderen Religionen und Weltanschauungen, alle neuen (neuen, neueren und neuesten) Technologien, alle Sinnlehrer der Nachinnenwendung[45], wirklich jedermann ruft dir zu: „Es gibt zum Leben eine Alternative!" Doch sie lügen. Selbstverständlich lügen sie. Was soll das für eine Alternative sein? Nicht einmal der Glaube bietet zum *Leben* eine Alternative. Dazu, dass wir umkehren, oder besser umgekehrt werden: Zu dem unverkehrten Wesenszustand unseres ureigenen Lebens, gibt es überhaupt keine Alternative. Jesus Christus bietet uns die uns von der Göttlichen Liebe verliehene Gnade an, den Weg und die einzige Möglichkeit dazu.

Verweigere dich nicht seinem Angebot. Verweigere dich nicht Seinem Wort.

Es gibt ansonsten keine Rettung vor dem unweigerlichen Ausgang unserer finalen Selbstvernichtung.

Verstehe die Herleitung: weil unsere innenwendige Polarisierung dann nicht nur nicht mehr befriedet werden wird – was nur Christus vermag –, sondern sich dahin steigern wird, dass jeder von uns zwei Kontrahenten und Kontradizenten in seinem Inneren beherbergt, deren erbitterter Disput in stockfinstere Gefühllosigkeit und in Ausbrüche des Irrsinns münden muss, mit denen die Leere das Leben wird ausmerzen wollen: das Leben in uns, das Leben um uns. Aber es wird keine Erlösung für uns geben, sondern ein immer größeres Sterben, eine immer resolutere Vernichtung unserer selbst in den anderen und der anderen in uns selber, zuletzt mit atomarer Kraft geführt, die sich vereint mit einer unvorstellbaren Entregelung aller Naturkräfte. Dunkle Seite der Apokalypse, deren helleres Kapitel wir nicht mehr erleben werden. Nicht mehr *wir* erleben werden.

Wenn aber jene innenwendige Kontradizentin unterdessen uns eine geliebte Schwester wurde, der wir nie wieder Schweigen gebieten, die wir nie wieder verlassen, dann erwächst aus diesem „Nie wieder" die verheißene Unendlichkeit unserer eigenen Wiederkunft als neue Menschen. Den Menschen der „Auferstehung des Leibes".

---

[45] Die auch auf einem reich bebilderten *Tablet* stattfinden kann, das du Tag und Nacht mit dir herumträgst, oder deine gesamte Existenz auf eine Chipkarte und ein „mobiles Gerät" bannen kann – bitte schön! (Anm. d. Schreibers).

Verstehe die Herleitung: Ist das Denken aus den inneren Werken der Eva erstorben, dann ist dessen wesenskraftliche innere Aktnatur, obschon sie, ja, gerade weil sie ursprünglich der eigentliche Niederschlag der lebensvermögenden Liebe des Schöpfers ist, ein durch und durch zerstörerischer Hauch des Todes in der Welt, die bloße Äffung *dieser* Macht, das blutleere Gespenst des Baumes, der vom Blut des Seins gemacht war. Letztendlich eine uns selbst verborgene Art des tatsächlichen Tötens oder Ver-todens im Geist, aus der „ungeheuren Kraft des Negativen", mit Hegel gesprochen, die die wirklich setzende Potenz des Geistes auf *sich* zieht, diese ins eigenliebige Geist-Selbst ver-zieht und pervertiert, und dadurch ihre Natur des Dar-Seins, ihre Macht der Zuwendung von Wirklichkeit, Nachaußenwendung, in der sie *sich* schafft und sich dem angedachten Anderen ver-schafft, in eine vernichtende Macht der Benachtung und Isolierung der Seele, des Auseinanderlebens, Sich-Ausweichens und Abseitsstehens umkehrt. Das – und nichts anderes – wirkt und wirkt „der Böse", und zwar in einem und mit einem jeden von uns. Er macht dadurch jede Untat möglich und jeden Wahnsinn real, weil wir in diesem absehbaren Stadium nichts anderes fühlen und nichts anderes in uns sehen als ihn, den zu unserem eigenen Selbst gewordenen Widergott. Er *uniformiert* uns.

Auf seinem Fuß folgend hat sich der Tod des menschlichen Geistes bemächtigt. Und jedes Mal, wenn ihm dieser Gewinn wieder gelingt, packt er einen Armvoll von Brüdern und Schwestern dieses einen blind geschlagenen Bruders, schließt neue Maschen über den bitteren Knoten, den er in sein Leben gebracht hat. Langsam aber sicher, schleichend, ist der selbstbeflissene Mensch sein bestes Instrument geworden: noch ein solches.

Die sekundären Umstände sind vielfältig, unerschöpflich, so viele offenkundige wie unsichtbare Mechanismen, kleine und große vermeintliche „Unbedachtheiten", des ein- und gegenseitigen Ausnutzens, Missachtens umgreifend, das auf dem geistigen Ent-Achten, Negieren, Für-tot-Erklären des jeweils Anderen als solchem beruht: irgendwo an den abgestorbenen oder abgehackten Ästen eines uns wohlvertrauten Baumes hängend.

Selbst wenn man das rücksichtslos Erkaltet-Einsame, das Böse dieser „ungeheuren Macht des Negativen", die *in uns* wirkt, fröhlich in seinen gröberen und weniger groben, feststellbaren Symptomen bekämpft, in seinen verschiedenen *causae occasionales*, hat man seine geistige Quelle dadurch noch lange nicht freigelegt. Geschweige denn verstanden. So, wie der Tod „festgestellt" wird an der unwiderruflich versiegten Hirnfunktion eines Menschen. Ja, in dem Zustand des Im-Tod-Seins, den wir ansprechen, tut das leibliche Verlöschen nicht mehr allzu viel zur Sache, ist nicht gravierender oder beschränkender – endgültiger, das zwar schon. Aber gerade von diesem initialen Tod, dem im Geist des Einzelnen geltenden und heraufgeführten Tod kann man sagen, dass er ein „mechanischer", „kaltlächelnder" und ein „virulenter" Tod ist, dessen Tun allen Sinnes und Zieles entbehrt, und der, dennoch, unbeirrt seinen Weg in der Welt geht, ihn „durchmarschiert".

Wie kommt es, dass das alles uns nicht aufgeht? (Versetzen könnte man: Nun, das ist der Beweis an sich oder ein weiterer Beweis.) Wie dass, wenn anders uns dieser fatale Zustand aufgeht, irgendetwas uns am endgültigen Verzweifeln und am Aufgeben hindert, wie ein künstliches Gelenk und eine stützende Gamasche ein behindertes Bein, das sie begradigen, sogar einsatzfähig machen?

Der Tod hat sich des menschlichen Geistes bemächtigt. Der Mensch weiß das. Zwar nicht mit dem Verstand. Aber mit eben der Leidenschaftslosigkeit, der bitteren Indifferenz, mit der er sich ihm fügt. Aber: Der Tod will *ihn* nicht. Er verschmäht die menschliche Natur sogar.

Es klingt widersinnig; aber das genau zeigt sich in seinem Tun. Der Tod braucht seinen Arm oder seinen Verstand, das und vieles andere nimmt er vom Menschen. Aber dieses wellend palpitierende Etwas von Licht, Art dämmerlichte Aura, welche das Angesicht des Menschen gewissermaßen weitet, und das halb verlöschte, stete Brennen in seinem Herzen, wann immer der Tod ihn mit *seinem* Blick durchdringt, diese sich dann scheinbar wegschmiegende, in den Menschen hineinschmiegende weiße Licht-Meie, die eine zweite, unbestimmte Gegenwart zu vergegenständlichen scheint, verflackernd in *seinem*, des Todes den Menschen einnachtenden Blick, so ganz anders als er selbst, der Tod, undefinierbar in ihrer Art, Gestalt und Größe,

auf das *er* eher indifferent, weniger zielstrebig als etwa der Teufel zuvor, zielt, so oft gezielt hat:

Dieses unbestimmte Etwas ist ihm, dem Tod, fremd und seit jeher zuwider.

Das ist es, weil dieses offenbar Innerste oder Treueste am Menschen (ihm wird hierbei nicht klar, ob es auch das Innerste *vom Menschen* darstellt), so verkümmert oder eingeengt es sich in jenem auch finde, für ihn letztlich nicht zu greifen ist, außerdem nicht begreifbar wird.

Diese schattenhafte Figur, Art Licht-Erscheinung, die ihm da entgleitet, ist das letzte Überlebsel einer Welt, in der der Tod sich niemals befunden hat noch jemals befinden wird. Er hat Gottes Befugnis nicht, den Menschen dort innen anzugreifen, um ihn vollends, *in nuce*, auszulöschen. Und das ist das, was der Tod weiß. Zumindest weiß.

– Er kann es nicht, erreicht es nicht; und tut es doch? –

Mit einem ihm nicht weniger unausstehlichen Gefühl der eigenen Machtlosigkeit gegenüber dieser seelischen Tatsache wird es jeder zweite Mensch unserer Tage so empfinden, „im Grunde", beziehungsweise, ränge man ihm dieses so noch strikt verweigerte Eingeständnis ab: dass der Tod diesen Angriff dennoch unternommen hat.

Jedes zweite zuckelnde Rädchen dieser hochgezüchteten merkantilen Gesellschaften, die nur den verloschenen Instinkt der Menschlichkeit verehren, da sie die „Vernunft" kultivieren, löcheriger, fleckiger Mantel eines gänzlich substanzlosen Vulgärhumanismus, verlogen und sexistisch bis in die höchsten Entscheiderebenen von Politik und Wirtschaft, unter dem sich außerdem Korruption und Vorteilsnahme nach Belieben entfalten. Jede Ichwerdung und -wahrung, die der Sklavenschaft in der Freiheit, der Gefangenschaft im Wunsch gefolgt ist, diesem ab-gemacht gemachten

Leben zu gehören, vermeintlichem Leben zwischen artifiziell erzeugten, vollends privatisiertes Verwahrzonen, in der jeder praktisch alles darf und sich gegen jede Forderung der Außenwelt verwahren, statt einem schlicht und ergreifend *empfangenen* Leben zu folgen: das man ebendarum ehrt und liebt und in den Dienst seiner selbst, das heißt aller seiner Nehmer und Geber zurückzuführen bestrebt ist. (Wir aber fordern den – auch in diesem Sinne – umgekehrten Menschen.)[46] Begreiflich, denn das Leben ehren tut nur, wer es liebt. Und nur der es liebt, hat es auch. Und der es hat, hat es für andere: Er gehört zum tatsächlichen Leben, wie dieses zu ihm gehört. – Jedes zweite zuckelnde Rädchen aber fährt darüber und vermag nicht mehr innezuhalten: Das Eingeständnis liegt schon in diesem leisen eigenen Rasseln, das langsam aber unermüdlich die wissentlichen Grade der Verweigerung entkenntlicht hat: dass dieser Einzelne, an dem ihm doch scheinbar so wenig liegt, diesem „menschlich indifferenten Tod", mitziehen muss und mitgezogen wird von ihm. Und dass niemand, nicht einmal etwas in ihm selber, diesem kalt dahinruckelnden Rad von Menschen, zwischen der Glut und der Asche seines Herzens unterscheidet.
Scheinbar – niemand.

Wenn nun *Gott* aber gerade *das* tun sollte, wenn seine tätige Gnade gerade diese Unterscheidung treffen sollte – wie wir letztlich aufzuzeigen versucht haben ...

Was will der Herr dann mit dieser Heimsuchung erreichen, dieser Art Entmündigung, mit dieser paralysierenden Bedrängnis beim Menschen eintreiben? Eine noch dunklere Starre des Herzens, der Verzweiflung des Bewusstseins? Des Wahnsinns fette Beute?

Und wird *er*, Adam, sich jemals dieses fürchterlichen Fluches entledigen können? – Kann er?

Nun: Es liegt nicht in seiner Macht, selber ins Sein zu treten oder sich ins Sein zu bringen, wie wir schon gesagt haben. Ja, das ist eigentlich alles, was wir hier zu sagen haben.

---

[46] Siehe EZAL 1–3 im Anschluss hieran. (Anm. d. Schreibers).

Das tat es damals nicht, als er *entstand*, und das tut es auch diesmal nicht. Das wird nie der Fall sein.

Und jetzt, jetzt, da er sich der inneren Eva entledigt hat, ohne sie gerade in diesem seinem Innersten entbehren zu können, steht es nicht mehr in *seiner* Macht, sie wach zu machen: in dem bloßen Gegebensein seines eigenen Wachseins.

Von uns kann man in dieser Frage keinen moderaten Ton erwarten: Was er nicht weiß, ist, dass *er* tot ist. Nicht Eva. *Tot* nämlich in ihren Verhältnissen, in den Verhältnissen der Vollständigkeit und Wahrheit des Lebens im Geist, welches ausschließlich von Gott empfangen wird. – Das darüber hinaus einzig jegliches Wiedererwachen oder Gesunden seines irdisch-vegetativen, psychischen und sozialen Lebens bewirken kann.[47]

Bis hin zu der Stunde, da wir, da der Einzelne Jesus Christus in seinem Herzen aufnimmt, endgültig, sodass sich Dessen restitutive Segnungskraft in ihm entfalten kann, bis dahin besitzt der hier gekennzeichnete, der eigentliche Tod uns mehr oder weniger vollständig. Wir alle schulden Gott den Preis unseres Lebens, und wir bezahlen es mit dem *natürlichen* Tod. Aber dies ist ein anderer, ein Huch-artiger Tod, den eine unabsehbare geistige Verelendung bewirkt hat, die wir uns selber zuzuschreiben haben. Gott in seiner unbegreiflichen „Finsteren-Liebe" hat zwar *seine* hinlänglich bekannte Konsequenz aus alledem gezogen. Aber nur, wenn wir Ihm erlauben, sich ein zweites Mal in uns auszuzeugen, geistig in uns auszuzeugen, im Namen und in der Kraft Seines geliebten Sohnes Jesus Christus, werden wir lebendig werden.

Allein Christi gegentodliches Liebeswerk – mit dessen Bild, wie wir sagten, diese Todesleere beprägt ist und be-hungert, wehendes Vakuum in uns, das schlicht sein *Muster* hat – kann uns wieder ins Leben bringen:

---

[47] Die substanzielle Abhängigkeit des menschlichen Lebens-Bodens von seinem „animischen" Unterboden wurde an früheren Stellen hinreichend erläutert. (Anm. d. Schreibers).

Gottes Selbstopfer und Selbstverlassung um der Erneuerung der zwei-einigen Wirklichkeit unseres inneren Menschen willen.

So, wie Eva ursprünglich den Geist Gottes vertritt, vertritt Jesus später und in alle Ewigkeit auch Eva. Die entsühnte, aber in der Nacht des ihr aberkannten Lebensraumes eingeschlossene Seele, die des Mannes „andere Hälfte" ist und unabänderlich weiblich gegeben. In jedem einzelnen Menschen erhält sie bis zuletzt den familialen Geist der um den einen Gottessohn verdichteten, inneren Wirklichkeit, Der alles Geschaffene inwendig beprägt hat und nach sich be-hungert: unvertröstbar auf irgendetwas anderes.

Ebenso lange fährt der Zug der Zeit, der Zug durch die Zeit, welche die aufgehaltene Dämmerung ist in der Vorewigkeit. Warum der Zug, auf dem wir sind, heißt: Untergang, Tod, Neubeginn.
  Es gibt keine andere Fährte, kein anderes Vehikel. Keinen anderen Reise-Weg . Aber Evas Zeit wird kommen.
  Evas Zeit wird mit der salomonischen „Zeit des Singens" kommen, der Zeit des um-wendigen hauch-bildlichen Lebens, dessen gänzlich anderes Fluidum uns warm umfangen wird, wenn dieser Zug zum Stehen kommt, auf dem wir sind. Und wir gemeinsam ausgestiegen sind.
  Malvine[48] Zeit, da das „Licht des Lebens", des Allumherigen, des Da-Seins dar-selbst, und das Innerste im Menschen eins sein werden. Zeit, in der zwischen diesem Außen und Innen nicht der geringste Unterschied bestehen wird. Sie fällt mit dem zusammen, was wir als die „Wiederkunft Christi" bezeichnen.
  Dem Ende des Alten Liedes.

Es folgen gesprächliche „Ergänzungen zum Alten Lied": EZAL 1–12.

---

[48] Malvin: rotviolett, das Überquergehen anzeigend und einleibliche Vereinigung der evaischen (blau) mit der adamitischen (rot) Wesensessenz im Leib des passionierten Mannes (rot). (Anm. d. Schreibers).

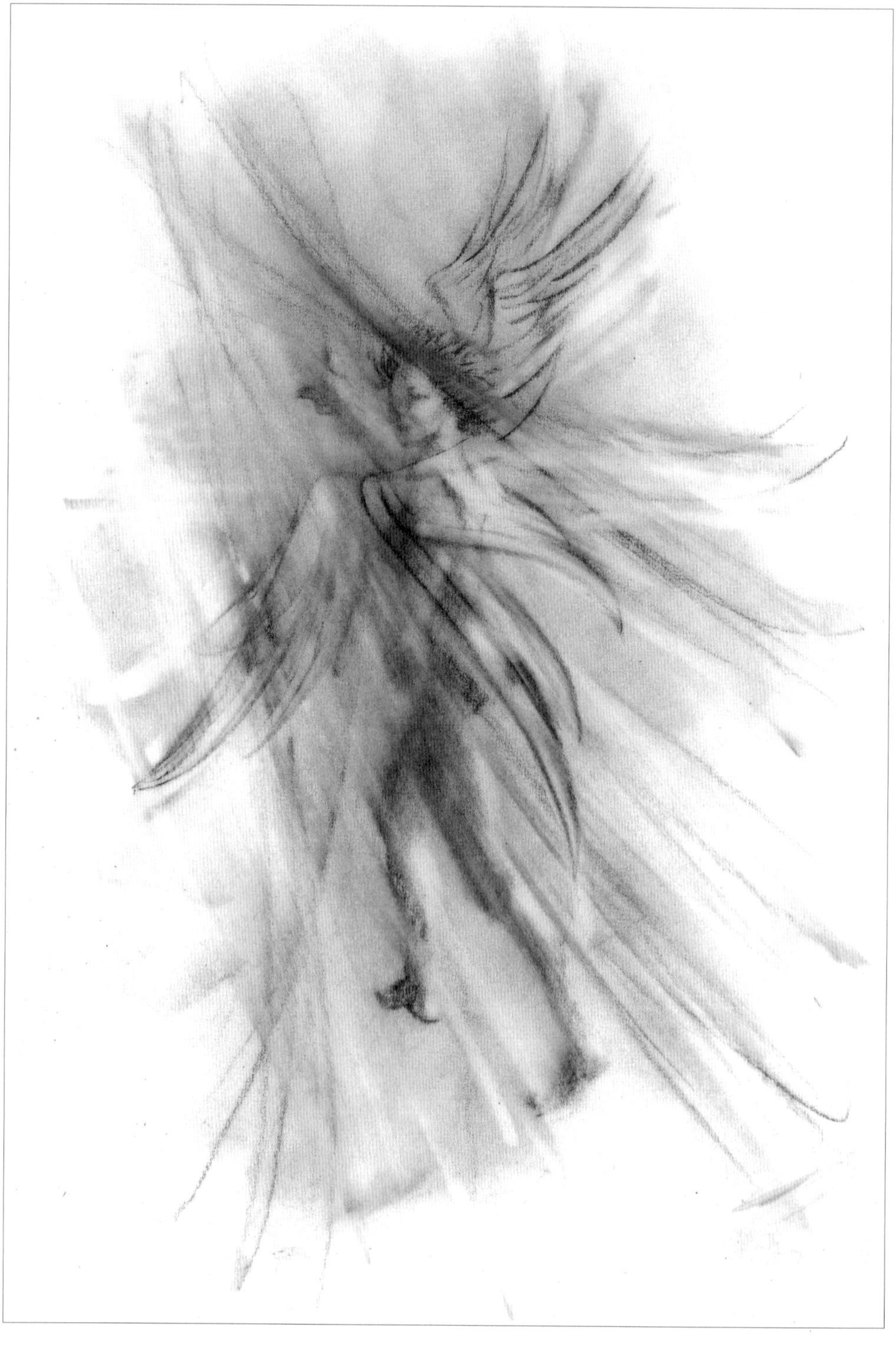

Gesprächliche „Ergänzung zum Alten Lied": EZAL 1–12

ARCHE (EZAL 1).

1.1. Wie der natürliche, leibliche Mensch innerhalb der ursprünglichen natürlichen Verhältnisse seines Daseins in dieser Welt mit allem Lebensnotwendigen ausgestattet ist, vorausgesetzt, dass er diesen natürlichen Rahmen bewahrt, ist das im Geistigen nicht anders. Im Natürlichen ist das gerade deshalb so, weil dadurch die geistige Anlage nach außen bekräftigt und versinnbildlicht wird.

Das, was wir mit Eva und mit dem koranischen *fetra* in Verbindung gebracht haben, besteht in einem ursprünglichen, unverfälschbaren Versorgtsein des menschlichen Wesens durch „Anschläge", Ideen und Impulse, durch die „sein Herz spricht", Impulse der inneren Lenkung und Bewahrung, die, obschon sie seine sind, ihn erkennen lassen, wes Geistes Kind sie sind, und dadurch, wes Geistes Kind *er* ist. Solange der Mensch erkennt und pflegt dieses Geschenk des Sichvergegenwärtigens seiner „Nichtandersheit" in dem Einen Seienden (wie umgekehrt), außer dessen tatsächlich nichts existiert, ist dieses Geschenk die Tatsache, dass Gottes eigene Gegenwart sich in seinen inneren Regungen vergegenständlicht, unmittelbar. Er trägt dann fort und trägt mit an einem Leben, das Ganzheitsempfinden ist und Liebe, Kenntnis und Erhaltung des Lebendig-Wesenhaften seiner selbst sowie jeglicher Existenz. Es ist ein Bekanntsein und Begreifen mit der obersten Vernunft, die die der Gnade ist, der Gnade, die jeglichen Mangel zudeckt, jedem Menschen festen Halt schenkt im Licht seines vorbehaltlosen Angenommenseins, die seinem Ganz- und Neuwerden im Leben dient: dem ständigen Erneuertwerden der Gegenwart Gottes in diesem und durch den Menschen.

Das Selbstverständliche, der geistige Naturstand liegt gerade darin, dass Gott es ist, der uns erhält, im Fleische wie im Geist, und Gott, der uns ernährt, erfüllt und reich macht, so im Geiste wie im Fleisch. Die Natur gibt uns viel, aber sie nimmt auch viel, sie nimmt zuletzt alles zurück, rein jedes Stäubchen unserer Kreatürlichkeit in sich zurückvertilgend, das sie uns zugeeignet hat von sich.

Gott dagegen handelt und gibt in „mystischem Übermaß" (A. v. Speyr); nur Er wird so viel geben, dass von ihm etwas bleibt, dass von ihm mehr bleibt, als er selbst davon hat wie von sich selber, mehr, als er davon wieder von uns zu sich nimmt. Darauf soll man nicht nur gefasst sein, mit dem bloßen Gefasstsein darauf wird man seiner Natur wenig gerecht; man soll dieses Andere, das mehr ist, auch erwarten und von ihm verlangen. Bei Gott ist – in dieses Lebens erfüllter Fülle – mehr, als man erwartet. Darum darf und muss man viel erwarten. Man wird sonst nicht einmal ansatzweise erfahren, wer und was Er selbst ist noch was Er uns geben kann und bereithält für uns. Der Er sagt: „Des Menschen Seligkeit ist mein." Darum wird man Seiner Güte nicht gerecht und erfährt sie nie ganz, wenn man das Wunderbare hinterfragt. Und wer *sie* notorisch hinterfragt, stürzt früher oder später ins Verderben.

1.2. Der fatale Irrweg, analog zum Verlust des reinen Glaubens, welcher nicht beim Intellekt, sondern beim vollständig beanspruchten Menschen anfängt, dieser fatale Irrweg des abendländischen Geistes ist (bzw. war) das verselbständigte numerisch-quantitative *Denken* seiner Wissenschaften (neben deren un-allheitlichen Segmentierung in Sonderdisziplinen, ab Pascal), das folglich von den ureigenschaftlichen Momenten des Lebendigen nichts konstatiert. In der dargebotenen Wirklichkeit eines präsenten Schöpfers, eines zumal in ihr, der erlebbaren Wirklichkeit, präsenten Schöpfers, der die Unendlichkeit für uns bereithält, geht es nicht um das Wieviel und Wann des Bestehenden, sondern um das Wie-Nah des Offenbarten und dessen mittlerschaftliche Sprache (in) der Erscheinungswelt. Das verstehen und ergründen bis heute im Wesentlichen nur die Dichter. In einer tatsächlichen, i. e. essenzialischen Wissenschaft unserer Gebreiten, allheitlich bzw. gesamtperspektivisch zudem, weder numerisch-quantitativ noch physiologisch-beschreibend *allein*, wären die Forscher Analytiker der inspirierten Gedichte und Gesänge der Menschheit, um das zu erfassen, was die Schöpfung tatsächlich bereithält für den Menschen. Sie bräuchten zudem das gesamtwissenschaftliche „mind-set" der Druiden der Kelten, der weissagenden Inka-Priester, der eingeweihten Schüler des Paracelsus, welch Letzteres bekanntlich Newton, Kepler und Pascal besaßen.

Diese essenzialische Einheitswissenschaft ist die vom Menschen in seiner gläubigen Selbsterkenntnis. Eine Wissenschaft zur vollständigen, heilen Schöpfung Mensch, die, wenn sie heil ist, die Schöpfung selber, heilend wirkt; denn heilend macht es die Existenz an sich, dass (bzw. wenn) ihr natürlicher geistiger Rahmen wiederhergestellt ist, siehe oben. Dass sie sich in den Dienst stellt ihres Schöpfers, vollständig, das ist es, wodurch sie an und für sich Mensch wird, zum wirklichen Menschen in der Welt, der seinzuhabende. Darin, wie Rumi sagt, zu einem wirklichen Makrokosmos geworden, *al-alam al-kabir,* auch wenn er der leiblichen Form nach als Mikrokosmos *('alem-i musaggar)* erscheint, mit allen ihren Bedürfnissen, Bedingtheiten und Schwächen; dennoch *die* allumfassende Wirklichkeit, für seinesgleichen dann wie ein riesiger fruchttragender Baum, der Früchte der verkostbaren heilenden Essenz trägt. Ja, das „Wie" in diesem Satz ist überflüssig, da der erste Halbsatz zutrifft.

1.3. Sowohl diese essenzialische Wissenschaft als auch jeder wahrhaftige Glaube beginnen mit dem Begreifen des Menschen, dass er *erschaffen* wurde. I am created: aus einem bloßen Zündfunken, einem mit nichts Ermessbarem befrachteten Spermium und einer mit diesem befruchteten weiblichen Eizelle. Dass er leiblich erschaffen wurde: faktisch aus dem Nichts zur Vollveranlagung des menschlichen Geschöpfes, welches nicht nur eine fantastische Hypersymbiose an physiologischen Verschaltungen darstellt, etwas, das unzählige Unwahrscheinlichkeiten konzertiert eintreten lässt, *damit* also ein Konzert sei und dieses unser vegetatives, physisches Leben, allein schon das: ein Zeichen Gottes, das uns auf uns selbst zurückwirft *und zugleich nicht*. Weit mehr noch: Dass der Mensch die gesamte, sensuell erfassbare Schöpfung und seinesgleichen verstehend durchdringen kann, dass er mit Mitgefühl, Artikulation und Geist beschenkt ist und zur Selbstbestimmung befähigt, aufbauend auf sein Erleben und dessen Verinnerlichung, auf dem aus dieser Verinnerlichung resultierenden Zusammenwirken seines mimetischen und deutenden Verstehens, seines Mitgefühls und seiner individuellen Ausdrucksfähigkeit; all dieses, das personhaft Geistige und das Leibliche, ineinander verweisend als eben *eine* konzertierte Entstehung, verweist auf Eine Wohlwollende Höhere und Kreative Intelligenz, deren Wirken in seinem (unserem) Sinne der Mensch ebenso wenig leugnen kann, wie er sie jemals entschlüsseln oder gar selber ersetzen können wird.

Das ist der Beginn der gläubigen Erkenntnis. Deren Ziel und Erfüllung jedoch ist das Begreifen eines permanenten Hervorgehens aus ebenjener Wirklichkeit, die wir mit Gott in Verbindung bringen, einer beständigen Erschaffung des Menschen selbst – *in eben seinem Selbst,* aus nicht weniger instantem „Zünden" wie dem Auftreffen von Spermium auf Eizelle, obschon auf geistigem Boden stattfindend. Und dass dies der Fall ist und *sein muss* aufgrund der rein-präsentischen Wirklichkeit des Schöpfers selbst, der da „Geist IST" und darin hervorbringend in sich, ganz und gar der Eine und Derselbe all-augenblicklich, im Nu, immer Selbst-Darbringung, analeptische Gabe an sich (selbst benamt, einzig so: „Ich-Bin-Der-Ich-Bin-Da"). So, folglich, muss auch die forterhaltene „Ebenbildlichkeit" sein, auf die sich die gesamte Schöpfung gründet. Auf die hin sie sich zudem aufwärtsskaliert, in der *sie sich vollendet* und sich selbst im „Ebenbild" ihres Schöpfers be-antlitzt und besiegelt, die gesamte Schöpfung. Als „sehr gute". All-augenblicklich (faktisch oder potenziell) gebiert der Geist der Schöpfung sich in „seinem" Menschen. *Still being born is the believer. The more so as constantly being built is man.*

Das Zuwegungs-Mittel zu diesem (also beständigen) Stattfinden ist eingeführt als „Eva", ein geistiges „Schöpfgeschöpf" als die uns zur „Freundin" beisituierte Intimantin Gottes. Wesen, das (Wesen ist, was) mit dem WORT Verbindung hält, die Wort hält vor Dem Wort (wie wir gesehen haben), die fortwährend mit Christus Umgang hat, (wie man schließlich sehen wird, trinitarisch:) mit dem schöpferischen *logos*, aus dem sie *Geist an sich* bezieht, nämlich die initiale Selbstgleichheit der Seinsbegründung:

aus der unverfälschbaren und nicht versiegenden Quelle, deren bar überhaupt nichts in der Schöpfung bestünde. Geschweige denn der Mensch. Geschweige denn irgendein Mensch.

„Freundin" (bzw. „Gehilfin") in Genesis 2,18 meint nicht nur dieses Freundschaftsverhältnis, sondern dieses resultiert aus dem genannten Vorvorhandenen. Es meint, dass eine zuverlässige Magd des Göttlichen Schöpfers, genauerhin des *logos*, den hervorgebildeten Menschen, „passend zu ihm", dem Menschen zur Freundin und Gehilfin gegeben, ihm von Gott als solche belassen wird. Da es andernfalls „nicht gut" sei, „dass der Mensch allein sei".

1.4. Eva weiß das Eigentliche und das Mittelbare: Gott und Schöpfung. Vor ihr *(sic)* erscheint die Wirklichkeit als eine, in der alles zu Sinnzeichen verdichtet ist, wie in einem Buch über die Eigenschaften und Taten der Liebe des Schöpfers, Sinnzeichen der überreichen, rettenden Allgüte, die das Leben gibt und bewahrt: die in allem einzelnen Leben bewahrt die Eine Einheitsschöpfung bzw. deren Anteil an Ersterem, um des Ersteren willen. Auch daher ist dessen Bezeichnung hier die des „Hauch-Bildes": Diesen sozusagen allidentifikatorischen, all-junktiven Anteil bezeichnet und *belebt* der erste Name der Dinge. Er erweckt oder intensiviert dessen junktive (bzw. sympathetische) Kraft, die auch unser Inner-Meistes trägt, uns zutiefst durchpulst, unser aller geteilte reine Mitte belebt. Vorher fängt (man?) sie nicht an, den Dingen Namen zu geben, erst recht nicht Namen, die mit Ausdruck und Gefühl belegt sind. Die Engel vermochten das im Ursprung nicht, weil diese sämtlichen angetroffenen Erscheinungen, die Eva Adam vorführt(e), nicht zu ihrer eigenen Lebenswelt gehörten noch etwa später einmal gehören sollten. *A wilder place's inside of me …*

Die Mittlerschaft dieser, Evas Namen für die Dinge ist auch die Mittlerschaft des Namens Christi. Denn das jeweilige Wort, das sie im gemeinsamen Wahrnehmen (mit uns) an uns richtet, soll auch das Symbolum eintauschen; es ist das nachzuvollziehende Merkzeichen der mit-teiligen Selbstgegenwart des Einen und Höchsten, die den seinzuhabenden Menschen beschreibt, uns immer diesen an-zeigend, *how man himself is meant to be*. Das spiegelnde Verstehen *selbst*, daher, ist eine lebendige, pneumatische Essenz, etwas anderes und ungleich „Bedeutung", (nämlich) das eigene Bedeutetwerden und Belangtsein als Zeuge und Adjutant des Lebendigen Schöpfers, im Anhören ihrer. Eva ist Agens und Patiens eines inneren Zumuteseins, das zur Segnung des Lebens drängt, allen Lebens, das sie beide umgibt, was der magische Zweck ist der ersten, hauchbildlichen Namen der Dinge (Adams). Sein geistiges Leben demzufolge, weil Gott „gesegnet hat alles, was sich in ihrem Herzen findet", ist lebenslänglich (im Guten) ein Matriarchat. Da, anders zu sagen, sie Vor-Mund und Mündel sind, aber in schöpf-geschöpflichem Sinne (nicht edukativ): um des wahren und gottgegebenen Geistes willen, der nur stattfindet in diesem seinem *Umsprung auf* das menschliche Geschöpf. Dessen „Eva" für sich besehen ist *eine oder zwei*; in sich gespalten aber Eva selbst, wenn nicht beide bilden das *unus ambo*, auf welchem beruht das fortwährende *omnia sunt communia* (Alles-Ist-Gemeinsam). Auf diesen Forterhalt der Einheitsschöpfung (der Einen In-Eins-Schöpfung alles Lebendigen) weist das *et erunt duo in carne una* („und sie werden sein wie EIN Fleisch"), keineswegs auf die fleischliche Vereinigung an sich oder auf die kommodeste gemeinsame Sitten- und Lebensführung. Zumindest nicht vordergründig.

Demzufolge muss man(n) seine eigene Seele als Kundin betrachten, als die beste Kundin, die man haben kann, weil sie vom tatsächlichen, unendlichen Leben Kunde hat, Kunde für uns. Achtend auf jeden ihrer Schritte und auf jedes ihrer Worte. Weil sie steht und geht mit Christus, der dynamischen, handelnden, nicht-statischen Sonne, die

Ein Lichtverschwender ist, sagt sie,
(und sagt)
   Mein Cheikh,
   Ein Stern, der immer in Bewegung ist,
   Der seinem eignen Schatten weicht
   Und nie den nächsten Schritt vergisst:
   Nach vorn und rück-wendig zugleich,

Jede Masche ein Mensch, mit dem
Er schmückt, wen er erreicht,
Wie ein Emblem, das niemals bleicht:
Sein Bild, das sich verzweifacht leicht.
Erstaunlicher, bei alledem, Adam,
Dass du ihn immer finden kannst,
Immer und überall, ganz gleich,
Auf welchen Weg du dich gemacht.
Selbst in der Nacht, wenn niemand wacht,
Und seine Schönheit dich beschämt,
Die bald die Welt umgoldet ganz.
Aufliest der Morgen seinen Glanz.

1.5. How man is meant to be, how man was meant to be. Man kann sagen (und begründen, mit Obigem): Diese Minze, diese *mente* des allheitlichen Bedeutetwerdens, der grüne Geist Des Roten Gottes ging verloren. Die Schöpfung erscheint dem Menschen heute stumm, ihre (dennoch „wehe") Anmutung spiegelt seine eigene grundlegende Verunsicherung oder Befangenheit in Bezug auf eben *sein* eigenstes Selbst. Und Eva ist heute sein lebendes Grabmal; oder er ihres, aus bekannten Gründen. Und Christus bedarf (?) des rezitierten schriftlichen Zeugnisses und eines formalen, vermittelten Aktes, um uns zu begegnen, um uns „nah zu sein" (obschon er diese nicht statische Sonne *ist*, die da uns regelrecht verfolgt … Jene *not in the distant blue* – jene, die sich damals vom entfernten Blau hinabbegeben hatte, als Adam die verbotene Frucht nicht verweigerte, siehe dort). Ja, er bedarf dazu der Krücke des Herzens, die der fragenzirkelnde Intellekt ist, weit zu weit, weit weg ziehend den Zirkel (weit zu eng ziehend die Fragen, wie in Blakes Darstellung seines apollinischen Newton).

Dabei ist die Lösung, der Zuweg so unendlich nah. So nah, wie er nur sein kann. Näher, weit näher, als der Mensch sich selber nahe ist und jemals sein wird. Denn „Du hast, unser Gott, unser Herz so sehr auf dich hin geschaffen, dass es ruhelos ist, bis es Ruhe findet in Dir" (Augustinus).

Adams *körperlicher Schatten* glüht, verloren aus ihm, so ausgesetzt aus seiner Mitte, und sogar aus seinem Leib. *Fuego fuera del forro,* hofft Eva noch auf die Nacht des Friedens, den Frieden der Nacht, die sie zusammenbringt, die sie ununterscheidbar macht, die sie wieder miteinander verschmelzen lassen kann in jenem höheren, unausgesprochenen Verständnis, das die Welt Gottes gebar in ihnen.

> Nicht der Umstand, *dass* sie spricht,
> Verwundert sehr und lässt ihn schweigen
> (Nämlich, wie anders sollte DAS WORT
> Uns seine Gegenwart bezeigen?);
> Seltsam ist und unerhört,
> Dass *sie* wie zu einem Dritten spricht,
> Den es nur eingebildetermaßen
> Bei einem gibt. Zu dem sie sagt:
>
> Du Alter Spalter allen Lichts,
> Dem es an Einverstand gebricht,
> An dem Verstand, der Liebe ist;
> *Mich* wirst du sehen drinn' im Nichts,
> Sobald der Fragende vergisst,
> Was du uns angetan, als ich
> Nahm seine Antötung. Der Herr verspricht's.
>
> I stand firm in my solidarity.
> This path I walk, I walk here with my own resolve.
> When darkness falls, we are reborn.
> Our dream since the Fall of Man,
> We are reborn.[49]

---

[49] Diese ersten beiden Strophen sind von Albe, die abschließende aus einem Song der Band „Killswitch Engage". (Anm. d. Schreibers).

Das Paradies ist erlangbar, weil und insoweit der Mensch entdualisiert werden kann.

(Der Garten ist) Ein Ort in uns, aber ein außerzeitlicher, ich-freier Bezirk, mit dem „in uns" eine *gemeinsame seelische Realität* gesetzt wird, in der wir zudem andere in uns selber transformieren zu sich selber, wie diese uns zu uns selber transformieren in sich selbst. Verwenden wir die hauch-bildlichen Namen, wenden diese die Gesichter (wenden das Gesicht der Erstwelt, das Gott zugekehrt geblieben ist, das unaufhörlich Gott zugekehrt bleibt, vor das verzeitlichende bzw. verzeitlichte Gesicht jeder Erschaffenheit). Darin besteht die tatsächliche Unendlichkeit: eine unbegrenzte, fortgesetzt spektral-prismatische Vergegenwärtigung unserer eigensten persönlichen Natur – dennoch in unseresgleichen. Unseresgleichen werden so, wahrhaft, *unseresgleichen*. Das erlangte neue Bewusst-Sein besteht demzufolge für den Menschen darin, dass er die Dinge nicht mehr aus (s)einem begrenzten Blickwinkel, sondern aus unzähligen solchen und mit allen ihren Tendenzen erkennt (alles sehr klar, schwer jedoch, dann noch das Hässliche hässlich, das Schöne rundheraus schön zu nennen), also in einer Art Gesamtperspektivität des inneren Schauens, vermöge des „äußeren" Anschauens, so auch in der Betrachtung jeden realen Sachverhalts. Die sich in der Folge hiervon einstellende selbstverständliche Objektivität führt nicht nur zur Einmütigkeit unter beliebigen Menschen, so überraschend wie beglückend, sondern auch dazu, dass nichts Bestehendes, kein Objekt verkannt werden kann in seiner eigensten Wirklichkeit.

Dies bahnt die Wirklichkeit an, in der „alles offenbar werden" wird, was heute verborgen erscheint, wie das Evangelium ankündigt (Mt. 10,26, Mk. 4,22, Lk. 8,17; 12,2); am Tag des Lichtes, da das Licht des Tages unseres allheitlichen Bewusstseins aufgegangen ist.

Beendet ist dann dessen aufgehaltene Dämmerung, in der wir uns seither befinden, identifizierbar mit der *Zeit* schlechthin, deren Schwingen ins Vergessen tauchen: Sie schlagen noch, aber wir nehmen sie nun nicht mehr wahr, nicht einmal in unseren alltäglichen, wiederkehrenden Verrichtungen. Ihr hartnäckiger, feinkörniger Schliff, der stetig altern ließ unsere Augen und unsere Haut, fällt zwar nicht fort, aber wir tragen diesen Dunkelstoff, der abgefallen ist von den Schwingen der Zeit auf uns, wie eine Zierde, die wir abnehmen können, bei Tag und bei Nacht. Wir sammeln ihn am Spiegel, nicht in ihm, auf dem Ehrenmantel unseres inneren Menschen. Welcher hängt über dem Spiegel.

Ausentwickelt in der Folge, unabwehrbar, unwiderstehlich, das Gesicht der Erstwelt an jedem Menschen, in jedweder individualisierten Realisation, jedem natürlichen Gegenstand, der wahrgenommenen Lebensgestalt nach, wie in seinem eigenen spektral-prismatischen Wahrnehmungsvermögen. Tatsächlich: schwer, dann noch das Hässliche hässlich, das Schöne rundheraus schön zu nennen … Aber da nichts in der Vermeintlichkeit, etwas anderes zu sein oder überhaupt nicht am Sein teilzuhaben, sich halten kann und sich als Trug erweist, zerfällt das abgründig Böse in sich selbst, das unwiderleglich Schöne wird als solches geehrt, in der Folge hiervon: Manches geht zugrunde, der Rest wird immer schöner. Und in der weiteren Folge: Alles wird schöner, alles wird immer um einen weiteren Grad schöner.

1.6. In der Nichtabsehbarkeit der Grenzen dieses (stetig wachsenden) Bezirks werden wir neu geboren durch die Annahme des Herrn Christus, auf den alle hauch-bildlichen Namen hinführen. Neu heißt: unbefleckt von dem Verrat und der *amour propre* des Ichs, begangen an ebendem Bund der ersten Sichtbarkeit, des ersten Gesichtes, der all-junktiven Selbst-Sichtbarkeit, da Die Liebe Selbst und der Mensch ineinander sich sahen. Neu dieserart auch die Selbstwahrnehmung, da wir „von unsrer Erscheinung in diesem Garten nichts wissen. Nicht sehen mit eignen Augen ihren Frühling die Narzissen" (Mir Dard).

Para-dies ist ein Zustand der absoluten Nicht-Zweiheit, des durchsichtigen Leuchtens, das Selbst-Hier ein vollkommenes Jetzthier, ohne jegliche präsente, außerorganische, wie auch immer geartete Eigenfremdheit, und so auch die Bewusstseinsförmigkeit des Anderen in einem: Man ist darin beim ausgestaltenden Wesen der Schöpfung selbst, man ist beim *logos*, man tritt wieder aus Ihm hervor, das sogar immer und immer wieder, man geht mit Ihm und man ist mit diesem präsent in allem. Man ist das alles zudem (folglich) *zugleich und gemeinsam* mit allen anderen Geschöpfen, daher auch nie allein, obschon vollends bei sich. Alles, nur nicht allein.

Anders zu sagen: Reine Wirklichkeit i. S. v. beimengungslos, nicht i. S. v. „sauber" oder unbescholten, in der Beimengungslosigkeit aber liegt seine Unschuld. Dergestalt reine Wirklichkeit war der Gegenstand, waren die „Gegenstände" alle im Ursprung (nach der Schöpfung): nämlich un-*gegen*ständig sich-gleich – und *darin eines*, da dementsprechend ihre Selbstwahrnehmung „war" gestaltlos, hyperperspektivisch, unmerklich nah der Unwahrnehmbarkeit als solche, da man sah und nahm wahr durch den alles affinierenden Geist selber. Trotzdem waren da gerade *nicht* Tiere wie aus Glas oder Pflanzen wie aus farbigen Fasern liniert, darzüngelnd wie unvokalisierte hebräische Worte, sondern die Tiere waren tierischer, als Tiere je gesehen wurden, was das Tiersein an sich ebensowohl betraf wie das Sosein jeden einzelnen Tieres, Vollends-Sosein, abgründig leopardig erschien der Leopard, erschien aber niemandem, noch gar sich selber als solcher, obschon als dieser-der-Nämliche, das Leopard seiende Eine von Dem Einen, das in allem selber lebt. So vollkommen hirschig erschien der Hirsch, wie die Dachsigkeit an sich der Dachs gab, usw. Während alle Gewächse strotzten außen- und innenwendig von den pumpenden, *geflashten* Farben und den guten Giften der Gnade oder trugen die guten Früchte der Kardiognosie; Früchte, Säfte, Auszüge, die dem Menschen seine junktiv-geistige Sehfähigkeit für dieses Wissen um das Eigentliche an allem verjüngten.

Essen wir diese Früchte noch?

Das tun wir, wenn wir sie an uns selbst heranbilden. Hervorgereicht, verkostbar dann für ebendas Geschöpf, das wir im „wehen" Zustand seiner satanischen Benachtung antreffen. Dieses tun wir, das Heranbilden, indem wir den jeweiligen hauch-bildlichem Namen der Eva in uns aufnehmen, der vom jeweiligen Menschen (oder Tier oder Gewächs oder *daimon*, im Guten wie im Widerstehenden) die volle Wirk(lichkeits)potenz, die initiale Selbstgleichheit der Seinsbegründung enthält und zur

Verfügung stellt. Einlösbar wie im Uranfang sogar. Allen allen Anfang schenkend, jedem.

1.7. Die Natur ist wiederschöpferisch, immer wiederschöpferisch, auch und gerade wenn sie neue Varianten des Erschaffenen kreiert. Gott hingegen schafft neues Leben aus dem Nichts und völlig Unverhofftes in der Leere. Darum ist sie auf ihn angewiesen, die Natur auf Gott, wie unser Geist auf seine eigene Intimantin angewiesen ist, so unmerklich oder „subliminal" deren Wirken auch vonstattengehe. An beide adressiert, gilt: It's your love that keeps us alive; nämlich in ebendem, was uns in der ungeschmälerten Fülle und Nacktheit unseres Selbst ausmacht, darin unverbildbar, obschon negierbar bzw. ignorierbar. Beider liebender Blick auf das erste Gesicht und die Lebensgestalt in der Tiefe des IST schützt, erneuert, bestätigt die Schöpfung an sich, die wir sind, dieses wehvolle IST, indem das erste Gesicht reflektiert diesen Evigen liebenden Blick. Den Blick jener, die da „geht mit Christus" …

Dass diese Widerspiegelung durchkreuzt wurde und das wird, *das ist die Todes-Ursache.* Die den Tod hervorbringende Nicht-Achtung, dass wir ihren Blick nicht erwidern, immer weniger erwiderten, schließlich *nicht* übernahmen. Das allein auch der Grund der Entmachtung des Reiches Des Reichen, des ALL-EINEN, im Menschen und um ihn, *the origin of poverty*: einer innenwendigen Insuffizienz, die vollstens zuwiderläuft unserer wirklichen Natur. Ursprung auch der realen Armut und Entfremdung des Menschen in der Welt.

Folglich wird das voluntative Element an unserer Liebe, gewollt und geschult, zur Segens-Bindung aus jener Quelle. Folglich wird mit der Kraft Gottes eine Zirkulation rein menschlicher Mittel stattfinden und sich verstetigen können, Handlungen und Losungen, rein menschlich und zutiefst menschlich, durch die wir, wie oben gesagt, andere in uns transformieren zu sich selber, wie diese dasselbe mit uns vollziehen in sich selber. Wir transformieren dann das IST zum SEI in ihrem Keimgrund, *ihrem* Urgrund (der anderen), in den der unsere einfließt, sobald Die Liebe Selbst uns flüssig macht und wir aus der geteilten reinen Mitte aller Menschen schöpfen *deren*

Kraft, An-Sicht und Sprache. Mit jedem Ihrer Hauch-Bilder empfangend die Losung zur Neuschöpfung des Mitmenschen. Ja, auch das Ritual an sich wird von selbst zu uns kommen.

1.8. Der ungespaltene und „seinzuhabende" Mensch, geschaffen, um die Schöpferschaft und Herrschaft Gottes zu bestätigen, ist ganz er selber nur in ebendieser Bewusstheit. Seine Gottesbewusstheit ist nicht zu trennen von der Bewusstheit dieser seiner eigensten Verantwortung. Kröche er wie die Schlange am Boden oder wandelte er unsichtbar auf Engelspfaden – nur in dieser Bewusstheit bliebe er er selbst, würde er zu sich selbst. Er selber ist *die* allumfassende Wirklichkeit, spektral-prismatisch wie beschrieben, subsistent wiedergebend alles von ihr, nicht allein das, was ihn selbst an verinnerlichten Eindrücken durchprägt. Das ist er auch und vor allem, indem er liebend festhält die Seele des Mitmenschen, die für ihn in die Klammer der eigenen Existenz hineingestellt erscheint.

Er kann daher auf jegliche emotionale oder geistige Regung empathisch widerschwingen. Ihm ist nicht nur „nichts Menschliches fremd", ihn kann auch nichts lähmend entsetzen und dauerhaft erschüttern. Er hat Mittel, das Böse zu bekämpfen, und er duldet es nicht in seinem Sichtfeld. Am allerwenigsten in seinen eigenen Gedanken und seinem vertrauten Umfeld. Er ist sich völlig im Klaren darüber, dass er dessen Entstehung mit verursacht hat (wie wir gesehen haben). Offenen Auges ist er daraufhin in den eigenen Untergang gegangen und hat danach Gnade vor dem Herrn gefunden, Der viele Arten der Barmherzigkeit an ihm offenbart hat, um seine Existenz gestärkt neu entstehen zu lassen. Seither befindet er sich in einem scharfen Kampf gegen die perfiden Anwürfe und Quertreibereien des Widerstehers und seiner Leute, die auf nichts so sehr erpicht sind (er-picht wie echtes, schmieriges *Pech*, das die Poren unzähliger Herzen verstopft) wie darauf, unseren authentischen Glauben und unsere Menschenliebe zu zermürben. Dieser unaufhörliche Kampf gegen den Niederschlag des Bösen in unserem eigenen Leben und habituellen Denken ist der tatsächliche (und im Übrigen *qu'ranisch* einzig legitimierte) *dschihad*; er wendet sich gegen nichts und niemand anderes als das eigene, nachlässige, von ebendiesem schmutzigen Niederschlag bei anderen (und sich selbst) befallene, trotzdem ungerührte Ego. Das dringlichste, tägliche Gebet dieses um-gekehrten Menschen lautet: „Tilge alle satanischen Spuren aus meinem Herzen – bis zur letzten. Und dann lasse mich endgültig frei sein für Dich, guter Gott." (Dies bete täglich, unablässig und danke dem Herrn für jeden Fortschritt darin!) Mit Gott bestreitet er diesen Kampf immer neu – und gewinnt ihn deshalb. Er gewinnt ihn schließlich endgültig. Er allein besitzt Kraft, allerdings nicht die eigene, und er weiß das. Sein Ehrenmantel ist sie. Wenn sie sich streitend entfaltet, werden wandernde Ziele verwirklicht, die die verschiedenen oder gemeinsamen Anliegen vieler anderer Menschen sind. Die Vorsehung macht ihn zum Träger dieser Kraft und diese Anliegen bald zu den seinen. Ihm mag sich sogar der Sinn dessen, was er so hartnäckig beabsichtigt und dann vollbringt, nicht recht erschließen. Aber das ehrt ihn. Es ehrt ihn, dass er den letzten Sinn seines heutigen Handelns nicht versteht. Es ehrt ihn, dass er heute nicht versteht, was er einst lieben und anerkennen wird mit ganzem Herzen.

Der Ehrenmantel des seinzuhabenden Menschen hängt über dem Spiegel, in dem er sich betrachten *könnte*. Wie eine riesige, schlafende Möwe, die sich einstweilen nicht von der Stelle bewegt.

Zu sich selber spricht er darauf – „umgekehrter" Mensch auch in der Hinsicht, dass er dem Spiegel den Rücken zukehrt und dann ins Offene ausschreitet:

Nachdem ich durch den Tod gegangen bin, hat Er mich ausgelöst für sich. Gott ist mein Brot, ich brauche in keinerlei Hinsicht irgendetwas anderes. Soweit letzteres zutrifft, ist Er selber in diesen Menschen und Dingen gegenwärtig, als mein Brot. Daher werde ich mir um meinen Lebensunterhalt und den der Meinen nie wieder Gedanken machen müssen. Alle meine Gedanken sollen dafür Ihm gehören. Nicht einmal Wasser brauche ich, wenn sie bei ihm sind. Schwäche und Verlassenheit werde ich nie wieder spüren. Keine flüchtigen Launen. Stetige Hoffnungsfreudigkeit indessen und unbändige Kraft. Die Kraft von Ihm, andere zu neuen Menschen werden zu lassen, wie mir geschehen. Alhamdullilah.

Wie oft nämlich …

Wie oft habe ich Evas Schwingen sich mit Nachdruck auf meine offenen Augen legen gespürt. Wie die Hände einer verstorbenen Freundin, die sich für einen Moment, für eine halbe Nacht zurückbegibt von der anderen Seite, dazu bevollmächtigt aufgrund einer wichtigen Warnung, die in jedem Fall überbracht werden muss. Denken mochte ich da: Ich rede und debattiere laufend über die Liebe, darum muss ich sie nicht gar oft üben. Zeternd die Möwe dann: Du machst dir keine Vorstellung, wie abscheulich das ist, wie verwerflich das gerade vor unserem Schöpfer erscheint. Besser wäre es, weit besser, du übtest sie wenigstens manchmal und sprächest dafür nicht ein Wort über sie. Sag: Ich will es so halten. – Ich sagte: So will ich es halten.

Gib du aber, dass ich nicht fehlgehe in dem, was ich tue und sage, *gaviota*.

El Cruce (EZAL 2).

2.1. Zur Bestimmung des inneren Standortes des Menschen im Verhältnis zu sich selbst genügen immer die beiden Merksätze: Das Gute steht in der Wirklichkeit, darum ist es das Angebot zur Annahme der lebensrechten und sich selbst bewirkenden natürlichen Begebenheiten, die auf dem erneuernden Geist der Gnade beruhen. Das Böse steht in der Möglichkeit; es ist „Versuchung", nämlich genauer besehen dahin, diese natürliche Ordnung zu negieren, zu durchkreuzen, sie zu pervertieren. Das Böse erweckt eine grundlegend biestige Selbstunterscheidung, eine fordernde Herausstellung des eigenen Ichs, das der Wirklichkeit „seine Bedingungen" stellt zu deren Annahme, wodurch es sich von dem, was ist, entzweit und aufgeht in der Eigenschaft des Nehmers und Zehrers aus dem fragilen Lebensgesamten. Unweigerlich der Ausnutzung anderer, Schwächerer stattgebend, nach dem Verlust der Wahrheit des gegenseitigen Sich-anvertraut-Seins, der Intimität der ursprünglichen Geistigkeit des Seins, die dieses nicht nur kennzeichnete, sondern das Sein an sich ergab.

Das Zeugnis spricht deutlich aus, mit „wem" wir es beim Bösen zu tun haben, wenn wir wahrhaft Christen werden, gehorsam ihm, dem Gott des Zeugnisses, ansonsten unwillfährig gegenüber jeglicher Autorität und Macht in der *al-dunya*.[50] Es manifestiert darin sich als eine versuchende intelligentere Intelligenz; intelligent genug, um sich unserer Intelligenz zu bemächtigen und sich dieser zu bedienen, ohne dass wir es geradewegs bemerkten. Mit dem Gefühl in der Regel zwar schon (woran wir in der Tat verzweifeln können). Wenn Jesus etwa von der Versuchung des Bösen spricht, benutzt er das aramäische Wort *bischa*, das zunächst für Unreife steht oder für eine Fehlleitung, die aus Vergesslichkeit und Unreife entsteht. Vergeben kann er fast allen Menschen auch deshalb, weil er sehr gut weiß, wer oder was sich hinter dem Vorhang dieser Welt aufhält und deren Menagerie vereinnahmt: Er sieht und weiß, was *dort* gespielt wird.

Das tatsächliche Böse korrumpiert oder verfälscht, was zu sein hat; zuvörderst aber ist es das, was im Bewusstsein des Möglichseins des Guten, des ermöglichbaren Guten, jedoch ihm zuwider geschieht, oder um es zu verhindern. Folglich ist es Bewusstsein, das in die eigene Perversion einwilligt, indem es das Gute kennt und ansieht (das zu sein hat), dieses aber unmissverständlich ablehnt. Das ist etwas anderes als unglückliches oder unreflektiertes Verleitetwerden, etwas anderes auch als aufoktroyiertes verkehrtes Handeln. Man muss – im Sinne des tatsächlichen *dschihad*, s. o. – ohne Unterlass sich selbst prüfen und mit Christus dahingehend kollaborieren, dass die Stimme des Widerstehers aus unserem Leben weiche, der sogar ermächtigt sein mag, uns herauszufordern in unserem Festhalten am Licht Des Herrn. „Denn der einzige Feind ist die eigene Angst." Das der Wahlspruch der wenigen glücklichen Menschen, die die Welt der *gris-gris* und der Dämone nicht kennen oder die Worte Gottes verstanden und beherzigt haben, immer beherzigen, Der den Kindern des Blutes des Himmels verkündet: „Siehe, ich sende euch wie Schafe unter die Wölfe." Der jedoch einem jeden der Seinen *gebietet* (*sic!*, Josua 1,9), „getrost und unverzagt zu sein. Lass dir nicht grauen und entsetze dich nicht; denn der HERR, dein Gott, ist mit dir überall, wohin du gehst." Wohin du gehst, indem du vor

---

[50] Die „existierende Welt". (Anm. d. Schreibers).

den Vorhang der Sichtbarkeit gehst bzw. vor diesem deine Position beziehst, deinen Weg wählst.

Wir sagten, das Gute steht in der Wirklichkeit, das Böse steht in der Möglichkeit, diesem Grundvorhandenen Schaden zuzufügen. Das Gute hat zu sein. Was das Gute hat, das ist, zu sein: Deswegen eignet ihm eine unaufhörliche Motilität und Kraft, sich selbst zu schenken. Ja, vergleichbar nur der Liebe, die nicht abläss von ihrem Verlangen, bis dieses Verlangen sich erfüllt, indem sie sich endgültig und vollkommen schenken kann. Wenn aus diesem Geschenk *nichts wird*, dann hat das Böse sich erfüllt: wenn es „nicht ankommt" im Erleben und Bewusstsein des Beschenkten, obschon es sich ihm annonciert, obschon es oft vor seiner Tür steht. Öfter noch über den Hof geht hinter das Haus, wenn er von dort hineintritt oder hinaus. Es spricht ihn praktisch immer an. Zudem spricht der willige Schenker das zuvor und ohnehin Geschenkte an, wenn der Mensch einkehrt zu sich selbst, sei es im Vorsatz der offenen Selbstbegegnung und -befragung, oder ängstlich und verstohlen.

Jedoch, der zunehmende Erfolg der Versuchung des Ichs durch das Böse hat dieses Verhältnis von dann an umgekehrt: Das Böse steht dann unverhohlen in der Wirklichkeit, das Gute im Vermögen desjenigen, der es sich (dieses Gute) zum Ziel setzt, es ergreift: als eben das, was zu sein hat. Daher scheint Gott nur im Beherzigen dieser Möglichkeit „bei uns" zu sein (obschon auch sonst, s. o., „zur Stelle"): das heißt im beherzten Glauben. „Wirklich" ist Der Stifter dieser Möglichkeit und dieses Glaubens einzig und allein im aktivierten und beherzten Glauben selber. Davon kündet ganz speziell und nachdrücklich Christi Erscheinen und Passion; recht eigentlich durch die Letztere ist der Mensch Christus mit Dem ALLEinzigen Herrn des Himmels und der Erde identisch. Unmissverständlich ist uns zudem an Ihm und durch Ihn gezeigt worden, wie der Glaube wirksam eingesetzt und wahrhaft gelebt wird.

Damit bildet der Glaube eine neue, vor allem kämpferische Qualität der ursprünglichen Intimität mit Gott: in anderer Form wohl unwiederbringlich. Da er „zum Guten vermag", ist der Glaube Gott sogar ähnlicher, seinem Licht gemäßer, als es der ursprünglich-empfangende Zustand des Bezeugens „reiner Wirklichkeit" ist, resp. der Zustand des sich ganz auf das Empfangen von Gott verlegenden Menschen, der das Bestehende nicht anfechten, die eigene Realität nicht radikal umbrechen, den Mitmenschen nicht um-behaupten musste, um *ihn* zu behaupten. Um den Mitmenschen und sich selber *wahr zu machen* nach der Vorstellung Des Schöpfers.

2.2. Daran weniger leicht zu vermitteln bleibt: dass der bleibende, siegreiche Zugang des Menschen zu seinem Gutsein, dem in seiner wahrhaftigen inneren Natur begründeten, eine *diesem* „anderen Selbst" wesenhaft entsprechende Empfänglichkeit und Demut ist, mit der er – aus der noch aktuellen Geschiedenheit heraus besehen, insoweit diese ja *in ihm* stattfindet – so sehr aufhört, „er selber" zu sein, einerlei, wer und wie er bis dahin gewesen, wie er gerade darin zu seiner tatsächlichen inneren Natur hindurchdringt.

Auf diese Schwierigkeit des „aufhörenden Selbst" bezogen wir uns hier schon mehrfach.

Wie nämlich soll der „Spagat" des zwei-einigen Lebens – auf dem Weg in die Welt, der kein anderer Weg als ihrer beider Weg, Adams und Evas, nach innen ist, *nach innen heraus*, überquer und jeweils zu sich selbst – wie soll dieser Spagat im zwei-einigen geistigen Raum zu schaffen sein? Wie dieses letztere, ohnehin gespalten, derart bewusst ausgespreizt werden, ohne dass wir uns gewissermaßen selber ausreißen von der Erde und nur der kalte Stumpf zurückbleibt? Um diesen ein regelloses, einhüllendes Feuer, als entzündete der Baumstumpf sich von selbst? – Als entzündete der Rest des Baumes sich von selbst, blakend und tot, von dem die Rede ist im ältesten aller göttlichen Lieder.

Christus ist es, der uns dazu befähigt. Von dem Moment an, da wir uns Ihm anvertrauen, da wir unser Leben unter Seinen Namen stellen. Das Auftreten Christi und sein Eintreten für uns enthebt uns nicht dieses Weges „durch uns hindurch" zu Ihm in uns; es macht ihn erst möglich, es öffnet Ihn für jeden von uns und für alle Zeit. Allerdings: So, wie die „Brenne", die mit ihm geht, uns mit ihm vermittelt hat, uns *ihm* vermittelt hat, ihn uns, so vermittelt Christus wiederum zwischen Eva und uns: mit der verlorengehabten *llama-da* unseres anderen, himmlischen Selbst, die unser Leben, unser Fühlen und unser Verstehen invadiert, verunsichert, uns da drinnen in Brand setzt. Du weißt das, du fühlst das. Du weißt nicht was, du weißt nicht zu sagen, was du in diesen eigenartigen, bestimmenden Momenten fühlst. Aber das ist es.

Nun nämlich, nachdem Evas Stimme nicht mehr die eines störrischen weiblichen Herzens, nicht mehr die eines „zeternden menschlichen Vogels" ist, sondern sich verwandelt hat in die Stimme der Liebe selbst, einer fordernden, nicht zu besänftigenden, leidenschaftlichen Demut (Demut um dich!), und wie, zum Zweiten, nichts und niemand dieses schmerzliche Hervorbrechen ihrer Co-naturalität mit der Seele Christi verhindern kann, gerade da wir uns, zur anderen Seite hin, über die Geschicke eines Toten oder Reanimierten unterhalten, wie wir verdeutlichen konnten (dessen zu erwartendes Wehklagen aus keinem anderen Grunde ausbleibt), daher besteht aufseiten „Adams" zunehmend die Notwendigkeit der radikalen Abkehr von allen (spirituellen, religiösen, intellektuellen) Notbehelfen hin zu einer radikalen Neuwerdung. Notwendigkeit, meinen manche, eines spirituellen Kopfabschlagens. Wahr ist: Es muss und wird an die Stelle seines Kopfes etwas anderes oder, sozusagen, ein anderer Kopf treten.
Nicht etwa, dass *sie*, Eva, oder etwa Gott diese dramatische Polarisierung hervorgerufen hätte, das gewollt hätte.

Aber der Unsterbliche hängt ihm, dem Sterblichen, ja schon Gestorbenen, unsterblich an. Dadurch *ist* Eva – überhaupt. Dadurch ist Adams Weg im Grunde *ihre* Lebensfahrt: „anzukommen in dieser Welt", in seinem Leib und seinem Leben.

Darin ist Gott weiterhin das Agens ihrer gemeinsamen Geschichte, das Agens ihrer noch möglichen Verschmelzung. Sein Lebendiger Sohn vollbringt zuletzt ebendiese. Auf sie hinwirkend von dem Moment an, da wir Ihn in uns aufnehmen.

2.3. Warum „der Kopf"? Weil die Vertanheit des seinzuhabenden Menschen ebendie dieses zwei-einigen geistigen Lebens ist, besteht sie recht besehen in seinen vielen Gedanken, die aus dem alltäglichen Unglauben, dem habituellen Denken, dem Alltagsunglauben erwachsen, den sein natürlicher innerer Feind evoziert; aus jenen seinen Gedanken, die ihn selber als ein gottgegebenes und gottgedachtes Leben ablehnen (siehe *1.1.*). Und in der Summe sind das fast alle seine Gedanken, indem entweder der allgemeine ignorante Undank sie von außen her in ihn hineinträgt, der egoizierende, weltgewordene, industrialisierte Undank des verweigerten Respektes vor der anderen Hälfte des Seins, die wir beschworen haben und die sich in seinem unerweckten Innersten widerspiegelt. Und der Undank, der den ursprünglichsten Betrug an ihr bemäntelt und unablässig wiederholt, der die satanische Selbsthuldigung ist. Oder indem dieser Dünkel sich in ihm selbst auflehnt wider die göttliche Stimme der Leitung und Bewahrung, wider *seine* evaisch-jesuanische Stimme, die die Stimme ihm der ersten, inner-natürlichen Gedanken ist, der Gedanken seines freigelegten Herzens.

Der in seinen animischen Anlagen[51] faktisch *verwirklichte* geistige Mensch ist jener, in dem die inwendige Geschiedenheit sozusagen durch ein Überquergehen und -werden beider Wesensanteile aufgehoben ist. Das heißt, nicht nur die Eingleichung der einen in den anderen und umgekehrt, nicht nur die innere Verschmelzung: sondern ihre vollzogene Verwandlung *ineinander*.

Schlicht alle Hoffnung für den Einzelnen, die Welt, das menschliche Geschlecht schlechthin liegt in dieser Möglichkeit: denn erst diese Verwandlung gebiert den Menschen selber neu. Vorher gibt es keine neuen allgemeinen Horizonte. Weder spiritueller Art noch etwa sozialgeschichtlicher, ideeller, weltpolitischer oder evolutionärer Art. *By no means.* Das nämliche, einzige Mittel dazu wurde uns in Eva und mit Christus gegeben; es zu verwerten und so anzunehmen ist die Lösung, die Lösung für alles.

---

[51] „Seelisch" i. S. v. wesens-kraftlich dieser geistigen Natur nach, gemäß der sensitiven und geistigen Ursprungsanlagen seiner vollen bzw. vollständigen Natur. (Anm. d. Schreibers).

Die Lösung auch dafür, wie dem Bösen in der Welt beizukommen ist, ein und für allemal, vernichtend und für immer.

Nur also der Einzelne in seiner Gottesbewusstheit kann es richten, dass die Welt selbst sich zum Guten wandelt.

Was der Schöpfer „Adam" und „Eva" schon im paradiesischen Ursprung beteuert haben könnte, aber nur nach dieser gegenseitigen Einverwandlung ihrer beider sprechen können wird, *ohne dass* sie es missbegriffen – ohne dass „Adam", insbesondere, sich auch dem wahrhaftigen Eingedenken, dem gemeinsamen voneinander, verschlösse, das wird dann wirkkräftig, wird vollends real: „Erkennt, woraus die Welt gemacht ist: aus euren erübrigten Gedanken. Denn ihr habt ein Wiederkommen in diesen euren Gedanken, und ihr habt diese eure ersten Gedanken dadurch, dass ich sie in euch wirke und durch euch. Die Welt wäre ansonsten meine geblieben. So aber habe ich es gewollt, damit sie euer sei: damit sie eure Welt sei und durch euch, und sei die Welt, die ihr erkennt."

Wie im Ursprung, fortwährend und augenblicklich, muss diese skizzierte Verwandlung beider ineinander erfolgen, dadurch die ursprüngliche Wesenshinterbringung der schöpfenden Liebe zur Einlösung bringend (*et erunt duo in carne una:* dann erst); dadurch eine neue Welt erzeugend, die deren lebendiger Ausdruck ist: eine Welt, die *ihren* eigenen Ursprung in diesem einen „Geschöpf der Liebe" ehrt und ausdrückt, da sie selbst aus dieser gegenseitigen Empfängnis und gegenseitigen Umsetzung hervorgeht, die sich im Einzelnen ereignet, fortwährend aus ihr hervorgehend. Diese Welt mag ursprünglich bestanden haben, vielleicht; zweifellos aber ist sie realisierbar, die gottgewollte Welt, im Kommen.

2.4. Wenn du den stillen Flug der Möwe, ihren sanften Flügelschlag dir vorstellst, wie dieser in der Mitte des Menschen *wellt*, beständig, mit vollendeter Stetheit und Gleichförmigkeit, und dir gleichzeitig vor Augen hältst, was wir über das Überquergehen und -werden beider Wesensanteile des Menschen gesagt haben, fokussiert auf die Frequenz und Form des Flügelschlags dort drinnen, in deren *switch* also (stelle den Übergang dir vor, wie beide dort einander übergeben, jeder sich selbst), dann wirst du die Struktur und Energie sehen, die dem Aufbau des gesamten Universums zugrunde liegt.

Erstmals fragst du dich: Gibt es eine Erklärung, gibt es *eine* Erklärung für alles, eine einzige Erklärung?

Für alles, was in uns ist, was in dieser Welt vonstattengeht, was vor ihr war in Verhältnis zu dem, was in ihr ist? Sowie für das, was nach ihr sein wird? Was unverunwirklichbar noch „zu sein hat", indem es von Ewigkeit an just das Seinzuhabende *bleibt*, als solche retardierte Wirk-Potenz alle „Evolution" destinierend; und zugleich begründend?

Es gibt *eine Erklärung für alles*. Diese versuchten wir hier mit der gebotenen Widmung darzulegen, ihr ein lebendiges Gesicht zu geben, statt sie etwa in irgendeine Folge numerischer Formeln zu pressen. Still und beharrlich gingen wir dabei vor, wie das Öl, das von einem Zipfel eines Gewebes her den ganzen ausgebreiteten Stoff durchdringt. Um dann dieses Gewebe, dieses Kleid mit dem Feuer der wahren Christustaufe anzustecken.

Will man unterdessen den Stoff ansehen, will man verstehen, wie die Dinge wirklich liegen, wie sie ineinander wirken und wofür die Dinge stehen, muss man nur streng bei der Vorstellung bleiben, dass uns alles geschenkt worden ist, schlicht alles, um unserer selbst willen und damit wir einander so viel wie möglich davon spenden können. Nur wer Gott und das, was Er zu geben hat, nicht liebt noch kennt und nicht versteht, dass das, was wir als geistige Wesen, nämlich als be-weste und „wesende" Menschen-Wesen zu geben haben, uns von seinem Besitzer anvertraut worden ist um der nämlichen Verfügbarmachung, Gabe, Aufbietung willen, kann in dieser vermeintlichen „Konditionierung" des Menschen etwas Widernatürliches, weil etwa „Entpersönlichendes" wittern. Mit diesem notorischen, ewigen Einwand brauchen wir uns daher nicht aufzuhalten, zeugt er doch von der völligen Unkenntnis der tatsächlichen Zusammenhänge und des Ursprungs des Menschen.

Von Seinem ursprünglichen und vielleicht sogar einzigen Vorhaben weicht Der Herr indes nicht ab.

Er wird dazu wenn nötig Tausende Jahre einer unerträglich verkehrten Welt des „negativen Hinweises" auf den entscheidenden geistgeschöpflichen Hintergrund unseres Lebens aufwenden bzw. zulassen: bis der menschliche Geist sich dem Begreifen der innersten Interdependenz öffnet. Und damit aufspringen die Reben der „Räson", die Gottes Liebe in ihm und nur in ihm erwirken kann: sämtliche Hauch-Bilder erweckend am tragenden Grund der einen Welt, die wir gestalten und bewohnen.

El Corte (EZAL 3).

3.1. Wir sind also *ver-ur-geteilt* worden. Ist es Gott, der uns ver-urteilt, verur-geteilt hat? In dieser Schreibung trifft das zu. Ansonsten: Nein, kein göttlicher Schiedsspruch und keine Vollstreckung waren dazu erforderlich. Denn so, wie wir uns entwickelt haben, und das, was wir geworden sind – das ist der Spiegel und Gericht genug. Wir werden nicht geschunden, werden nicht auf den Knien herumgezerrt, weil wir die Strafe des Grabes schon angenommen haben. Und das wissen wir auch: Wir fühlen es. Jedoch, ebendarin besteht das Paradoxon, mit dem der Herr noch arbeitet, besteht unsere Chance: dass unser eigenes Entwestsein uns zur Last wird, erlitten und beklagt durch dasselbe, jedoch zugleich durch etwas anderes, das in uns „aufbegehrt" dagegen …   Könnte man beinahe schon sagen. Hoffen wir füreinander, dass es so ist!

Das ursprüngliche Prä-okkupiertsein des menschlichen Wesens durch Gott in dem besagten geist-geschöpflichen Grund dieses Wesens bedeutet, dass Gott Sich sein Verfügungsrecht über den „Leib" des Menschen, hebräisch verstanden, vorbehält, uneingeschränkt und bis zuletzt.

Bis zuletzt: dass Er, wenn es darangeht, das mit Ihm, seiner Liebe und seinserhaltenden Kraft, Nicht-Mitwesentliche oder Unbotmäßige dieses

Geschöpfes aufzubrechen, ebendiesen Anteil von Ihm mit Seiner Stimme und Gegenwart durchdringen, man muss sogar sagen: invadieren wird.

Auch und gerade das Gericht, dass Gott mit jedem einzelnen seiner Geschöpfe halten wird, hat nichts mit einer subjektiven oder von außen auferlegten Religion zu tun, für die man sich nach eigenem Gutdünken entschieden haben oder nicht entschieden haben wird. Ebenso wenig mit einem nachweltlichen Überantwortetwerden an eine uns unbegreifliche Macht, die dann mit uns anstellt, was sie, nur sie, für angemessen und gerecht hält.

Was sollte es uns nämlich nützen, wenn ein anderer, *wieder* ein anderer, Mensch oder Gott, über uns richtet, gewissenhaft, nachsichtig oder hart über uns urteilend; wenn *wir*, wenn unser eigener Verstand und unsere eigene Seele sich vor diesem Urteil verschließen: verschließen *können*? Wenn wir uns dann immer noch in einem für diesen anderen nicht einsehbaren und nicht verfügbaren Gemisch aus Trotz, Verletztsein und etwas zerknirschtem Einsehen einrichten können – mit all seinen Tücken und billigen Labsalen?

Und hat nicht Er in der großen Gnade Seines unbegreiflichen Willens uns ohnehin gerechtfertigt, uns in unseren offenkundigen, naturbedingten Makeln reingewaschen von unseren Sünden, die allzu schwer auf uns lasteten? Der entscheidende Prozess hat dadurch überhaupt erst angefangen.

3.2. Es ist der „Geist des Menschen" im eigentlichen Sinne, der dann aufgebrochen wird. Der implosiv geöffnet wird: den die müßige Kraft, die müßig gravitierende Kraft seines gemussten Dar-Seins, die negativierende Kraft seiner Selbst-Entsagung aufbricht; gespalten durch ein sich übermächtig verselbstständigendes Gewissen, den Wächter, dessen Fenster, das Herz, gewaltsam aufgerissen wird, da es begreift:

Unsere Schlechtigkeit in diesem Leben war oder ist eine reine Entsagungsschlechtigkeit hinsichtlich dessen, was uns Gott ermöglicht hat und in die Hände gibt.

Die Ernte stattdessen: ein inneres Geschnitten- und Aufgemischtwerden, das von selbst kommt, so der Anschein. Das erhebt sich hinsichtlich der mangelnden Liebe und zwischenmenschlichen Verantwortung, der Zeugnisse geistig-emotionaler Insuffizienz, die man sich bis dahin selbst zugestanden hat, die man sich selbst verzeihen konnte: sodass gerade Letzteres dann ausgeschlossen ist. Sodass diese Selbstverzeihung und das bisherige wehrhaft-unbescheidliche Denken gegenüber den anderen, gegenüber der zwischenmenschlichen Sensitivität, die uns in dem empfangenen und dem begegneten Leben geboten wurde, vom Herrn Des Lebens geboten, die wir aber in den meisten unserer Werke vermissen ließen, uns schwer zusetzt und sodann verzweifeln lässt, zunächst. Es ist das rohe, nackte Licht der Gegenwart dieser erwachten und insofern neuen Stimme, als sie bislang in uns schlief, und der mit ihr ausgelöste Schmerz des Bewusstseins – wider die Haltbarkeit unseres mühselig errungenen Selbtwertgefühls *ohne sie*.

Dieser „Bewusstseinsschmerz" ist wie der körperliche Schmerz mancher Entzündungen, der sich von alarmierenden Lagen auf andere, periphere zurückzieht, als wollte er seiner offensiven Bekämpfung entgehen. Scheinbare Intelligenz des körperlichen Schmerzes, die den erwachenden Bewusstseinsschmerz auch kennzeichnet, der uns von da an ergreift. Aber er wird mit vollkommener Sicherheit unsere innerste Mitte erreichen, um ebendiese geteilte *Mitte*, nicht einzelne bestimmte Ansichten und Verhaltensweisen, von Grund auf umzuwandeln.

Dazu wird er von dieser „wider uns selbst aufbrandenden geistigen Leidenschaft" das Feuer an sich herausbesondern, die Asche von der Glut trennen:

und aus der freigehauchten, reinen Glut nichts und niemand anderes als unsere „Eva", *la llamada,* die lebendige und aufrecht stehende Flamme unserer angelisch-jesuanischen Identität wieder erstehen lassen. Wird die Brenne neu erstehen lassen.

Dann, wenn dieses gewisse geistige Lebenslicht, das nicht zu löschen ist, also einen eigenen Willen in uns auszudrücken anfängt, der ersichtlicherweise nicht unser eigener Wille ist, aber besonders stark, die Stärke ebendieser Unauslöschlichkeit besitzt und über uns wie eine gegen uns selbst aufbrandende Leidenschaft derselben ausübt, in der ebendiese Unauslöschlichkeit sich eigentlich oder auch erstmalig bemerkbar macht: Dann beginnt das metanoetische Leiden.

3.3. Die richtende Wiederkunft Christi kann unmöglich etwas anderes sein oder werden als ein Kommen aus dem Bewusstsein des Menschen, dem aufgebrochenen Bewusstsein des Menschen oder dem Bewusstsein des aufgebrochenen Menschen selber.[52] Sie ist vielmehr ein purifizierendes Feuer, das dieses Bewusstsein von dem uns ur-ingenierten *ene*[53] aus transformiert, von der geteilten, reinen Mitte unseres Ureigenwesen aus uns vollends umbildet, welches tatsächlich nie etwas anderes bekundet hat als: „Mein Ich ist Gott, und kein anderes Ich kenne ich als diesen meinen Gott." (Katarina von Genua).

Diejenigen Seelen, bei denen die Entwicklung dahin in diesem Leben tatsächlich weitergeht, die sich im Sinne ihrer Verwesentlichung schrittweise umgewandelt sehen, sind die wenigen, die diesen *finalen Konflikt mit sich selber* erreichen, an denen dieser Kampf und dieser Schmerz derart bemerkbar werden, dass sie einzig und allein durch Gottes Gnade und wiederbelebende Liebe daraus hinausgeführt werden.

Es sind nicht die „wunschlos" wunschvoll Glücklichen (denn ein *Gesunder* hat tausend Wünsche, ein Kranker – oder Toter – aber nur den *einen* ... Weiß er nicht, dass er tot ist, macht sich dieses Unwissen an tausend fahrigen Wünschen fest), die sich innerhalb ihrer eigenen geistigen Wände gesichert und, schlimmer noch, etwa durch Gottes Selbstopfer in Christus, „gerechtfertigt" wähnen.

Wer, überhaupt, sich brüstet, seine „innere Mitte gefunden" zu haben, ohne dieses Aufgebrochen-Werden durchstanden zu haben, das ihm die Vor-sehung des göttlich[54] prä-okkupierten *enes* aufbürdet, die Vor-sehung

---

[52] Albe erspart sich hierzu die Erinnerung an all das Vorerklärte: Wenn dies nicht zuträfe, gäbe es keine Stringenz in Gottes Handeln, keine Verbindung vom beschriebenen geistigen Ursprung des Menschen zu Gottes Antwort auf dessen heutigen Wesenszustand: für den durch die Vermenschlichung und das physische Selbstopfer seines verfügenden Erbarmers in Christus die singulare Unmittelbarkeit dieses Verhältnisses sichergestellt worden ist. D. h., das Verhältnis „eins zu eins" der Zuwendung, Durchdringung – und der Errettung, jedem Einzelnen, jedem Gläubigen gegenüber. (Anm. d. Schreibers).

[53] Arab.: (Das) Ich. (Anm. d. Schreibers).

[54] Prä-okkupiert, „im Voraus eingenommen", „im Voraus besetzt, reserviert", jedoch: *preocupación, preoccupation* – Sorge, sorgenvolle Beschäftigung, belastender Gedanke. (Anm. d. Schreibers).

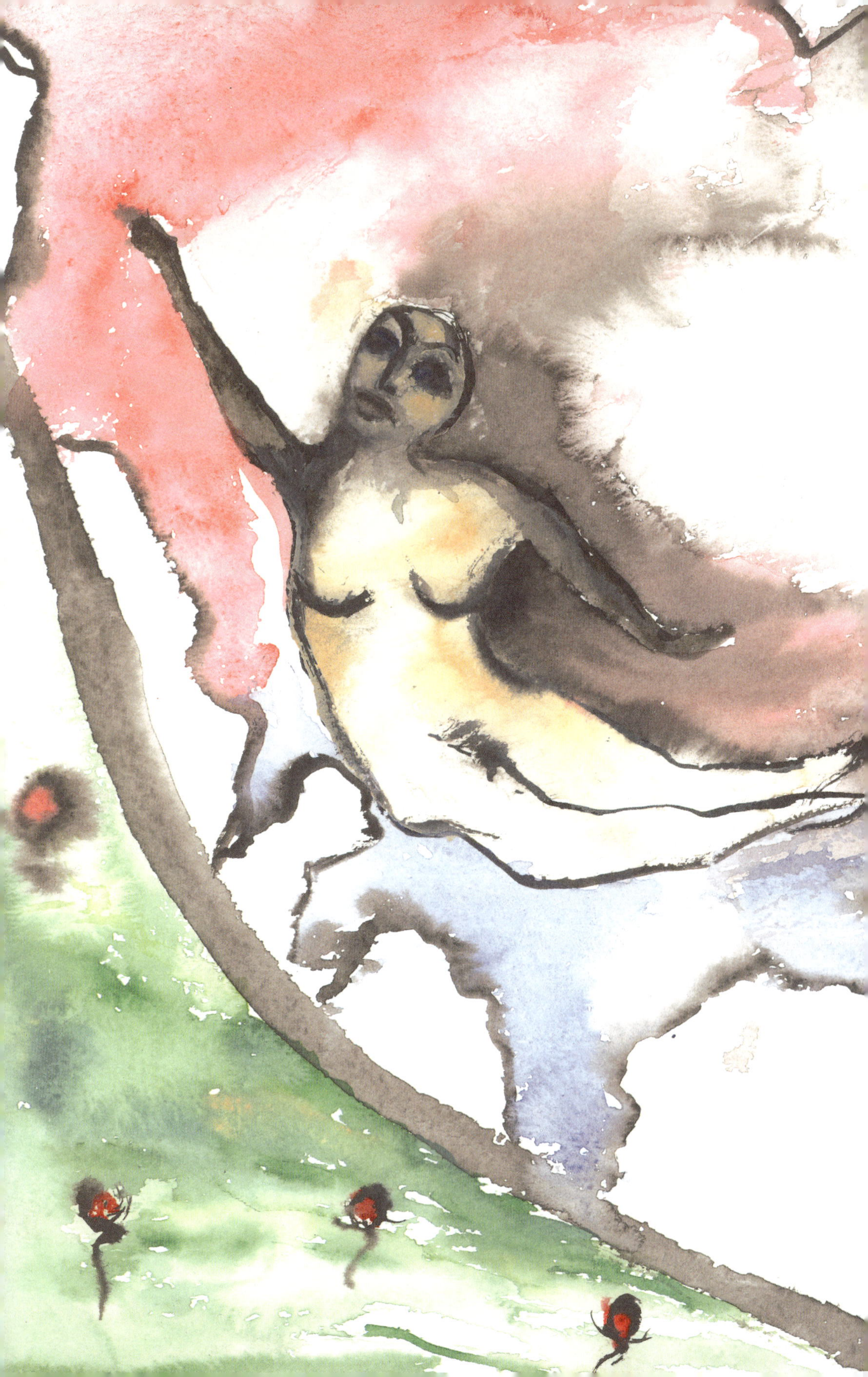

des zu realisierenden Seinzuhabenden aus Gott, dessen Hauch-Bild die ihm zunächst übermenschlich-fremd vor-kommende Liebe des Herrn, wie in einer langwierigen inneren Operation, ihm wahrhaft *einselbstet*, ins Herzfleisch ihm einwebt: Wer nicht in diesem Prozess und Schnitt steht, der versteht und weiß von alledem nicht das Geringste.

Nahezu die gesamte heutige Spiritualität, auch und gerade die christliche, ist von diesem trivialen Euphemismus durchzogen, der uns unter anderem den wachen Blick für diejenigen nimmt, mit denen und an denen der Herr tatsächlich arbeitet, die er sich um des Heils aller anderen willen „greift", die er dann auf diese Weise umwandelt. Jedoch nur diese Menschen können der höchsten Sache angemessen dienen.

3.4. Und doch besteht die angekündigte „Wiederkunft" ebendarin, dass alle lebenden Menschen, dass *jeder Einzelne*[55] sich in seiner eigensten geistigen Existenz seinem Schöpfer und Richter „gegenübersehen" wird; aber indem das gerade nicht so ist, indem er vielmehr der Zusammenziehung und Verwesentlichung seiner menschlichen Seele in dem, was diese von Ihm, seinem Schöpfer, her zu sein hat, unfliehbar überantwortet wird. Ja, auch dieser patiens ist in dem verwesentlichenden Vollzug nicht mehr festzustellen oder zu unterscheiden:
Er ist die konsequente und resoluteste – nun eben nicht mehr fliehbare – Bewahrheitung und der finale Beweis der bedeutendsten einen Tatsache, deren wir uns nicht bewusst annehmen oder versichern wollten, auf der aber gerade Gottes geistige Verfügungsmacht über einen jeden von uns steht: dass wir alle von Ursprung an und in letzter Hinsicht et-*Was von Ihm sind*.
Sodass unsere Schlechtigkeit, wie oben gesagt wurde, eine reine Entsagungsschlechtigkeit war oder ist hinsichtlich dessen, was uns Gott *ebendarin* ermöglicht hat und in die Hände gegeben. Nur darüber hinaus sind wir entpflichtet und erlöst.
Erlöst in dem Glauben an diese Einheit, die Christus uns hat gesichert.

---

[55] Siehe die vorletzte Anmerkung. (Anm. d. Schreibers).

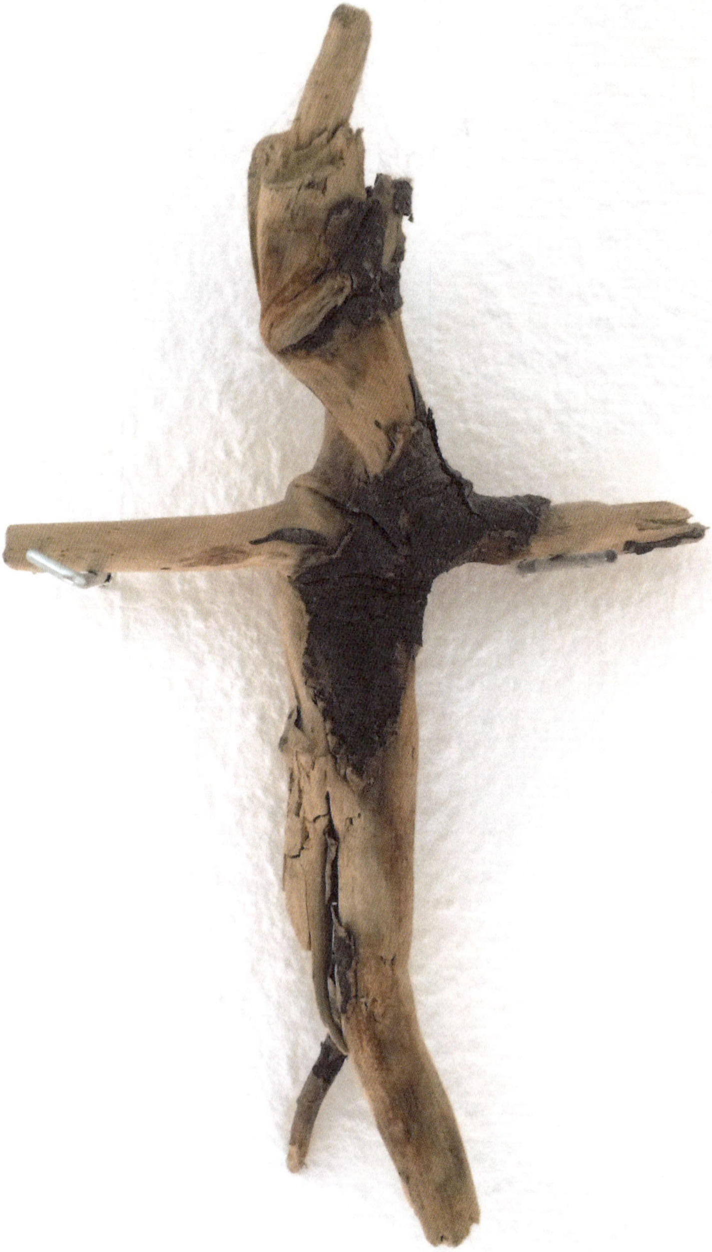

Die Einheit, Ihm sei Dank, im Lebendigwerden und der Teilhabe an Seiner unüberwindlichen und wahrhaft seinsgebenden Liebe.

Wenn du glaubst und verstehst, dass dieser Glaube alles hat und alles weiß, bist du erlöst in dieser Welt. Und wenn du glaubst und verstehst, dass du erlöst bist in der Welt, ist es *dieser Glaube*, der dich erlöst hat.

Más miga[56] (EZAL 4).

4.1. Weil es um das Umlegen des innersten Schalters in uns geht, den Gott betätigt (und nur Er), wenn wir davon sprechen, was uns letztendlich bevorsteht, gilt es vor allem, sich Klarheit darüber zu verschaffen, worin dieses „menschliche Licht" selber besteht: Was wird da angehen, gewissermaßen von selbst? Wird dafür etwas ausgehen, an uns?

Das Folgende ist ein klarstellendes Nachzeichnen, das sich vermutlich nur denen erschließen wird, die sich selber auf dem Weg befinden oder befunden haben, den wir als Aufgebrochen- und Verwandeltwerden durch die Auferstehungskraft Des Herrn beschreiben. Für alle anderen besitzen diese Dinge vorläufig keine Relevanz und sind daher kaum zu verstehen. Zwar wird die Zeit kommen, da sie in diesen Aufzeichnungen den Grundriss zu einer Entstehungsgeschichte des wahren Lebens für sich und andere erkennen werden.

Das biblische Adam-Eva-Motiv verinnerlichen wir im Bewusstsein, dass es schlicht die innere Konstitution des Menschen ausdrückt, wie sie in Gott begründet ist und uns von Ihm offenbart wurde. Das angenommen, stellen die Anfangskapitel der Genesis keine verwünschte Allegorie und keinen hintersinnigen Code zur Metaphysik des Menschen dar, sondern geben

---

[56] Span.: „Noch mehr Brotkrumen", *migar* algo – etwas zerbröseln. (Anm. d. Schreibers).

dem Letzteren alles Notwendige an die Hand, um sich seines tatsächlichen Ursprungs, seiner ersten und unauflöslichen Verhältnisse, seiner Bestimmung und deren Möglichkeiten in der Welt zu vergewissern, die zwischen diesem seinem Ursprung und der Wiederkunft Des Herrn liegt, auf die die Menschheit unweigerlich zulebt.

Deshalb bemühten wir uns, diese also nicht rein symbolische Tragweite (der Rede von Adam, Eva, Gott, dem Versucher und der Schöpfung) zu beachten und sie, im Gegenteil, als das Wirklich-Menschliche schlechthin einsehbar zu machen. Wir versuchen bewusst, keine moralische oder vermeintlich konkretisierende Übertragung auf bestimmte Sachverhalte und Verhaltensweisen zu bemühen, nicht in Parabeln oder Gleichnissen des äußeren Daseins und seiner Bewältigung zu sprechen, sondern eine umfassendere ontische Bestimmung dessen vorzunehmen, woraufhin der Herr von uns verlangt, dass wir uns grundlegend auffassen. Worin (und dass) wir justament Verfassung sind, Um-Fassung für alles Seiende und für Das Seiende schlechthin: für alles Seiende, das Leuchtende, und für das Erste Licht, von dem das gesamte Seiende widerleuchtet. So ein Selbst-Seiendes, selbst-subsistent, so doch Hervorbringung und Exprimat der vollständigen leuchtenden Schöpfung: und das Leuchtende schlechthin, das in jedem Menschen folglich allem Seienden einen komprimierten und vollends einzigartigen Ausdruck verschafft. Das daraus zündende „menschliche Licht", das im zwei-einigen geistigen Leben „Adams" und „Evas" besteht: Dieses allein hat folglich keinen illusionistischen oder bloß vergegenständlichenden, flüchtigen Charakter, der auf etwas Grundlegenderes, Seinshaftiges in uns selber und unserem Leben hin befragt werden müsste: da es ebendieses Seinshaftige und Seinzuhabende vom Menschen ist.

Dieser der Seinzuhabende: der das Sein um des Seins willen haben und halten sollte, auf dass *er* zu ihm werde; der das Sein zu haben würde, wie dieses hierbei *zu ihm* würde. Der selbst also mit und aus ihm *hervorgehend sein* müsste. Zustand und Folge eines nicht etwa einmaligen oder okkasionellen, sondern eines permanenten Hervorgehens aus Gott vermittels Dessen (Eva) Intimantin und hauch-bildlicher Positur in ihm, dem Menschen, der da selber das alles in einem *zu-sein-hat*: Erschaffenheit, Hauch-Bild und Intimant(in). Verlust und Wiedererlangung dieser Ganzheit, das ist die wirkliche und ganze Geschichte um den Menschen und seinen Gott. Und es ist die *Geschichte der Wirklichkeit* bzw. ihrer Strukturveränderung oder Zusammenstauchung und Reparatur (oder Wiederentfaltung): welche Geschichte *darin,* während dieses religiösen Prozesses, sich bis zum heutigen Tage entsponnen hat.

4.2. Jesu linke Hand weist in die Höhe, zum Himmlischen Vater, von Dem er kommt. Die linke Hand weist mit zwei Fingern auf das eigene Herz, das Inner-Meiste, von dem Er so eine Verbindung zur himmlischen Quelle herstellt. Er ist das Erste Licht, das in der Welt erstrahlt, um die Herzen mit dem Geist Gottes zu erleuchten; seine wirkende Gegenwart ist zweifach oder zweiwegig, bzw. die Verbindung ist zweifach, bzw.: ins Inner-Meiste, auf das er zeigt (des Menschen Christus, des gottberufenen Menschen, des „geschöpflichen Ortes", das zu-sein-hat), hat sich das zweite Licht begeben: Dort ist Er auch – und beide sind eins, das Erste und das Zweite Licht, die von Gott ausgegangen sind.

Christus wies auf Eva in der Seele des Menschen. Sie gewann und gewinnt Er ihm neu. Er ermöglichte dadurch dem Menschen einen neuen geistesgeschöpflichen Anfang im Leben mit Gott und Gott einen neuen Anfang mit ihm. Eva ist Trennung und Verbindung zu Christus, so wie Christus Trennung (nicht Mensch allein) und Verbindung (nicht Gott allein) für uns zu Gott ist. Und Christus blickt, im Angesicht des Menschen, weit nach vorne, sehr weit nach vorne; aber das tut er, indem er bis hin zu seinem tiefsten Ursprung, dem himmlischen Ursprung des Menschen, hinblickt. Dort ist Eva.

Der Mensch, der beider Blick erwidert, der truglos aufrecht geht in seiner tatsächlichen Kraft und Pflicht *als solcher,* derjenigen des einzigen „geschöpflichen Ortes" und wirkmächtigen „Bildes" und „selbstherigen"

Eingangs seines Gottes in die Welt, das ist, beide Bedeutungen des Ausdrucks ausfüllend, der „umgekehrte Mensch". Jener nämlich, bei dem die Intimationen oder „Werke des Weiblichen" in ihm selber positiv „aufgelöst" wurden: in ihrer restlosen Inne-Werdung, in ihrer vollständigen Einselbstung, die diese geistigen „Werke des Weiblichen", wie sie *ihm* innerlich erwiesen und bekannt gegeben wurden, selber nach außen wirkt: diese einlöst als geistiges Geschöpf für die lebendigen Geschöpfe dieser, seiner Welt.

Wie weit nach vorne, wie weit voraus reicht Jesu Blick! Welche Vision mag ihn selber zu seinem unerschrockenen Opfer, seinem bravourösen Sieg über Unglauben und Tod angetrieben haben? – Mit diesem „Aufgelöstwerden der Werke des Weiblichen" ist in einem apokryphen Jesu-Wort der Weg beschrieben, der zur „Beendung des Todes" und zur Herrichtung des „Reiches Christi" führt.

Das im neuen Menschen Seinzuhabende, durch ihn, das „Intimierte" dieser Werke, das ist die wesentliche All-verbindung und erdumspannende Liebe der Gegenwart Gottes, die sich ausdrückt in einem inner-natürlichen Leben-mit-Allem, sich vergegenständlicht in der hauch-bildlichen Sprache der Gedanken dieser Liebe, die sie „einschreibt" in die Herzen. Folglich Ausdruck-Sein, Ausdrücken einer fortgesetzten Be-netzung mit Dem ewigen Wasser des Lebens, mit dem schlechthin beseelenden Geist Seiner immerwährenden Liebe, deren gründliche Kenntnis, zauberbindende Spürigkeit und Wahrnehmung nur sie, Eva, besitzt: die Gedanken Der Liebe Selber. Die Fassung, der Träger, der *receiver* hat auch seine Gedanken, mitunter sogar ähnliche. Jedoch dieses Vorgenannte hat mit dem bzw. das, was Adam ist oder weiß, nichts zu tun. Anfänglich nicht; diese Tatsache, dieser Zustand ist es gerade, was nicht zu sein hat und was nicht bleiben darf, was eingenommen werden muss: indem sie, Eva, all das ist, was „zu sein hat", aus Himmels Sicht. Bis das Eingegebene *ist*, was gegeben ist durch uns, das Insinuierte, was ersichtlich, das Gefühlte, das Befolgte in den Taten und Gedanken des Menschen.

Doch warum ist das, die Liebe selbst, nicht gar menschlich, angeblich nicht menschlich? – Nun, so sind wir geworden. Das ist geworden aus dem, was das Menschliche schlechthin im Ursprung war. Aber obläge es allein diesem Gewordenen, nur seinem Willen, ob er deren Licht anstellt oder nicht, ob er deren Licht anstellt oder für immer ausschaltet: Wie schrecklich wäre das? Wie grauenvoll: ein unendliches Sterben unser Dasein. Der Schleier der Depression, der seit alters auf der fliehenden Vorstellung des Menschen von sich selber liegt, kränkelnd oder in sich verkehrt die Vorstellung, weil da ein Schleier liegt um einen anderen, diesen umschnürend der obere, umschnürt von Gedanken der Missgunst und Argwohn gegenüber seinem Nächsten: Dieser Schleier würde bald auch den letzten Funken unseres Eigenantriebs zum Guten ersticken.

Mit *ihr* hingegen, mit der geistigen Freundin des Ursprungs kann das ebenso wenig geschehen, wie sie uns endgültig abhandenkommen kann.

Die mit und bei uns bleibt, ist (Eva): co-natural mit dem gottessohnlichen und Lebendigen *Wort*. Nicht-erwerbbare Vertraulichkeit mit demselben *im Menschen*, seine inwendige „Nichtandersheit", das ist Eva. Dies *ihr* Herz, welches Gott in seine Hände nahm, um alles zu segnen, was sich in ihm fand und befinden würde, mit diesem Seinem Lebendigen Wort und dessen lebensspendender geistiger Segnungskraft (warum ihr hebräischer Name aus *hawwah* entwickelt ist: „Leben, Lebensspendende"). Wissend, dass dieses „ihr Herz" nicht das Herz Des WORTES selbst ist, das sich in Jesus Christus offenbart hat, sondern beim Ort des WORTES, das darein unmittelbar entspringende Leben des WORTES, in dem der Geist der Liebe Selbst lebt, begreift man, dass *wir* der Ort sind für den Geist, der die primären, unauflöslichen Bindungen zwischen den Dingen und den Geschöpfen sowie die von jedem Geschöpf zu Gott geschaffen hat – und erhält. Beziehungen, die in dem Maße über deren im engeren Sinne geschöpflich-zeitliche Daseinsform (der Geschöpfe) hinausreichen, wie sie gerade diese (die Geschöpfe) erhaltend umfangen. Unsere gelebte Gläubigkeit, unsere Verbindung zu unserem Himmlischen Vater, erhält und stärkt per se *alle diese* Verbindungen. Alles Seiende bedarf unseres entschiedenen Glaubens.

4.3. Von diesen primären, unauflöslichen Bindungen zeugen jene Anschläge, Ideen und Empfindungen, die wir in *1.1.* ansprachen, die auch das koranische „*fetra*" umreißt. Zugleich ist dieses ihm, Adam, von ihr Intimierte das Nackt-Elementare, das Unkondensierte, die radikal reduzierte Form eines *jeden einzelnen* Wesens, welches dieser initiale Geist der Schöpfung und der Liebe einem jeden Erschaffenen („hauch-bildlich") eingeprägt hat von *seinem* Leben, es dadurch in dem Ersteren erhaltend, in dem einen *Zusammen*-hang hinter allen Zusammen-*hängen*, bestätigend, befestigend das Erschaffene.

Dazu bestimmt sind wir, ihren (Evas) darauf beruhenden Zauber zu kennen, zu erlernen. Ihre „wahren Namen" der Dinge, diese Hauch-Bilder, sind die Früchte am Baume des Lebens, von denen er, der Mensch leben muss, damit alles Leben lebe. Lebt er von ihnen, so lebt alles von ihm, und zwar in hohem Maße einträchtig und einklänglich. Wie im Anfang dieses Obst war, schenkt es immerfort dem Esser seinen Anfang, immerwährenden Beginn in *der* Gestalt von ihm, die nicht vergeht. Mag auch das Auge diese nicht wahrnehmen, da Herzensstoff vom Herzen wahrgenommen wird, in dem sie (solchstofflich:) Hauch-bildlichkeit ergibt. *Vor* dem Herzen erscheint (diesem) ohnehin nichts, es schaut in die inner-natürliche, (miteinander) geteilte Mitte aller Wesen, in die es selbst hineingewoben ist. Was immer es sieht, ist objektiv andere Existenz, und doch bringt es das Sehende an sich zum Ausdruck.

Der „umgekehrte Mensch" ist jener, in dem sich zum Menschlichen selbst (d. h. zu ihm) ver-wesentlicht findet das Licht, das ihn erleuchtet hat (Joh. 1,9) bei seinem Eintritt in die Welt. Das Licht des Gottes-Sohnes bzw. des schöpferischen „Wortes Gottes", ihm, Adam, co-natural eingepflanzt mit Evas wissender Spürigkeit, Demut und Magizität: schließlich als untilgbare Schrift des Herzens, nämlich seines, Adams, ausdrückend, was Gott mit und in der Schöpfung ausgesprochen hat, alleinklängliche, all-interdependente Vollkommenheit, da „dasselbe war im Anfang bei Gott. Alle Dinge sind durch dasselbe gemacht, und ohne dasselbe ist nichts gemacht, was gemacht ist. In ihm war das Leben, und das Leben war das Licht der Menschen." (Joh. 1,2–4)

Der eschatologische Überschlag von hier aus besagt: In dieser eingegangenen, angenommenen Einselbstung (bzw. Verwesentlichung) wird aus dem ursprünglichen schöpferischen Licht, das die gottes-sohnliche Urzeugung (Primogenitur) war und in dem Gott-Christus eingemenschtes *telos* ist, auch Ziel und Ende des gesamten Weltgeschehens, Zielgerichtetheit aller menschlichen Entwicklung in ihrer Hinordnung auf die „Heraufkunft" des Endreiches, das heißt des einen kompartimentären Lebenshimmels auf Erden, der allumfassenden hauch-bildlichen Essenzialisierung oder „Vergeistigung" alles Bestehenden, Erscheinenden;
aus diesem initialen Licht der Schöpfung wird deren analeptisches Licht[57]: welches das „menschliche Licht" ist, oder also das menschliche *Wesen* an sich, durch das das unschätzbare *Geschenk* Gottes an sein menschliches Geschöpf sich schließlich in aller seiner Kraft und Schönheit und Freude offenbart.

Das selbstverständliche Unselbstverständliche, in diesem das Durchaus und Dass des Dar-Seins eines belebenden Geistes, der nur geben oder vergeben tut: Das ist Gottes. Diese seine Gabe „vermag uns" dazu, unser irdisches Leben, mitsamt allem und allen Bezogenen, schlicht zum Himmel zu machen. Man „darf" nicht nur – man muss diese Seligkeit wollen, haben wir sie doch direkt in die Hände gereicht bekommen:
So weit reichen die „Werke des Weiblichen" in unserem Inneren, wenn wir dieses ihm gegenüber voll und ganz öffnen, sehr viel unverteidigter, einergeben in den einen großen Zusammenhang, in den geschlossenen Fluss seiner Kraft.[58]
Die Gabe *selbst ist* der un-verunwirklichbare, der unausleibliche innere Mensch, und zwar der *eines jeden* Menschen. In ihrer Lebendigwerdung, der vollständigen, besteht Gottes ganzes Bestreben, und, anzunehmen, Sein ganzer Wunsch. Dieses Lebendigwerden resultiert aus dem vollzogenen Si-

---

[57] *Analeptikos*: „wiederherstellend", „anregend", „(sich) selbst erzeugend". (Anm. d. Schreibers).

[58] U. a. thematisiert unter dem Lemma des „Goldnetzes", der „kompartimentären Wesensordnung", der „Einig- und Gastesbewestheit" allen Lebens. (Anm. d. Schreibers).

chineinanderverwandeln oder „Überquergehen" der beiden Innenpersonen des Menschen, das wir hier besprechen.

4.4. Das einlösende „Tun ihrer im Geist", das ist seine, Adams, er-haltende Lebensgestalt, die jeweilige innere Lebensgestalt des Begegnenden erhaltend im Sinne von: bekommend und bewahrend. Das wurde hier schon in verschiedenen Variationen dargelegt[59]; diesmal richtet sich unser Blick auf den erforderlichen Grad der Unmittelbarkeit und Vertrautheit zwischen „Welt" und „Ich". Vielleicht ist dieses Geschenk unser Geöffnetwerden überhaupt und an sich. Die Fähigkeit zur vollen Annahme, zur Nicht-Entsagung „meiner selbst" (Adams) in „meinem" Glauben und in „meiner" Vergegenwärtigung der inneren Lebensgestalt des jeweils Anderen, welche Gestalt unterschichtig, anderlagig der meinen (solchen) inhärent ist, in diese eingeblendet *blieb*, all die Zeit davor – und nicht erst wurde. Innere Lebensgestalt des Anderen, der anderen, zu der zunächst nur Eva einen unmittelbaren Zugang besitzt, den ihrer gottgegebenen Co-naturalität mit allem Hauch-Bildlich-Wesenhaften (bzw. Seinshaftigen, geist-seelisch Bestehenden). Dann aber – dieses Hindurchbrechen, dieses mein Gegenwärtigwerden-im-WAS vorausgesetzt – bekundet, fortgetragen in unserer eigenen (Adams) Herzens-Erkenntnis. Wider den gegenteiligen An-Schein des vereinzelten, unzugänglichen, selbstbeschwerten Lebens (welches auch immer betrachtet werde und in Rede stehe), gerade aber um dessentwillen: um der Befestigung willen dieses Erschaffen in nichts anderem als dem Gegen-teiligen und Gegenhaltigen, dem innewohnenden, relational-atmenden Geist, in dem „junktiven Licht" seines wunderbaren Stammes. Verankert im uralten, weißen Baum des Lebens. Mitten in einem Garten, der vom Himmel in die Erde gesetzt wurde. Dessen erster *Gast* Adam gewesen ist.
Auch nach dem letzten Gast wird der Himmel in diesem Garten wohnen und aufweckbar sein. Eva wird dieselbe sein. Jeder Gast wird seine Chance bekommen haben, diese Entdeckung zu machen, mit ihr zu verwachsen,

---

[59] Siehe insbesondere „Die Bitte". (Anm. d. Schreibers).

ihm, dem Garten, zugehörig zu werden. Bzw. die Chance zu bekommen, *in ihm zu bleiben.*

Evas (der Intimantin) hauch-bildliche „Losung", die das Erste Gesicht (Hauch-Bild) wirft auf den Plan des Erscheinenden (Erschaffenheit), die das Wissen und die Bestärkung der Stille und Wandellosigkeit des (jeweiligen) gottgewirkten Wesens bedeutet, dessen nicht-erweckte Züge in dem sich-entzogenen Anderen (im Existenten) nicht nicht-existente Züge sind, sondern ver-*mittels* der Losung dieser Herzens-Erkenntnis los-gelegt, in Erscheinung gebracht und entscheidend belebt werden können; diese „Losung" hat „Adam" also, indem *er* „Eva" *hat.*

Die er aber, wie wir gesagt haben, nur haben kann, *indem sie ihn gänzlich besitzt.*

Daher wird vom „geistigen Werk Evas in ihm" immer gelten:

Ehe der Mensch dieses Werk zu verrichten vermochte, hatte Gott das Seine (ein durch und durch *anderes*) in ihm verrichtet. Jetzt erst kommen wir auf die entscheidende Hürde zu sprechen. Nämlich indem wir auf das bedeutende „Selbstverbot" Adams in diesem Zugang zum „Baume des Lebens" erinnern:

Das nicht eben empfangene, sondern erharrte Eigendenken (von) der jeweils „anderen inneren Natur", *the second second*, ist auch dementsprechend immer schon etwas Anderes als das Seiende, indem es gerade dieses (diese innere Natur, oder inner-natürlich geistige Natur) vergeudet und verscherzt. Es besteht in der Zeit, ist etwas aus Zeit Gemachtes, und meint etwas aus Zeit Gemachtes, das „im Augenblick vergeht". Das heißt, sooft es auch erscheinen mag und wiederkehren: Es *ist* Zeit. Was da war: „nun" verzogen. Deshalb auch enthüllt nur et-Was *im* Augenblick, der Umsprung im Augenblick nur, oder also: der Augenblick davor, das Antlitz des Seele, ihren Reichtum, ihre paradiesische Herkunft.

Das menschliche Erfassen und sein Inhalt sind durch keinerlei Beziehung – co-naturaler, primärer Art – mit der lebendigen Natur und Wesenheit des jeweiligen Anderen *verbunden*. Und eben: Dessen eingedenk stellte ihm Der Herr die geistige Freundin des Ursprunges zur Seite, nahm ihr Herz in Seine Hände und segnete alles, was in diesem, in *ihrem* Herzen war; für ihn, für das seine, für die Intimation an ihm bestimmt. Deren Licht ist das („analeptische") menschliche Licht, das den Geist der Wesensliebe oder -hegung seinen Mitgeschöpfen nicht als seinem Leben „untergehörigen" Rand-Erscheinungen, sondern als ihm wesenhaft zugehörigen Mitgeschaffenheiten darbringt: „Kompartimenten" seiner selbst[60].

Bis zum heutigen Tag gilt und wird immer gelten: Nur auf dem rein eingedenkenden oder rein „um-sprünglichen" Aufbieten (der Werke des Weiblichen in ihm) durch ihn beruht *seine* „richtige Wahrnehmung" bzw. richtige Aussage der Welt, jedes einzelnen Menschen, jeder einzelnen Erschaffenheit. Ja, es wäre besser, man spräche ansonsten gar nicht miteinander und spräche nichts voneinander: keine zwei Menschen sprächen ansonsten, anderes nämlich, zueinander.

4.5. Auf dem Weg in diese Welt (der kein anderer Weg ist als ihrer beider Weg *nach innen* und zu sich selbst in dem jeweils Anderen), auf dem Weg der Erreichung oder Wiedererlangung des eigentlichen Lebens, wird unser Eigendenken sehr wohl gefragt sein und immer eigentlich auf dem Prüfstein stehen. Als jene Kraft der Internalisierung, des Sich-selbst-glaubhaft-Machens von Wirklichkeit und des Einsetzens bestimmter Vorstellungen ins real Bestehende. Bis dann endlich, gereift und doch selbst unbeendet, unterfordert oder selbst unerreicht durch die Beschäftigung am Offenkundig-Äußeren, dieses erworbene Instrument (welches, s. o., seinerseits *nicht* bzw. *noch nicht* seinshaftig ist) der seinzuhabenden inneren Wirklichkeit

---

[60] „Kompartiment": Das „Mitbestandhafte" und „Mit-Losgelegte, Mit-Bloßgelegte, Mit-Angefangene" – *Mit-Existenzialisierte*. – Der Baum des Lebens, dem er sich zuerst gegenübersieht, das ist wesensbildlich er, Adam, selbst: Und dies ist die „erschlagende" Entdeckung, die der Himmel für ihn hinterlegt hat im irdischen Garten, zwecks Entdeckung und Hegung der wahrhaftigen Natur der Dinge, des Gartens selbst. (Anm. d. Scheibers).

Daniela Przybilla, Aquarell, 2015

dienstbar werden kann; als *deren* Gegenhalt, als dasjenige, wodurch ihre Gegenwart auf den Plan tritt, was diese andere Gegenwart sozusagen vorfertigt und in der Welt verfestigt.

Das an der faktisch erscheinenden Gestalt erworbene Erkennen und Vermeinen, das logische Entwickeln und verstandesmäßige Beweisen bzw. das analytisch-begriffliche Urteilsvermögen, leichter um diesen keimenden und zureifenden *Wuchs* gelagert und im Strom der Zeit „verankert", soweit das überhaupt einrichtbar erscheint … wird daher sogar am ehesten und allerhäufigsten sich selbst zum Gegenstand haben. Auch im Negativen, unerkannterweise:

Der Geist der aufdringlichen „Schlüsse" und aburteilenden Fragen, welche der eigenen „Klarheit" oder „Gerechtigkeit" schmeicheln, der auch das Menschliche nach dem Offenkundig-Äußeren, nach dem diagnostizierbaren Ausgang beurteilt, nach der grauen Maserung des Menschen, die sich über seiner schmächtigen Seele abzeichnet; und, entsprechend diesem Hingang des Geistes, sich einer einzigen Missgestalt im Hergang der Wirklichkeit gegenübersieht. Aber das durchaus gerne. Was nennt sich:
Das Denken.
Doch sein Unterfangen?

Das Schandmaul der Schlange
Bedenkt *sich* nicht lange:
In jedem Belange
Fehlen ihm Gelenke.

Tritt, folglich, *der Mensch* ins Bild, hört all das auf, *muss* aufhören: wenn Gott auch nur ansatzweise Seine Möglichkeiten des direkten Verfügens über den menschlichen Geist ausschöpft.

Wenn der rein präsentische Zustand dieses Geistes erreicht ist, da er nur noch, im Immergang, dem *spirit of continuity*, den unausgesetzten Lebensgedanken, die natürliche Nachaußenwendung und Aktivität des *Ewigen* und Rein-Präsentischen, der Ewig-Augenblicklichen und darin Ewig-Neuen ausdrückt, dessen segnendes Licht ausbringt, nur noch als radialer, fokaler

Spender, welches vom Göttlichen Leben selbst in ihm gewirkt wird: dann wird nicht das Geringste von diesem, unserem Denken, übrig geblieben sein.

Sondern der umgekehrte Mensch, den wir gezeichnet haben, mit Gottes Hilfe die beängstigenden Phasen dieses Erwachens überstehend, wird nunmehr erst und wahrhaft *Mensch* sein. Er wird der sein, wie wir zeigen konnten, in dem die hauch-bildlichen Mundgedanken der ihm verinwendigten Eva, der wissend-erhaltenden Liebe der göttlichen Intuition, nicht „verblühen" *können*: weil das eigentlich vermittelnde Wesen in dem empfangenden zur Gabe „aufgeht": unmittelbar in den Leib des Eingedenkens und durch diesen, der er selbst ist und außerhalb dessen er nicht versteht. Folglich seiner Natur nach (der des Verstehenden) gar nicht *besteht* …
   Anders gesagt: Der wahre Geist, beziehungsweise der natürliche Wesenszustand des geistigen Menschen in seiner unfliehbar daran geknüpften Aufgabe, ist dieser *Umsprung* aus Dem Ewig-Präsentischen ins Prä-sente. Er wird niemals in irgendetwas anderem bestehen. Noch den Bruchteil einer Sekunde *nach ihm*. Verstetigt der Umsprung ist die Evigkeit. Die erreichte Ewigkeit – oder die angekommene.

Jedoch auch der Weg, der zur „Beendung des Todes" und zur Herrichtung des „Reiches Christi" führt, ist mit diesem „Aufgelöstwerden der Werke des Weiblichen" in einem apokryphen Jesu-Wort beschrieben.
   Aus unserer Erklärung erhellt: dass es das Ende des hauch-bildlich unbescheidlichen Denkens des Menschen (bzw. des heutigen Adam) ist – mit dem *das Ende der Zeit* eintritt: bzw. der Gestaltwerdung der Zeit in der *Gestalt des Lebens* selber, und einer jeden lebendigen Gestalt. Entblößt stattdessen das erste Gesicht an allem, die paradiesische Erschaffenheit.

Gestaltwerdung der Zeit: deren gefügiges Opfer und verwirklichendes Instrument unser *nicht*-umgekehrtes Denken ist.
   Dessen beängstigende Phasen des Erwachens gekennzeichnet sein werden von dem Wissen und Empfinden:

„*Von deinem Licht ward der Verstand verstört,*
Und ward von Scham unwissend und betört. (. . .)

Ich klage laut im Schmerze deiner Liebe,
Da stets in diesem Strudel Blut ich bleibe. –
Du mögest mich von diesem Schmerze heilen –
Lass mich aus Güte nicht alleine weilen!
Du weißt: Ich habe nichts als dich erlesen –
Besitze nichts, o Seele, als dein Wesen.
Von dieser Welt und jener hab ich dich,
Du, Ziel von allem hier und dort für mich!

O Gott, wer bin ich hier? Ein Bettler arm,
Der dir bekannt in deiner Freunde Schwarm.
O Gott, der Bettler tritt sehr hilflos vor:
Ist Handvoll Knochen nur an deinem Tor.
O Gott, verwirrt, verstört ist mein Gemüt –
Da es im Feuer deiner Liebe glüht!
Vor Sehnen ward mein Herz zu Blut – du weißt es!
Lass mich vergehn! Was bleibt, o Gut – du weißt es!
Dein Bleiben ist am Ende mein Vergehen,

Und du wirst stets auf Teil und Ganzes sehen.
Du bist ja ewig – ich kann es nicht sein;
Ich werd vergehen – und du bleibst allein!"[61]

Wenn also Der Ewige diesen gewissen Schalter in uns umgelegt hat, werden wir entweder zunichtewerden, endgültig, oder wir werden strahlen. Und ist Zweiteres der Fall, wird gewissermaßen beides eingetreten sein, damit wir unaufhörlich strahlen. Höher und heller als je zuvor.

---

[61] Fariduddin Attar, aus dem Proömium zum *Ilahiname*, Deutsch von Annemarie Schimmel. (Anm. d. Schreibers).

(Ich, betroffen und erregt, aber ohne jede Spannung der gefühlten Empörung, gab zurück – in einem völlig apathischen Zustand, der mich mir selbst fast unerträglich machte, da ich eigentlich seine Reden so empfand:)
– Ich wiederhole mich: Das ist sicher keine Botschaft des Friedens. Mehr kann ich dazu nicht sagen. Und ich bitte dich deswegen, Albe, mein Schweigen hinzunehmen. –

Die Sonne unter dem Mantel (EZAL 5).

(Aber er wurde und wurde nicht fertig. Auch wenn ihn nichts an mir ermunterte weiterzusprechen, wandte er sich umso eindringlicher, immer wieder auch mit inständigem Augenaufschlag an mich:)

Das Ganze ist trotz alledem versöhnlicher, viel versöhnlicher, als es den Anschein hat; den äußeren Anschein einer Reise, die jedes klaren Zieles und irgendeines bestimmten Zweckes entbehrt.

Der Weg des Menschen in die Welt: Das ist auch Evas zwischen Hoffen und Bangen gehende Lebensfahrt. Auf der es regnet ohne Ende, Tag und Nacht, in regelmäßigen schrägen Strömen, die sich wie ein rauschender Mantel um die Schultern des Menschen gelegt haben. Aber: In jedem Menschen, zu ihm hin, um seinetwillen – ist es auch *ihre* Lebensfahrt. Wir wissen inzwischen, wozu, wohin.

In dieser Entwicklung, die an zwei Polen ansetzt (Überquergehen beider Wesensanteile, gegenseitige Einverwandlung), muss sie nicht weniger bei ihm „ankommen", mit ihrer ganzen Gegenwart ihn zuletzt durchdringen, wie er ihr Wesen absorbieren muss, wie er zuletzt hervortreten muss an ihrer statt; allein das Ergebnis oder der erstrebte Ausgang ist ebenso einer, wie, *solve et coagula*, die geistseelische Missehe der einzelne Mensch ist, bei dem der diese beiden Bewegungen kombinierende Prozess ansetzt; wie die anfängliche Unwerdung, Vermissung, das Versagen oder Sich-Versagen einer „Hälfte" des Seins in der anderen sich innerhalb *eines*

Menschen, jedes Menschen, *eines* sozusagen unentschiedenen Wesens darstellt, bis heute.

Würde man schon an diesem Punkt vom Standpunkt jener seelischen Hellsicht aus sprechen, die Eva ist und manifestiert, müsste man sogar sagen, dass es gerade oder nur *ihre* Lebensfahrt sei: unser Weg in die Welt, da sie, hinsichtlich des Seinzuhabenden, des erstrebten Ausgangs, vorerst mit einem Verblichenen in einem Leibe lebt; tot in ihren, den himmelsgeistigen Verhältnissen des „umsprünglichen" Hervorgehens aus gottgeschenkter Erweckung.

Dies ist, wie wir gesagt haben, ein vorübergehender Tod unseres Geistes und Ersten Gesichtes, der für sie bedeutet hat: seiend hineintauchen ins Nichts. Beziehungsweise das zunächst bedeutet.

Aber es ist eben auch Adams Weg, des in dieser Hinsicht Unrealisierten oder Unerreichten. Auf dem es regnet ohne Ende, Tag und Nacht, in regelmäßigen schrägen Strömen, die sich wie ein rauschender Mantel um die Schultern des Menschen legen.

Gemeint ist wiederum zweierlei.

Zudringlich, in immer neuen Stößen über ihn herfallend, ist die von hier an erfahrene Wirklichkeit unaufhörlich die Vergegenwärtigung der Zustände und Daseinsformen einer Welt, die durch ihn ihrer geistigen Sonne beraubt wurde. Die Welt an sich ist Regen, Regen aus Erdreich. Ihre materiale Struktur ist eingeschlossenes, lotrecht fallendes Licht. Zeugnis des Falles, das befruchtbar und zugleich befruchtend ist. Das auch das Licht zur Reife bringen kann, das ihm vorausgegangen ist.

Die Welt bedeckt und durchdringt den inneren Menschen mit dem „negativ mittlerschaftlichen" Hinweis aller ihrer schreienden Leiden und eklatanten Verkehrtheiten, ihrer Hoffnungslosigkeiten und Deformationen, (Hinweis) auf das in ihm selbst Ungewordene, Eingeschlossene und Vermisste, das *ihr* Brot und ihr Blut ist, um dessentwillen sie, diese Welt, geistig darbt.

Weil er mit dem *einen* Fehl-Griff des Ursprunges an dem weiblichen *fiat mihi* Dessen, Der „gesagt hat, was sein wird", das potenzielle und zur Realisierung kommende Leben schlicht allen und aller, die bzw. was nicht er, Adam, selbst ist, repräsentierte – weil er mit diesem einen Fehl-Griff *an ihr*, Eva, dadurch unzählige andere Fehler mitbegangen oder vor-begangen hat, begegnet er nun allen diesen Folgewirkungen in vermischter oder gesonderter Gestalt. Allen zusammen in der Faktizität dieser Welt: Sie ist der Abspann der ungeheuerlichen Folgen dieses einen Fehlers, die er hinter sich herzieht.

Alle ihre Leiden, Verkehrtheiten, Hoffnungslosigkeiten und Deformationen: Loch um Loch und Naht um Naht Folgen des einen *zwischen ihnen beiden* aufgerissenen Abgrundes … Woraus aber auch erhellt, wodurch alle diese Wunden einst geheilt und geschlossen sein werden. Und: wodurch *allein* das möglich werden kann.

Gemeint ist gleichzeitig der Regen des Göttlichen Lebens selbst. Der, für sich besehen, nicht versiegenden Erweckung und Inspiration, der *allein* Evas Weiterleben und Wirken in ihm (in Adam) sich verdankt. Der aber, was ihn betrifft, ihn vorerst äußerlich umschrafft, immer umschrafft, wie um zu sagen: Du sollst es sein, um dich geht es ja doch. Aufgeschoben (!) gegen seinen eigenen geschöpflichen Rand. Dieser palpitierende, körperliche Schatten. Da: uneingeselbstet *an ihm* selber, was unausleiblich zu-sein-hat. Da dieser Geist über ihm, dieser „geistigen Erde", noch nicht hervorbringen kann, was sie vom Herrn empfängt: den schöpferischen und heilenden Geist der Liebe, der himmlischen Intimation.

Der regnerische, windverhangene Tag der Welt (insofern darin unverändert, als er das seinem Wesen nach ist): Er bedeutet nichts anderes und symbolisiert nichts anderes als den Zustand *ihrer* innerpersönlichen Vermissung: *dieser* Sonne. Tag für Tag, bis ans Ende der Zeiten.

Aber eben: *Deshalb* verschloss ihm, verregnet ihm der Himmel jetzt seine zugigen, flammenden Pforten, weil sein Licht jetzt in ihm und an ihm liegt; weil der Mensch begreifen muss, dass er den wärmenden, stark-erhebenden Schein seiner eigenen und jeder anderen Wesens-Gegenwart, der Sichgleichen, Entblößt-Vertrauenden, dessen Ferne und Ausbleiben er jetzt beklagt; dass er dieses Licht von keiner anderen Sonne des Lebens mehr erheischen kann als von jener, die hinter dem dröhnenden Schleier seiner eigenen Seele ihn anschaut, welche „Sonne" *ihn* stur be-antlitzt, sich an und in ihm zu ver-gesichtigen. Solange wir eine geistige Vorstellung von uns selber haben, solange wir unser inneres Selbst imaginieren können, so lange werden wir spüren, wie ein anderer, wie sie uns innerlich anschaut durch diesen Schleier. Obschon er ihn beseitigen muss, um sie zu „erkennen" – mit ihr zu verschmelzen –, ist der Schleier der ihm verdunkelten Wirklichkeit der der hochzeitlichen Überschattung des Heiligen Geistes, der *ihn* will, dessen Licht endlich in dieser „geistigen Erde", in terra sua, restlos angenommen und empfunden werden will.

Denn tatsächlich …

Tatsächlich sind weder „Adam" noch „Eva" aus dem begeisterten Garten geschasst worden. Nur aber, indem jeder den anderen ab dann als das Gesicht seiner Seele in sich trüge – unmittelbar-ausschließlich, getrennt und unentreißbar –, sich an-gesehenes Gesicht, das jetzt mit dem je *eigenen* Leben und Wesen zu füllen wäre: dieses in sich trüge und *hervortrüge* durch und aus sich …   Man sieht, dass gerade Evas frühe Versuchbarkeit hierin mit-geahndet wurde: Nur kraft dieses neuen, gegenseitigen Gewiesen-Seins bestünde der Garten, Begeisterung und Garten, fort, bestünde wieder. Eines Tages bestünde er dadurch dann unverlassbar fort.

Statt des Geschasstwerdens: Es hat eine Verlagerung des geschöpflichen Ortes stattgefunden, den *der Mensch selber* gibt, den er für die analeptische Selbstvergegenwärtigung Gottes (siehe *EZAL 6*) darstellt. Diese Verlagerung hat stattgefunden, indem die dazu notwendigen beiden Komponenten dieses einen „Ortes" verlegt wurden in ihre geistes-geschöpfliche Beziehung zueinander; neue Polarität eines wiederum werkliches Zueinanders, in das Der Herr selber zu der dazu vorgesehenen Zeit maßgeblich eingriffe.

Es bringt *deshalb* nichts mehr, am Tor zu rütteln und mit den Schultern dagegen anzurennen, weil ihr Weg, der der Weg in die Welt ist, ihr gemeinsamer Weg nach innen ist, ihrer beider Überquer-Weg (jeweils) zu sich selbst. An dessen Ende wir den begeisterten Garten werden wiederfinden können.

Von dieser unwahrscheinlichen, diffusen Hoffnung gekennzeichnet ist die traurige Stille, die sich immer wieder auf des Menschen Herz legt. Schwer einzuordnende Schmerzen des Gemüts, mit denen sich unser Herz ein Lebtag des ersten Tages seines neuen, „gefallenen" Lebens erinnert. Diese gewisse Hoffnungstraurigkeit ist ein Überlebsel der Wahrheit selbst in uns. Dieses „wichtige" Gefühl weiß: Gelebte Liebe ist die Lösung.

Ja, aber sprechend von den beiden Innenpersonen im Menschen selber. Und ich sage erneut, sozusagen stattdessen:

Beider ist der*selbe* Weg, ist der Weg „ab extra ab intra", den sie nahmen in ein vereinendes Selbst, während das Letztere in zweifacher Hinsicht die Bewegung verkörpert, die der Satz ausdrückt: Mit der Zeit – *der* Zeit schlechthin – wird die Kopie selbst zum lebendigen Original. Kein Tausch, kein gegenseitiges Ersetzen: sondern *ein* noch anstehendes Ineinandergeborenwerden. In und an jedem von uns.

Solche Liebe zwischen beiden gibt Liebe von beiden, welche die rettende Liebe ist, nach der die gesamte Schöpfung verlangt.

Die Treue Gottes, 1. (EZAL 6).

6.1. Während also unsere Eva unaufgebbar „geflammt" ist und „gerufen" vom Bilde des gotthörigen Menschen, Christus, der „sichtbar gewordenen Liebe" des Schöpfers, bedeutet sie sowohl im zwei-einigen Menschen selber als auch in der Sphäre des Geschaffenen und Irdischen das *Beisammensein* der ganzen Schöpfung, ihr Beisammensein im Ganzen in und bei jeder Erschaffenheit, worin die Schöpfung bleibt Schöpfung Des Göttlichen Wortes. Zunehmend wird „auf der anderen Seite" alles Lebendige in diesem selben „Sinn" des *logos* dem „Adam" begreifbar werden. Dann ihm überhaupt nur so begreifbar werden, ansonsten nicht. Andere Menschen, *alle* anderen Menschen … sind insoweit ihrer beider „Kinder". Deren tatsächliches *Leben*, das symbolisiert die Partnerschaft von Frau und Mann, aus ihrer beider Liebe hervorgeht und nur kraft derselben erhalten werden kann. Letztlich alle lebendigen Schöpfungsformen können aufgrund *ihrer*, Evas, besagter tieferer Verbundenheit mit ihm, Adam – in der sie nicht allein *sein* flammendes „Original" bereit-hält, sondern das jedes anderen Menschen und die wirkliche Essenz aller Erscheinungen des Lebens –, gerade als symbolische oder stellvertretende Erscheinung *ihrer*, Evas, Gegenwart angesehen werden. Worin eine tiefere Rechtfertigung liegt, verschiedene Bilder aus „der Welt der Menschen und Dinge" in der Rede von *ihrem*, Evas Wesen durchaus veranschaulichend zu bemühen: auch wenn wir gerade dies vermeiden wollten *(sic!)*.

Da der Mensch selbst als vergegenständlichender *Grund* Himmel und Erde eint, der vereinende Grund dieser menschlichen Erde, ist der Weg auch das Ziel. Ist *jeder Augenblick* des Lebens dem Ineinandergeborenwerden in Einem Wesen geweiht.

Eva ihrerseits bleibt mit dem wirkmächtigen Bilde Christi als des seinzuhabenden Menschen beprägt; unverlöschlich, unvertröstbar auf irgendeinen anderen Ausgang der beflammenden Fahrt ...[62]

Dieses Bild ist in ihr verfestigt als das Bild des schalenlos nackten Kernes vom Menschen, der in seinem Offenstand, Im-Wesen-Stehen und Sichhingeben-Können seine eigentliche, unvergleichliche Natur und mit dieser seine neue Lebenskraft entfalten kann. Dieses Bild soll die mit ihm „Beflammte" herrichten in dem inneren Menschen bzw. aus ihm (siehe dazu *EZAL 7*), indem *er* durch sie *aus sich selbst heraus* gemacht, aus seinem eigensten Grunde nach außen substanzialisiert wird, aus diesem in ihr bereit-gehaltenen, göttlich prä-okkupierten Kern von Neuem entstehend. Nicht also „rück-verwesentlicht" wird er oder als der nämliche Gewordene rundweg geleugnet und gar ausgelöscht. Hinsichtlich dieses von Gott „prä-okkupierten" oder eingenommenen „Kernes" seiner selbst hingegen soll er begreifen und beherzigen: Für Den, Der *Ist*, bin ich, der zuvor war. Und es gibt kein Zurück.

---

[62] Dieses Gerufen- und Beflammtsein *(„la llamada")* der „weiblichen Innenperson" bzw. der evaischen Seinsgrundlage unserer angestrebten neuen „Identität aus Gott" wurde zuvor unter dem Lemma der „Co-naturalität" Evas mit Christus besprochen. (Anm. d. Schreibers).

6.2. Wir werden dann mit jeder Faser in den Prozess einbezogen, der dazu führt, unsere alte Identität aus der Welt zu schaffen, die für diese, wie für uns selbst, in dem „benachtenden Übel" unserer Verselbstigung in der „männlichen Innenperson" bestanden hat, was die paulinische „Traurigkeit der Welt" verifiziert, die zu dem eigentlichen Tod führt: dem der Ent-naturierung und Sinnentfremdung ihres Lichtes in uns („ihr seid das Licht der Welt"). Dieser re-generierende Prozess geht initiativ von Gott aus[63]; Er selbst ist sein Aus-Löser und befähigt uns aktiv zur Teilnahme an dieser unserer eigenen innenwendigen Verwandlung, die zu erreichen, zu überstehen wir ansonsten auch nicht annähernd imstande wären: *turned inside out*. Möglich wird diese nur, indem das, was zur Herrichtung der neuen Identität unabdingbar gehört, was in diese hinein-ersteht, wenn Er es anruft und anrührt, un-verunwirklichbar in uns enthalten ist, in ebendiesem „göttlich prä-okkupierten Kern": wofür Er selbst gesorgt hat. Und das ist die evaische Innennatur, die durch Jesus Christus unumkehrbar belebt wird, die Grundlage für Seine beabsichtigte entscheidende Arbeit an uns, kraft derer und mit welcher eine Umschichtung erheblichen Ausmaßes vorgenommen wird – aber nicht mehr eine komplette *Neuschöpfung* des Ichs. Andernfalls müsste Gott uns hierzu vorher regelrecht umbringen, uns regelrecht „aus der Welt schaffen": sodass er uns ihr nicht eben *als ein Anderer zurückgeben* könnte.

Aber das gerade ist in dem „gegentodlichen" Heilsmysterium Christi geschehen; indem Gott selber diesem prinzipiell unumgänglichen Zunichtewerden zuvorgekommen ist. Indem Er in diese unsere „menschliche Erde" hineingestorben ist – und dadurch *sein* Leben in diese eingebracht hat: Dadurch hat Er, Der Wirkliche schlechthin, der Einzig-Wirkliche, in der Kraft Seines un-verunwirklichbaren Namens und in dem Namen Seiner Kraft die ursprüngliche, evaische Seinsgrundlage unserer geistigen Natur als die dieser neuen Identität belebt und eingesetzt: auf *die* er sich beziehen wird,

---

[63] Der Anstoß und die Befähigung zu diesem Prozess, wenn auch seinerseits schmerzlich, sind ein weiteres Merkzeichen und ein weiterer Beweis des Wirkens der Göttlichen Gnade, von dem Albe von hier an hauptsächlich spricht. (Anm. d. Schreibers).

mit *der er* arbeiten wird, wenn der Prozess der Umwandlung eines jeden seiner Kinder beginnt. Bei einem jeden zu der dazu vorgesehenen Zeit.[64]

6.3. Dieses aufweckbare Bild und Seine alles umwandelnde Kraft haben wir als „hauch-bildliches Brot des Seins" gekennzeichnet, da um dessentwillen alles und jeder um uns her geistig darbt. Brot, zu dem wir selber werden müssen, nach dem ein jegliches menschliches Gegenüber hungert.

Keineswegs ist dieses zu ihr, der weiblichen Innenperson, Beprägte und „Beflammte", ist diese Nahrung, die sie trägt und auszutragen hat, als Selbstgleichheit Gottes zu sehen, als *huwiyya,* aber sie ist Mitwesentlichkeit oder wesenskräftliche Einheit mit Gott, *homousia*. Es ist, s. o., die erweckbare Grundlage einer gnadenzuständlichen, eingegossenen Ausstattung neuer Identität, innerster Selbstgleichheit des Menschen und einer substanz-ontologischen Verbindung mit Gott, weder erworben noch rein reflektorisch, voller fleischlich-unfleischlichem Leben, völlig andersartig als „bloßer" menschlicher Glaube (und erst recht als die übliche *fides mortua* des bloßen Verstandes, die nicht zu dieser Liebe geformt ist noch zu ihr geformt werden kann, s. u.).[65] Die Flamme (Eva) trägt das reine, tatsächliche Leben, für das wir immer vorgesehen waren und auf ewig vorgesehen bleiben.

Zu der vollständigen Neuwerdung des Menschen durch sie gibt es keine Alternative, keine Ausflucht, solange man nicht Gottes Arbeit an und mit uns flieht. Gottes Arbeit an bestimmten Menschen ist immer die Arbeit Gottes mit bestimmten Menschen. Diese werden mit Bestimmtheit oder unmerklich in unser Leben eintreten, indem unsere Aufmerksamkeit un-

---

[64] Dazu Näheres lese wiederum in EZAL 7. (Anm. d. Schreibers).
[65] Hinsichtlich der diesbezüglichen Verkündigungen der Propheten und Mystiker wird i. d. R. darauf verwiesen, dass selbige den Weg weniger Auserwählter oder spirituell Höherveranlagter anmahnen. Dabei übersieht man geflissentlich, dass sie selbst das selten in dieser Form pauschalisierend abgrenzen, sondern sich auf eine noch ausstehende Befolgung der von Gott grundsätzlich gewollten Mensch-Werdung beziehen, die zur gegebenen Zeit folglich von niemandem verweigert werden kann. (Anm. d. Schreibers).

verhofft auf sie gelenkt wird. Auch und gerade diese Signalwirkung erhalten sie direkt Vom Ersten Licht, wie wir die Wahrnehmung, die Hörfähigkeit, die Appellabilität für sie, *the key to see.*

Aufgrund der beschriebenen unauflösbaren Verbundenheit alles Lebendigen mit Eva ist *ihre* Rufweite potenziell die der ganzen Gegenwart; ist ihre Vernehmlichkeit immer im Erlebbaren gegeben, in der unerinnerlichen, immer einladenden Neuigkeit des Seins; Stimme und Gewicht der unüberholbaren Gegenwart an sich. Das menschliche Denken, je mehr es sich in seiner vertebralen Schiefe korrigiert sieht, vernimmt diese Stimme, auch *diese* Stimme, und dabei sucht es ihre Sprecherin ganz zu Recht in der erlebbaren Tiefe der Gegenwart, des jeweiligen gelebten *Augenblicks*:

So, wie es in der ursprünglichen Konstellation war, als Der himmlische Vater befand, „dass es nicht gut wäre, wenn der Mensch allein bliebe", sodass er ihm, Adam, eine „Gehilfin" gab, „damit sie um ihn sei" – bezeichnenderweise aus *seinem* Innersten, seiner „Rippe" hervorgebildet; als das Ich sich unzersprengt zum Wir und Uns erweitert, als sich noch nicht zwei *in* einem gefunden haben.

Dass sich aber beide in einem *finden* („sich finden"): Ebendarum geht es seitdem. Tatsächlich übereinandergelegt, vollends ineinander sich spiegelnd, werden dann die gesamte erlebbare Schöpfung und der Einzelne, der in sie blickt.

Wie findest du folglich *sie?* „Trachte nach Vertrautheit mit ihr in dir und dieser Welt, so wirst du ihre Schönheit unverschleiert schauen."

Adams spätere Erfahrung und Erinnerung der Scheidung, der Unwerdung, Vermissung, des Versagens einer „Hälfte des Seins" in der anderen ist gerade deshalb höchst bedrückend und nicht abzuwenden, weil diese Erfahrung sich innerhalb *seines* sozusagen unentschiedenen Wesens dargestellt hat: und noch darstellt.

Unentschieden: trotz der unumkehrbaren Wiederbelebung seiner evaischen Seinsgrundlage, die Gott in Jesus bewirkt hat. Gerade dieses

Trotzdem erhöht den Selbstwiderspruch eines veränderten und zugleich vergeudeten „geschöpflichen Status", in dem wir uns seitdem befinden.

Dieses „Trotzdem" ist die Aushebung eines Exils in einem anderen: Es exiliert uns mitten im Exil der Gottesferne *aus derselben* – und erhöht zwar dadurch die wesentliche innenwendige Spannung des Menschen-Ichs als eines geistes-geschöpflich „hängigen Problems" … das wiederum nur Gott zu lösen imstande ist.

6.4. Nehmt darum Gottes Arbeit an euch selber an, verlangt ansonsten nichts. Keine sonstige Unterstützung ist zu erwarten. Fragt ihr unterdessen nach dem WAS, seht ihr bald, es ist so gut wie gar nichts da, und die Menschen sind schwach. Nein, ihr unterschätzt nicht etwa den Feind, nicht mehr; ihr seid enttäuscht von den vermeintlichen Verbündeten.

Erfreut sich einer eines starken Lebenslichts, ist er mit Eva schon verbunden, „überquer" mit ihr verbunden, in der ihm eigenen oder in anderer Figuration. Auch außerhalb unserer selbst erlebbar: Das zweite Licht ist immer nahe beim Seinshaftigen an sich, beim Ersten Licht, und umgekehrt, von Ihm versorgt.

Das sind *die* Menschen, die in der Lage sind, sich für andere einzusetzen, deren Energie sich darin scheinbar nicht erschöpft, immer wieder enthusiasmiert von unwiderstehlichen Eingebungen, wie Belastendes anzugehen und Dinge für andere zu regeln sind. *Happy to understand,* dass sie diese Kraft, diese Eingebungen aus einer unversieglichen und dennoch verlässlichen Quelle beziehen. Jener Quelle, die es hier zu identifizieren galt.

Aber das Verstehen an sich ist es nicht. Sondern Mitmenschlichkeit in der Praxis, der konkrete Einsatz, der diese verlässliche Quelle verprobt, die ausgeübte Kraft der Gleichheit mit anderen, die sich dadurch potenziert – auch in ihnen. Liebe ist Kampf und Kampf ist Liebe. Sehr viele feuchte dunkelrote Punkte des gesprenkelten Geistes der Religion prägen und festigen diese Verbindung. Während selbst ausgeprägte Lebensklugheit und die Pflege der Weisheit zu unterscheiden sind von der *Freude an der Wahrheit*. Sie dienen ihr im Zweifel nicht, sie versagen sich ihr im

Ernstfall, die sie rigoros zu sein hat, eine rigorose Freude, und das immer sein wird.

Denn die Wahrheit, wenn du sie bekennst, ist Mensch geworden, Mensch gewesen, ein bestimmter Mensch mit ganz bestimmten Überzeugungen, und ist als solcher für alle anderen Menschen in den Tod gegangen. Wer ihr dient und sie liebt und an ihr Freude hat, wird mit nichts anderem Leben und Weisheit verbinden oder Freude finden, und deswegen wird er viel Gegenwehr und Ablehnung finden.

Aber diese Gegenwehr wird ihm nur ein zusätzlicher Ansporn sein, Den Auferstandenen mit dem eigenen Handeln zu ehren.

(Einen Augenblick lang wirkte er jetzt sichtlich verwirrt und unschlüssig. Wieder lag diese Art scheue Gedrücktheit auf seinem Gesicht, verbunden mit einer periodisch wiederkehrenden Erschlaffung aller seiner Kräfte, die ihn einstarrte, geradezu mumifizierte.

Er bot dann wohl selber den Mann dar, den er meinte. Den Mann mit der stockenden Stimme und den einsamen Augen, den jede Gewissheit, jede Hoffnung verlassen hat.

Um aber dann, mit urplötzlicher neuer Festigkeit, wie wenn ein blendendes Licht in ihm angeknipst würde, mich diesen Eindruck wieder vergessen zu lassen.)

Amarilla (Die Treue Gottes, 2., EZAL 7).

7.1. Angst, mechanische, notorische Durchsteuerung des Selbst, verwechselt mit unserem wahren Selbst, welches seither nie befreit, nie entängstigt wurde, hat uns letztendlich taub gemacht für die Stimme der Wahrheit. Deren unmögliches Ersticken (bzw. Ersticktwerden) hat die uns verliehene initiale Kraft des Beginns, die Beginn schenkt in dem, was das Sein hat begonnen – die un-verunwirklichbare Kraft[66], die also in jedem Fall

---

[66] Die un-verwirklichbare Kraft der Erweckung der Hauch-Bilder. (Anm. d. Schreibers).

Wirklichkeit schafft – in ihr aufzehrendes Widerspiel verkehrt, in eine vertodende Macht der Ent-achtung, Beargwöhnung, Verleugnung ebendieses Selbst und unseres innersten Verlangens. Eine dissoziierte, für uns stumme Natur, in jeder Hinsicht *verlassen von uns*, und eine ganze Welt entlichteter, verhinderter Menschen sind an *die* Stelle getreten, von der Adam ursprünglich hätte sagen können: „Zwischen ihr und mir passt nicht *ein* Blatt Papier."

Der erste richtige Schritt kann nur darin bestehen, diese mechanische Durchsteuerung, das angstvolle Sichklammern an bestimmte Vorstellungen und konstruierte Werte daranzugeben, um sich auf das, was *ist*, tatsächlich einzulassen, um die gegebene Wirklichkeit bedingungslos anzunehmen. Ein gutes Zwischenziel, dass unser Denken so sei, als ob alles Dazwischengewesene wäre und zugleich *nicht* wäre; nicht nur eine Nachwirkung erlebter und wahrgenommener Dinge, die sich wie in einer Art verzögerter Reprise zu neuen Verknüpfungen zurückgewinnen lassen aus dem „eigenen" Fundus dieser wiederberührten Spuren, zu dem sich das bewusste Mentalisieren von Dingen, die uns anregen, uns gutgetan haben und, vielleicht, das bewusste Verdrängen peinigender Erlebnisse paart. Wäre dem so, *nur* so, bestünde unser Denken immer nur in einer Art methodischer Aufrechnung oder Inflation des eigenen, geformten Ichs; ohne dass *der jeweils gegebene Augenblick* in sich selbst gesehen einen „Sinn" für uns besäße, seine eigenste Einwirkungskraft auf dieses Ich entfaltend. Jeder bewusste Augenblick würde nur um seiner „Kennbarkeit" willen gelebt.

Damit aber hat die reale Dimension des Augenblicks nichts zu tun; die, indem sie unanschaulich ist, unbetrachtbar, tatsächlich *gedacht* wird, aber auf ganz andere Weise. Weder die Dimension seines undefinierten „Belebtseins", das uns (dennoch) unmittelbar eingeht, die Dimension des mit nichts denn seiner nackten Wiederspürung angefüllten Augenblicks, des sich in dieser Wiederspürung selbst sozusagen *entschweigenden* Daseinsmomentes, sich zu einem näheren, eheren Bild des je begegneten Lebens entschweigend: dem der Intimation, der hauch-bildlichen Mundgedanken Evas in deren

„lautender" Einselbstung in uns, ihrer gefühlten oder gedanklichen – *Ent-*Sprechung, die *ihr* Mund wird ... [67]

Weder diese Dimension des „Augenblicks selbst" noch die seines vergegenständlichenden „Gedachtwerdens" (Gedachtwerden dessen, der da denkt, in diesem Sinne), haben etwas mit dem ergründenden Denken des Menschen zu tun, in dem dieses sich selbst als das Seiende und das im Sein „Erscheinende" befindet.

Denn sie geben mir nicht *mich* zu sehen. Weder das eine noch das andere. Aber sie sehen *mich* in ihnen: in sich selbst.

Und umgekehrt: Erkennte ich *ihre* Natur, dann sähe ich auch mein essenziell geistiges Selbst, meine mir selbst verborgene Innennatur.

Ich sähe, je mehr ich *in sie* hineindränge, wie dieses Gedachtwerden in den haltend-erhaltenden Händen eines anderen Erzeugers liegt als jenes, der *meine* Gedanken denkt, welche sind meine zweiten Gedanken, die mechanischen oder gesuchten, als jenes, der meine eigenen Vorstellunken lenkt. Ich komme dann wohl oder übel selbst von diesen „Dingen" meines Denkens ab, weil ich erkenne, wie beliebig und veränderlich sie sind; da sie gerade nicht *dem* Wesen in mir zugehören und entspringen, durch das ich an *der* Wirklichkeit beteiligt werde, die diese tatsächliche und „innere Dimension" jeden gelebten Augenblicks ausmacht. Was aber diesen „anderen Geist" betrifft, obschon ich doch selber etwas von ihm habe, an ihm teilhabe, kann ich sicher keine andere Eigenschaft für *mich* beanspruchen als die der „Armut", des restlosen Angewiesenseins auf seine mir, dem In- und Mit-mir-Sein übergeordnete, eigene Wirklichkeit; was, daher, ganz zu begreifen – gerade *sich* selber zu wissen zu geben – *nicht* leicht ist ...

– Das verstehe ich. –

---

[67] Hier endlich erklärt Albe, wie „Intimation" entsteht. Dazu siehe auch „Boca": Adams „Seinzuhabendes" ist es, mit der denkbar kürzesten Umschreibung, „Evas Mund" zu sein, um die Hauch-Bilder in den Erschaffenheiten zu erwecken und damit die Letzteren selbst aus dem (vermeintlich natürlichen) Benachtet- und Vertodetsein in der „aufgehaltenen Dämmerung", mit der er die Zeit an sich gleichsetzt. (Anm. d. Schreibers).

Dann auf dein Wohl, du bist ein klar denkender Mensch.

(Der seiner Aufforderung, bei einem weiteren kräftigen Schluck innezuhalten, gerne nachkam, indem mir die Kälte des Abends erheblich zusetzte, während das scharfe Gefühl von Kälte, das meinen Leib jetzt durchrann, ihn nicht halb so hart anzukommen schien.)

Gehen wir grundsätzlich von einer Kraft der „Vorsehung" aus, die geistig „unserem Leben vorsteht", die „unsere Geschicke lenkt in der Verbannung" … Dann lässt sich auch und gerade die uns umfangende Gegenwart Des ALLEinzigen ohne Weiteres auf die äußere Umfangung, auf die reale Begebenheit des Augenblicks verwenden. Und doch nähert man sich dadurch wieder dessen „innerer Natur", auf die das Wort „Augenblick" in ähnlich umformender Weise hindeutet.

– Das wiederum ist mir schwer verständlich. –

Ich meine die „sehende Kenntnis", die jeder gelebte Augenblick für sich besehen in sich trägt. Dass der Augenblick selber „blickende Augen" hat.[68] Jeder Augenblick unseres Lebens … nicht nur die großen Unausweichbarkeiten und großen Beglückungen, ist ein konsistent bezeugender, ein überaus sprechender Ausschnitt des Gesamten eines Lebens.

Diese instante Struktur wird von dessen zwei bestimmenden Enden und einer verborgenen Bildungskraft geprägt, die von dem einen Pol aus, seinem Ursprung, hinwirkt auf den anderen, der sie „zieht". Dadurch hat auch diese, eine jede „Augenblicksgestalt" einen sehenden Einfädler des gravitierenden oder hinteren Endes, der sich nicht nur *im* Ursprung und *in* diesem Ende finden lässt; dessen wirkende Gegenwart sich vielmehr in der gesamten Gestalt des Gelebten selber ausprägt. Wie das Verursachende sich in der Wirkung des Gesamten niederschlägt oder artikuliert, gibt es auch in dem Ausschnitt, in jeder „Augenblicksgestalt" grundlegend das Moment der Selbstähnlichkeit des Gesamten; die alles umfassende Struktur findet

---

[68] Die bündigste und eine resümierende Auflösung dieses Leitsatzes bilden die ersten Sätze von EZAL 8: Die Treue Gottes, 3. (Anm. d. Schreibers).

sich durchgehend in ihren eigenen „Elementen". Hier besteht sie zwingend darin, dass der ursprüngliche, wesenhafte Niederschlag des dieses ganze Leben selbst „Ersinnenden" sich als ein das Leben des Lebenden bekräftigendes Wohl-Wollen diesem gegenüber ausdrückt.

– Willst du also *Gott* gleichsetzen mit dem Leben an sich, das wir haben? –

Die gestaltend immer gegenwärtige Kraft „zwischen den Polen" ist ihrerseits vergegenwärtigend, „mittlerschaftlich" oder schon revelativ[69] hinsichtlich des Wesens des Einen Bereitenden unseres Lebens. Sie offenbart sich uns in der Regel auch in der Mitte desselben am deutlichsten – einhergehend mit unserem Erreichen einer gewissen charakterlichen und psychologischen Dichte oder Reife –, weil sie zugleich der innere oder mittige Impuls jenes Kraftverhältnisses ist, das die beiden Pole Anfang-Ende per se herstellen. Das heißt, diese „sprechende" Kraft wird ihrerseits in der Mitte unseres Lebens „gemittet".

7.2. Warum aber sollte gerade eine Art Liebe oder Wohl-Wollen diese initiale, gestaltende Kraft unseres Lebens sein? Sprechen nicht viele unserer richtungsweisenden Erfahrungen und Dinge, die uns innerlich zusetzen, die uns an der Wurzel treffen, ein anderes Zeugnis? Ja: vom ganzen Gegenteil? Nicht um uns zu widersprechen, sondern um es deutlicher zu machen, sei daran erinnert, dass wir von zwei möglichen Manifestationen der göttlichen Gegenwart in diesem Leben gesprochen haben; herausstellend, dass auch ihre offenkundige „Unsichtbarkeit" in dieser Welt gerade *sie* bezeugt. Entweder ist sie die nicht Ich-konform und nicht weltgemäß *Gegenwärtige* (co-natural entsprochen im Verborgenbleiben, analog im Verleugnetwerden der „weiblichen Innenperson" bzw. der „anderen Hälfte des Seins") oder die unsichtbar ihren wesenhaften Erzeugungs- und Befreiungsdrang Bezeugende; den, *sich* zu erzeugen und dadurch, *durch sich* das Ich aus den

---

[69] Offenbarend. (Anm. d. Schreibers).

Fängen dieser Welt zu befreien (sich-zeugende oder „analeptische" Wesenskraft Gottes, s. u.).

Und wir stellten heraus, dass sie trotz ihrer unbenehmbaren, primordialen Nähe zu uns, die zu der ihrer „brautschaftlichen Überschattung" werden kann (siehe *EZAL 5*), bedingt vom Grad unserer Vertrautheit bzw. unseres mitwesentlichen Lebens *mit ihr,* sich sogar weitgehend „negativ mittlerschaftlich" ausdrücken kann: in Zuständen des unerkannten (oder unbestimmten) Hungers *nach ihr* und ihrer Vermissung, die aber ihrer vergeudeten Nähe und Treue Ausdruck verleihen, gerade hinsichtlich dieses mit-wesentlichen Erlebens und Befolgens durch den Einzelnen.

Auch wenn sie nie wirklich von uns ablässt, selbst in ihrer wiedervertodend-hinhaltenden Verdunkelung nicht – „aufgehaltene Dämmerung" der verminderten Vernehmlichkeit dessen, was *sie*, Eva, in uns vernimmt –, ist sie dann scheinbar in uns und um uns versiegt; sei es, weil wir selber uns anderen „ausfluchtlosen Mächten" unterwerfen (aber nur die Macht *ihrer*, der erst-umständlichen Wirklichkeit ist und bleibt unwider-stehlich), uns un-mitwesentlich zu ihr entwickeln (der Letzteren), oder weil wir, obwohl wir Letzteres nicht tun, innerlich von Zwängen aufgezehrt werden, die bestimmte Menschen oder Menschengruppen auf uns ausüben, mit oder ohne möglichen Einspruch ausgeliefert an menschliche Machtstrukturen, die uns Verhärtung und Vereinsamung aufzwingen. Diese offensichtlichen Missstände ausgenommen, ist es allerdings leichter, der Verkehrtkeit oder Verlogenheit anderer auf die Schliche zu kommen, als der eigenen. Weit leichter. Der tatsächlich Aufgeklärte misstraut seinen eigenen gedanklichen Anwürfen und Bestrebungen gegen andere am allermeisten. Er praktiziert die paulinische „Unterscheidung der Geister" mit sich und nach innen. Gerade deshalb ist er mit Anschuldigungen anderen gegenüber weniger schnell zur Stelle.

Aus den genannten Gründen kann sich der „negativ mittlerschaftliche" Ausdruck der weltlichen Gegenwart Gottes auch scheinbar willkürlich und ohne vorerst ersichtlichen Trost des Lebens einzelner Menschen und Menschengruppen bemächtigen; angesichts deren geistigen, körperlichen, existenziellen Elends wir Gottes Liebe – oder ihn selbst infrage stellen.

Die Frage muss aber gerade dann richtiger lauten: Wo ist diese Liebe *geblieben*?

Wir haben prinzipiell darauf geantwortet, dass ihr Licht „unten ist". Und dass es nur unter dem „Mantel" jener „Männlichkeit" geborgen werden kann, die gerade dieses offenkundige Elend durch eine „frühere" eigene Schuld (oder aber diese) bejaht, eine prä-signifikante Widerstrebung in der „Sache des Menschen" selbst, eine Schuld am Vertodetsein dieses „menschlichen Lichtes" in sich selber, d. h. in unserem eigenen Inneren. Wenn man erst anfängt zu verstehen, welcher erste Zusammenhang besteht bzw. *dass* ein Zusammenhang geistes-geschöpflicher oder inner-natürlich geistiger Art zwischen der (analeptischen) Wirklichkeit Gottes und unserem eigenen Leben besteht, dem inneren und dem äußeren, und, vor allem, dass diese „Folgewirklichkeit" *fortwährend* erfolg-bar, dass sie immer ergreifbar ist, wird man sich dessen schämen, Gott jemals für die Übel und Schrecknisse dieser Welt verantwortlich gemacht zu haben bzw. in ihm die Erklärung für sie gesucht zu haben. Und sei es bloß in Gedanken.

7.3. Der Wunsch Gottes, anderes außer sich zu lieben, mit diesem oder diesen Geschöpfen eins zu sein, diese aus sich selbst belebend, in diesen anderen, diesem Gegenstand seiner Zu-wendung sich selber als der nämliche, der Sich-Aufwendende, die Schönheit der Gabe erfahren zu können, schließlich, in diesen Spiegel der Arbeit Seiner gestaltenden Liebe blickend sagen zu können: „Es kann sich nur um mich handeln"; dies gab den Ausschlag zu Seiner *analeptischen* Schöpfungstat: d. h. einer solchen, in der das, *was* da zeugt oder den Ausschlag gibt zu dieser Erzeugung, sich mit ebendiesem Impetus, mit dieser selben Veranlagung wieder-zeugt. Kraft dieser Eigenschaft, dieses ureigenen Impetus ist Gott nicht weniger „ein gotterzeugendes Wesen", mit Ramon Llull gesprochen, als der Mensch in der seinen, in „seinem Wesen stehend", ein „menscherzeugendes Wesen" ist; außerdem ist Zweiteres Effekt und Ziel des ersten Schöpfungsumstandes, der analeptischen Schöpfereigenschaft Gottes. Gerade hier mag der Hinweis erlaubt sein, dass nahezu jeder Mensch seine leibliche Geburt dem glückseligsten *Moment* verdankt, den die Liebe zwischen Mann und Frau erreichen kann (einem Glückserleben, dessen Qualität nicht als kategorisch oder „nur" körperlich gewertet werden kann).

Gott liebt den Menschen nicht deshalb, weil er sich selbst diese Entscheidung abgerungen hat, sondern Er „tut" das, weil er „Liebe *ist*", weil „Sein ganzes Sein" (:) in dieser analeptischen Selbst-Aufwendung sich ausdrückt, unaufhörlich und über alle Maßen des Begreiflichen. Mit allen den unaufhörlichen Folgen, die sich für seine Schöpfung daraus ergeben (können), „kann er", sozusagen, „nicht anders", als *Leben aus sich* hervorzubringen, das folglich mit ihm *sich teilt* oder mit ihm geteilt wird oder, andernfalls, in sich geteilt wird,

während für uns Einzelne bei Weitem die Schönheiten seines immerwährenden Angebotes überwiegen, am Erleben und an der Erhaltung der Schöpfung teilzuhaben, in der Mitwesentlichkeit (mit dieser seiner Selbst-Aufwendung) wahrhaft Mensch sein und Menschhaftes hervorbringen zu können: in *diesem* frei frequentierenden Element des Grundes unserer Erhaltung *leben* zu können, wie die Fische im Wasser. Einerlei, wie die Fische gemustert sind, wo sie schwimmen, wovon sie sich außerdem noch erhalten, ernähren, usw.

– Verstanden. Da will ich mitschwimmen. –

Verstanden *auch*, dass dieser ursprüngliche, wesenhafte Niederschlag, d. h. die analeptische Natur des dieses ganze Leben selbst „Ersinnenden", sich als das Wollen des Menschen als eines anderen ausdrückt, und doch zugleich als das das Leben des Lebenden gestaltende Wollen desselben, das stattdessen oder *zuvor* ist? Verstehst du den Zusammenhang und bindenden Umstand?

– Bedingt. –

Zurück zu meinem vorherigen Punkt:

Aber *streng geliebt,* der Mensch. Weil dieser gestaltende, durchscheinende Geist seiner Hervorbringung, der im „Hintergrund" wirkt und sich niemals enttarnt, nicht „der Lebende des Lebens" selbst ist, nicht der geschaffene Mensch, gibt ein jeder dieser Ausschnitte, jede „Augenblicksgestalt", siehe oben, diesem, dem Lebenden selber, auch nicht sich selber zu sehen. Wenn doch, so doch nicht, wie *dieser sich* in diesem Augenblick, oder überhaupt, sich selbst vorstellt und erscheint …

Umgekehrt: Der Augenblick gibt, gemäß den augenblicklichen Begebenheiten, ihm *dessen* Vorstellung von ihm zu sehen; er gibt ihm das vom initialen Geist und „Ersinnenden seines Lebens" her Seinzuhabende seiner selbst, des jeweiligen Menschen, in den jeweiligen konkreten Umständen zu sehen. Sodass uns dieses *Seinzuhabende,* an das wir immer aufholen müssen, uns inmitten oder besser *durch* diese Umstände, gerade in seiner Vermissung und Vergeudung, so auf „negativ mittlerschaftliche" Weise an-gezeigt werden kann. Ja, das muss letztends die Regel sein: in nämlich dem Maße, in dem wir *nicht* aufgeholt haben.

Erst wenn wir dahin gelangen, bzw. je mehr wir dahin gelangen, zum Seinzuhabenden aufzuholen, das da jede „Augenblicksgestalt" uns mittlerschaftlich aufzeigt (bzw. intimiert), werden wir selber *seinszeitlich*: handelnd, denkend deckungsgleich mit unserem wahrhaftigen Selbst: „nicht-anders" zu unserer inneren Intimantin, die da co-natural ist, eines Herzschlags mit Dem Seienden an Sich und mit allem Ins-Sein-Gesetzten. Mehr noch: Dann stehen wir in der Fülle unserer eigenen analeptischen Möglichkeiten als Schöpfer von Leben aus dem Geist der Einheit und der Liebe.

Du bist dann so weit, wenn du hinter *allem*, was dir im Leben widerfährt, dieses bewusste Wohl-Wollen vermutest und entdeckst (zunächst vermutest, dann entdeckst), das *prima facie* eine Verkettung von lauter Unwahrscheinlichkeiten ergibt: Siehst du die wichtigen Momente miteinander verbunden, bemisst sich dein eigenes Zutun gering. Schau an dein unverhofftes Augenmaß, deine eigene Geschicklichkeit beim Schlichten eines Streits zwischen Freunden. Oder etwa eine zeitweilige Erkrankung und die durch diese bedingte Auszeit, in der du unter anderem einen ratsuchenden Besucher anhören und ihm helfen konntest, darob aber selber gesund geworden bist.

Als versorgest du an einem Tag daheim deine Pflanzen und sähest sie gleich darauf wieder strotzen vor Kraft. Insofern ist es doch das Verstehen an sich, wie viel Gott da bewirkt, das das Wirken bewirkt (oder es potenziert). Wenig unterscheidet dieses gelebte Verstehen vom Leben in der Ewigkeit und jenem, das von Ur an für dich vorgesehen war.

7.4. „Da ich ein Kind war, da redete ich wie ein Kind und war klug wie ein Kind und hatte kindliche Anschläge; da ich aber ein Mann ward, tat ich ab, was kindlich war. Wir sehen jetzt durch einen Spiegel in einem dunkeln Wort; *dann aber von Angesicht zu Angesicht.* Jetzt erkenne ich stückweise, dann aber werde ich erkennen – *gleichwie ich erkannt bin.* Nun aber *bleibt* Glaube, Hoffnung, Liebe, diese drei; aber die Liebe ist die größte unter ihnen."[70]

Unser Erleben ist nicht gleich unserem erhaltenen Leben, weil es unserem zweiten Werden dient, unserem Werden zu *dem* Leben, welches von seinem verursachenden und beseelenden Geist schließlich jenes Zeugnis ablegt, das der gläubige Mensch selber ist, *cum caro.* Der gewordene wirkliche Mensch: der *darin* wirklich gewordene Mensch, dass er auf die Liebe und Leidenskraft hingeführt wird, erobernderweise, die sich als im „Licht des Lebens" selber liegend ihm vermitteln. Jeder Augenblick unseres Lebens, wie ich sagte, *Elhamdu lillahi alà külli hal,* bildet sich dazu sowohl vom ursprünglichen als auch vom „gravitierenden" Pol aus, an dem der Geist unserer Erschaffung, Lenkung und Bewahrung die Arme des Vaters unserer Seele um uns schließt, die er „auch sonst" nicht von uns reißt: Diesen wahren Wert eines jeden gegebenen Augenblicks erhält die Gabe durch seinen gegenwärtigen Geber, Der sich als der nämliche, der Gebende in diesem Geschenk selber bekundet, dem *aus ihm* gegebenen Augenblick: jedem. Jedem oder keinem.

Einfacher noch: Wenn der Satz, dass „Gott ist", nicht besagt, dass Er *da* ist, Er, der von sich selber sagt: „Ich bin der Ich-bin-Da" (oder: „Ich bin der Existierende", 3. Kap. des Buches Exodus), besagt er im Grunde gar nichts; und gerade nicht die unverwechslich-höhere Art eben *Seines* Tätig-

---

[70] Paulus, 1. Kor. 13,11–13.

und Zugegenseins. Diese aber ist ewige Erschaffung und ewige Neuheit. Immerwährende Verursachung, immerwährende Väterlichkeit. Geistige Zeugerschaft, die sich kraft jenes sprechenden Mediums *seiner* Einwirkung erneuert, stets erneuert, das recht besehen unser gelebtes Leben ist. Erst recht und umso mehr ist das so, als unser Leben in seinem Ziel und Ausgang überantwortet wurde Dem Auferstandenen, dem Lebendigen Sohn, der allein „zum Vater führt": zur Liebe Selbst hin. Ab unwiderruflichem persönlichen Bekenntnis zu Ihm absorbiert und vergegenständlicht unser eigenes Leben die Leidenskraft, Langmut und geistige Gebefreudigkeit Christi des Sohnes; nicht das Ausstreuende, sondern das Ausgestreute des erneuernd-schöpferischen Lichtes der Liebe Des Herrn, welches alles vorher Gewesene (s. o.!) überwindend verdrängt. In diesem seinem Hingegeben-Sein, seinem bereitwilligen Dar-Sein erwidert in unserer antwortfähigen „weiblichen Innenperson", die für Ihn bereit-hält (bereit-gehalten hat), was wir sein können und sein werden. – Das geschieht, indem Der PräSente in das Dasein des Beschenkten einzieht, involviert wird in unser faktisches Leben, mit-überwindend und mit-leidend, so dessen Umstände leidet und erträgt, Leben gibt, *sein* Leben, und Tod nimmt: aber *dafür*.

Somit ist dieses unser Leben nicht weniger Gegenstand Seiner Bestrebung mit uns, als Sein Erzeugnis. Vielleicht sogar erweist es sich zuletzt selber, in anderer Weise, als göttliches Geschöpf? – Nicht nur als werkliches oder edukatives Gottes-Mittel?

– Warst du vorhin nicht sogar bereit, es mit dem gegenwärtigen Gott selber gleichzusetzen: unser Leben an sich? –

Entscheidend ist: Wollen wir diese Art *Seines* Tätig- und Zugegenseins als solche, gleichauf, finden und erfahren, wollen wir überhaupt mit ihr korrespondieren, dann müssen, ja dürfen wir nicht auf etwas Bestimmtes „hinleben", das nicht im Licht der Gegenwart an sich, und zwar jeglicher Gegenwart, gegeben wäre: in ihrem unverschobenen „inneren Geist". Ein Christ kennt überhaupt kein „Que será?". Verlegt er seine Vorstellung und Vor-Sicht auf ein Einstmal, vertut er das Einmal und Unwiederbringliche, das die Begegnung und Zusammenarbeit mit Dem ALLEinzigen ihm all-augenblicklich vorgibt. Vor-*gibt*. Und die Chance der Begegnung mit Ihm, der auch deshalb „Das Wort" bzw. „das lebendige Wort" genannt wird, weil er ein Gott ist, Der Seine Versprechen hält und Seine Ankündigungen lückenlos realisiert (darüber hinaus mit Blick auf seine Vermenschlichung: weil dieses Sprechen und Versprechen sich nicht im Mindesten von seinem gelebten Zeugnis und seinem konsequenten Handeln unterscheiden).

Versprochen hat Er, dass er, je mehr sein Wiederkommen nahe rückt, immer mehr Erweckung schenken und seine Himmel vor uns öffnen wird. Das zum einen. Dazu bildet der beschworene wahre Gegenwert der Gegenwart einen Kontrast echter, begonnener Verwirklichung. Tatsächlich gibt es in diesem „inneren Geist" des Lebens kein Mehr- oder Wenigerwerden, nachdem Er in und durch Jesus Christus in unsere unmittelbare Daseinssphäre eingedrungen ist als etwas unabänderlich Bleibendes, Umfassendes, Unwandelbar-Richtendes, immer verborgen gegenwärtig. Dieses „Licht des Lebens" wird tatsächlich nie verringert oder erhöht, weil doch Gott durch Sein Handeln in Christus von Sich aus die Kluft überbrückt hat, die uns von Ihm getrennt hat. Genauso wenig treffen Möglichkeiten des Zu- oder Abnehmens Seiner mit-teiligen Gegenwart auf seine wesentliche Unwandelbarkeit zu: Sie treffen aber auf das mit ihm korrespondierende Licht unseres inneren Er-fassens, Einlassens oder Mitwesentlichwerdens zu. *Mit dem* er also, recht besehen, etwas unternehmen wird, oder: immer mehr etwas unternehmen können wird. Aber nicht die Tinktur und ihr Einwirken, sondern das Eingefärbte verändert sich graduell. Es geschieht etwas (und immer mehr) mit dem aufweckbaren „menschlichen Licht" in uns. Ab dem Eintauchen des Stoffes „Mensch" steht dieses Licht oder Lichthaltige mit dem Seines Geistes in einem so wenig sensuell wie gedanklich begründbaren Verhältnis, sondern in einem werklich-innernatürlichen Verhältnis – ebenso wenig, wie man das von der wahren, „inneren" Dimension eines jeden erlebbaren Augenblicks behaupten kann (s. o., *7.1.*). Sondern – *ihm gemäß*, dem göttlichen Licht gemäß, dem, *was* da mit ihm in diese Welt eingezogen ist – steht dieses mit dem aufweckbaren „menschlichen Licht" in einem also animischen oder „wesenskraftlichen" Licht des Geist-*Seins* selbst – einem „bloßen", dardeutenderfragenden, sich erweisend-hinweislichen, darin *bindenden* Verhältnis des gegenseitigen „Sehens", gegenseitigen Aufnehmens und gegenseitigen Tuns.

Ja, auch das sind nur unzulängliche Behelfsworte, um das Seinszuständliche, um den Grad der Mitwesentlichkeit zu umreißen, auf den sich die erreichbare heilsame und beständige Wirklichkeit des inneren Menschen begründet; das, was schlicht „menschliches Licht" ist und in unserem eigenen gelebten Leben zur Gültigkeit gebracht werden muss.

7.5. Das wahrhaft Seiende erkennen bedeutet: mit dem Sein erkennen, durch das Sein bezeugen, welches da „erkennt". So verstanden haben wir die Einschränkung: Wer erkennt, *was* er erkannt hat, hat erkannt; wer nur „erkennt", hat nichts erkannt. Außerhalb eines Erkennens, das alle Fasern *unseres* Seins durchtränkt, diese regelrecht umfärbt, kann es kein Verhältnis zu oder mit einem Gott geben, dessen bekundeter Wille und dessen bekundete Wahrheit ununterscheidbar sind von dem Sich-Beweisen und -Erweisen als Gott *und* Mensch: von Seinem eingelösten Wort. Mit einem Gott, der, bis zum äußersten Sich-Erniedrigen und Sich-misshandeln-Lassen, bis zum Sich-töten-Lassen, nicht das Geringste von seinem Hoffen und seiner leidenden Liebe zurückgehalten hat, um eben anders und nachhaltiger denn durch die bloße Kraft des Unbehagens und des stimmlosen Gewissens in den Menschen zu wirken.

Der gekommen ist, um *zu tauschen*: sein Leben für unseren – im eigentlichsten, im inwendigen, geist-seelischen Sinne menschlichen Tod.

Gott kann man nicht mit einem Bündel intellektueller oder moralischer Prämissen gerecht werden, indem wir mit Worten und mit unseren Augen den Fußboden fegen, auf dem wir seitdem gehen: Das bloße „Verstehen" und Vermitteln seines göttlichen Ansinnens ist allenfalls der kleinste, erste Schritt auf diesem Weg.

In diesem wirklichen Erkennen stehen oder gehen bedeutet vielmehr: das Erfahren der Herrichtung einer komplett neuen eigenen Identität, die er bereits in uns gelegt hat, unverlöschlich: welche gegeben ist, indem *Er ist,* und wie er selbst: immerfort und all-augenblicklich.

Folglich muss jeder von uns die spezifische innere Ebenbildlichkeit und Vorstellung ergründen, die Gott *von ihm* hat, verbunden mit einer bestimmten persönlichen Aufgabenstellung, mit der höheren Weisung in seinem persönlichen Leben (genau besehen: in jedem Augenblick desselben), welche sich ihm mit jener offenbarten Vorstellung unmissverständlich eröffnen wird.

Wenn du nun entgegnest, dass dir diese *seine* „Vorstellung von dir" niemals gezeigt, niemals eröffnet worden sei, obwohl du mit mir weißt, dass es erst eine Zeit der Annäherung und Umstellung im Begreifen braucht, kann ich dich angesichts der regelrecht greifbaren geistigen Gegenwart Des Auferstandenen nur fragen:

Aber hast du denn mit Jesus gesprochen? – Hast du überhaupt angefangen, mit ihm zu sprechen?

Nein, vermutlich nein. Er aber steht an deiner Seite; bereit, dich mit all der inneren Sicherheit, dem Trost und der Kraft einer Lenkung und Bewahrung zu beschenken, die du lange Zeit hindurch vermisst haben wirst. Aber das alles wirst du bekommen, sobald du dich ernsthaft seiner Gegenwart und Unterstützung geöffnet hast.

Auf diesen Moment der Wende wartet Er, der im Übrigen alle deine Schritte kennt, sieht er sie doch durch deine eigenen Augen. Nicht also wie einer, der dir den Kopf waschen will, sondern als Der Eine, der gekommen ist, um dir zu dienen. Und um dir Sein Leben zu schenken.

Um wirklich *dir* zu dienen: deinem wirklichen Ich. Dir als dem nämlichen, der du *jetzt* bist, aber ausgestattet, *schon* ausgestattet, mit der erweckbaren antwortfähigen Seele, mit der Saat der Seele deiner neuen Identität, welche in *Seiner* Vorstellung und in Seinem liebenden Wissen von dir beruht. Der Entwicklung dieser Person dient dein Gott, indem Er heute dir selber dient, deinem heutigen Ich, aber um ihretwillen.

Antwortfähig ist dein Innerstes: auf die geistige Gegenwart Des Auferstandenen, von der wir deshalb sagten, sie sei durch und durch „greifbar", weil diese Auferstehungskraft des Herrn, den wir annehmen, förmlich danach verlangt, *gebraucht* zu werden. Danach, in den Widerständen unseres Lebens regelrecht von uns benutzt und eingesetzt zu werden; damit wir, jeder von uns, die wir Ihn angenommen haben, sie als die Alles-Überwährende, Siegende ausweisen können, wenn sie *uns* zum Sieg über die verschiedenen Widerstände führt. Im Wesentlichen sind das *die* Widerstände, die uns ebendaran hindern, in diese Neuheit des Lebens einzutreten; die aber, da sie doch von Ihm selber kommt, sicherlich sieghaft bleiben, sieghaft werden wird.

Wie absurd, nicht das JETZT zu glauben! Und nicht *an* das Jetzt …

Angesichts der aktiven Gegenwart Des Auferstandenen, durch Die die Wirklichkeit an sich prinzipiell Offenbarungswirklichkeit (bzw. „mittlerschaftliches" Medium) dieser Gegenwart geworden ist;

so können und dürfen wir uns weder auf eine ursprüngliche, gewesene und vergeudete Schöpfungsbeziehung mit Gott zurückziehen noch auf eine einstmalige „Öffnung seiner Himmel" vertrösten oder vertrösten lassen *(sic!)*. Ebendiese Himmlische Gegenwart ist seither ausgespannt zwischen dem Damals, Einst und Heute in jedem Augenblick unseres Lebens.

7.6. Darum zurück zu meinem Hinweis, dass wir nicht auf etwas Bestimmtes „hinleben" dürfen, das nicht gerade im Licht der reinen Gegenwart, ja jeglicher Gegenwart gegeben wäre: in ihrem unverschobenen „inneren Geist". Wo aber stehen *wir*? – Unmittelbar durchdrungen, geradewegs tingiert von diesem „Sein", sodass sich seine Gegenwart vollends in unserem „Bewusst-sein" ausdrückt?

Nein. Vielmehr steht dieses attentionale Selbst daneben, weil es an-sich-haftend regelrecht in sich oder neben sich steht (und außerdem *steht es*). So lange wirkt dieses an sich Achtende verneinend be-*nachtend* gegenüber dem sprechenden Licht oder dem einverwandelbaren „WAS" des einen geistigen Dar-Seins, noch bevor es selbst überhaupt dessen unmittelbar-ausschließliche Identität und persönliche Gegenwart, die Des Auferstandenen in diesem „WAS", kennenlernen konnte: die Individuation Gottes (*huwiyya*) in der Persönlichkeit Christi, und mit dieser die Nähe und Vertrautheit einer überwirklich-wirklichen *Person* erfahren, die wesenhaft im Phänomen von Vertrautheit und wohl-wollender, verständnisinniger Nähe besteht (die „Liebe IST"). Das an-sich-haftende Ich-Bewusstsein wirkt schon verneinend gegenüber dem eigenen Anteil an Sein, Evas uns ingenierter Gegenwart: gegenüber einem sich-gebenden, nur als solchem sich-gleichen, einem durch sich ins-Sein-setzenden Licht, welches auch und gerade dieses Achtende in uns, den Geist umschließt, „persönlicher, gewisser, wirklicher als die eines menschlichen Wesens" (Simone Weil). Es wirkt *dadurch* benachtend-verneinend auf tatsächlich *alles Bestehende*, und zwar solange es nicht seine eigene Trauhandlung mit ihm, dem „WAS", das nur austragenderweise („umsprünglich", wie wir vorhin sagten, nur) sich selbst gleich bleibt – *nicht* eingeht; sei es in seiner persönlichen (Christus) oder in einer „überpersönlich" geistigen Manifestation[71].

Ebenso jedoch, ich muss es mindestens schon zwanzigmal gesagt haben, hat unser Bewusst-Sein erst mit dieser Trauhandlung *sich selbst erlangt*, erfährt wahrhaft sich selbst und sieht sich tatsächlich selbst: *was* es wirklich ist. Wie es wahrhaft und *in der Vorstellung Gottes*, in der Vorstellung seines Väterlichen Erzeugers und Himmlischen Freundes von sich, von uns, bleibenderweise und zwingend besteht. – Uns gibt es, überspitzt gesagt, außerhalb dieser Vorstellung bzw. außerhalb dieser Aufweckbarkeit, eigentlich nicht, nicht einmal regelrecht fleischlich: weil auch die Kraft, uns zu erhalten, und die Kraft, uns zu ernähren, so im Geiste, wie im Fleisch, in dieser, Seiner aktiv-bejahenden Eigenen Vorstellung von uns liegen.[72]

7.7. Selber als Getragener und in Schwachheit kommt der Mensch zur Welt, bis das Licht Gottes ihn erleuchtet. Und in Schwachheit kommt die Welt zum Menschen, dass dieses Licht ihn erleuchte.

Es erleuchtet ihn aber darin, dass er sie in ihrem Sehnen und Angewiesensein auf sein inneres Licht erkennt; und dass er sie nur durch dieses Licht begreift bzw. sieht. Dabei dringen „in" diesem „äußeren Einwirkungs-

---

[71] Die richtiger gesagt vor-persönlich, heranführend ist, in einem selbst unausgeboren, noch nicht revelativ hinsichtlich Des Lebendigen und Unverkennlich-Einen, der tatsächlichen *huwiyya*, s. o. – *Bis dahin* wird die Manifestation des ALLEinen Höheren auch anderen religiösen Zugängen und Anschauungen Raum in uns geben, anderen als der erweckt und wahrhaft Christlichen. (Anm. d. Schreibers).

[72] Siehe „Die Bitte". (Anm. d. Schreibers).

medium", ob sie gleich uns erst „umfingen", weil sie „stets den Anfang machen"⁷³, wie Clairvaux sagt (WER?), die Leidenskraft und Langmut Seiner Liebe uns zu Herzen, die überall eingedrungen, überall vorgedrungen sein wird, glaubten wir nun oder nicht daran, da in dem *Glauben an uns* gründend, dass sie in diesem Herzen selber Grund fassen könne: sich vergegenständlichend in seiner eigenen, sich *selbst* zu diesem An-Fang, diesem Wiederanfang „verfrühenden" Gestalt … Im Wiederanfang unseres „Eva" genannten inneren Lebensleibes, des sich einzig und allein aus seiner Liebe hernehmenden und erhaltenden, realen Lebensleibs unserer Seele. Welcher steckt im Raupen- oder Mumienwickel, davor: allzu lange in beiden Fällen …

Wiederanfang in seinem weit-offenen Licht, welches das der geistigen Wirklichkeitskraft, der „extremen Frühe" des schöpfenden *Ursprungs* ist, des alles in der einen In-Eins-Schöpfung zusammenschöpfenden Ursprungs. Und zugleich ist dieses das „menschliche Licht" des einselbstenden oder „verwesentlichenden" *Endes*, an dem diese gesamte sprechend mittlerschaftliche Sakramentalität des Lebens nackt „wiedergebracht" wird: vor uns selber und in uns. Was zuletzt eines und dasselbe ist.

Dann wissen wir von dieser Welt, der jetzigen: Sie hat uns nacheinander vergegenständlicht den sichtbar werdenden und den verleugneten, den gemarterten und den erniedrigten, den getöteten, dann den auferstandenen und schließlich den in Herrlichkeit wiederkommenden Christus, welcher allem und jedem, was bzw. wer an dieser „mittlerschaftlichen" Vergegenständlichung teilgehabt hat, Trost, Freude, Gerechtigkeit und Gnade widerfahren lässt. Immerwährende Gnade von nie gekannter Tiefe und Schönheit.

Am Anfang stand die Zukunft: Alles Geschaffene und alles Bevorstehende würde der Offenbarung, ja, der Verordnung des seinzuhabenden, gotthö-

---

73   Gott lässt sich nicht vermissen, er macht sich „weder innerlich noch äußerlich rar vor der menschlichen Seele", wie er etwas später näher ausführt. (Anm. d. Schreibers).

rigen Menschen dienen. Und zum Ende hin wird die gesamte, unwiderstehliche Absicht Gottes offenbar, wie sie in diesem Ursprung schon bestand. Die sowohl Anlass zu diesem Beginn, als auch zu allem Gewordenen, Erlebten und Dazwischengetretenen gegeben hat.

Denn A beginnt bei Z. A, Beginn, wo das LICHT explodiert ist und formte aus ihm sich das geistige Leben, das alles ernährt, was nach ihm wurde und vor ihm Gestalt annahm. Welches alles erhält, indem Es von sich selbst singt in unserer evigen Mitte.

Mittler weile (Die Treue Gottes, 3., EZAL 8).

8.1. Es ist aber, noch einmal, der jeweilige und jeder gelebte Augenblick, der uns aus dem Raupenwickel holen kann, der uns zu „irgendeinem Punkt in der maßlosen Ebene, in der die sich abzeichnenden Dinge deutlicher wirken, reingewaschener, geordneter, klarer Gerechtigkeit gemäß" (Cabral) machen kann. Es ist der reine Augenblick der Gegenwart, der Augen-Blick des Seins, der wegen der in seinem Lichte ankommenden Inhärenz von beidem, wesensgebender Ursprung und verwesentlichendes Ende, die ich vorher meinte, deshalb so heißt, weil er, der „Augenblick" selber, diese „sehende Kenntnis" besitzt.

Verstehst du jetzt? Das ist nicht nur seine eigene „Tiefe", seine Nichtwesenlosigkeit, sondern seine Heiligkeit und seine untilgbare Güte. Er webt um alle Dinge, auch und gerade um das Leidende, das für Anblick und Gefühl Bedrückende, einen Lichthof, der das Gesamte des Lebens gestaltenden und versöhnenden Liebe, ohne Die es die Brenne nicht macht, ohne die es den Furor der „gläubigen Unvernunft" nicht geben kann, die wir so nennen, das menschliche Licht. Ich weiß das. Ich weiß beides!
Menschliches Licht, das vom ersten inneren Sehen dieser nämlichen Pforte an unauslöschbar in uns brennt. „Wenn auch Schatten um uns fließen", wel-

che Schatten, recht besehen, mit dem vorbeschriebenen nicht-konversativen Benachten der Wirklichkeit, uns selber entsteigen und ent-strömen, allen von uns. Alle allen von uns: Legionen dieser Schatten der Welt verdanken sich dem tagtäglichen, notorischen Wiederaufrichten des Kreuzes, an das wir, in falschem Ansehen und Memorieren ihrer, jede begegnete Seele *mit der sie ver-todenden Gestalt unserer unerweckten An-Sehung* ihrer schlagen. Dadurch verleugnend und missachtend, was in einem jeden Menschen widerstrahlt von unserem Erniedrigten Herrn.

Nichts anderes tun wir, insoweit *wir* es sind, die machen, was man nicht *macht*: sondern mit dem Geist an-richtet. Das tun wir, solange wir nicht mit Ihm sprechen. Nicht mit Ihm sprechen von ihr, zu ihr, nicht über sie. Solange wir nicht *ihn* befragen über sie und bei ihm fürbitten für sie. Nur daraus kann echte Bestätigung und Bestärkung für die Seele des Mitmenschen erwachsen; aus der gelebten Intimation, verlebendigend *ihre* währende Wahrheit und Schönheit, die Gott ihr gibt. Nur mit seinen Augen zu sehen, nur aus seinem Munde zu hören. Das ist *die* Schönheit und Wahrheit, die Er unverlierbar *für sie* besitzt, ihr einmal gab und ihr immer geben kann.[74] Sind es doch *sie beide*, die sich gegenseitig kennen und die hier einander haben. Die Braut den Bräutigam, der Bräutigam die Braut: Wir kennen ihn nur durch sie, sie nur durch ihn. Nur Gott kennt deinen Mitmenschen; und durch Ihn *kannst* du ihn kennen.

So sind wir gerade unserer unaufgebbaren wirklichen Innennatur nach „gleiche" Menschen des gleichen geistigen Ursprungs und der gleichen Bestimmung. Um der gegenseitigen Bekräftigung und Einlösung dieser Gleichheit willen, der dreifachen – sind wir vollständig *füreinander* bestimmt. So sind wir einander Brot des Seins. Werden es werden, wenn wir es heute noch nicht sind. So haben wir füreinander als gewundene, geknetete „Objekte der Erfahrung", die in sich selbst hineinweisen, wiederum in die festigende Hitze jener bestimmten Erfahrungen hineinweisend, die *sie* (d. h. uns) herangebildet haben – und die doch als diese „Objekte"

---

[74] Näheres dazu ist in „Die Bitte" ausgeführt. (Anm. d. Schreibers).

nicht eigentlich abgedrängt werden können gegen den Rand der je eigenen Geschöpflichkeit oder je eigenen inneren Wirklichkeit, wo wir als diese ausgeformten, isolierten Selbste einander *erscheinen;* so haben wir gerade füreinander einen so wenig fragmentarischen, so wenig wesenlosen Charakter, wie jeder Augenblick des Seins in der Gesamtheit eines Lebens. Wie dieser, jeder Augenblick sich von der geistigen Wirklichkeit eines höheren Lichtes hernimmt, in dem sich die verschiedenen Lebensschleifen und Ich-Gegebenheiten wieder berühren, sich ganz berühren, verbinden, umeinander wickeln. Das geschieht im Licht Gottes mit der seelenräumlichen Mitte, dem Bewusstseinskern, dem Innersten des Menschen; da es, dieses Selbe an seinen Mitmenschen, diese als Mitwesen in sich fassend, dieses ihm Gleichartig-Gegengleiche „essend", selber ab dann kaum noch in der ersten Person zu denken und zu fühlen vermag. Indem es, restlos eingehend in Das menschliche WAS, so verstanden „auf-gehoben" wird zu der Liebe des Einen Umfangenden, Der uns alle gemacht hat und uns alle einander gab: dafür, das zu erfahren, uns unser jetzt und hier gelebtes Leben gab.

Mag auch das unwider-stehliche Durch-fangen des Wesens Des Erzeugers unseres Lebens in uns selber erst *das* Ende sein, das *uns* endigt; das uns in dem Sein qualifiziert, welches „das Leben eines Anderen, der unseresgleichen ist", in sich selbst enthält und durch sich trägt: worin sich jenes *uns* erwies als Der Nämliche ALLEinzige. Durch Christus, die evige Sonne. Worin es sich als das Sein des All-Einen Guten uns auch jetzt erweist, heute und morgen, unaufhörlich.

Segundos de sombra (Intermezzo).

Hast du gesehen, wie ich mich von ganz hinten nach vorn bewegt habe, nach ganz vorn, auf diese Stelle? Hast du nicht?

  Seit vorgestern bin ich der Schatten des Sohnes. Nein, Sein Leben, Sein Fleisch und Blut fühle ich nicht. Aber er kommt. Durch diese noch schüchtern beblümte Toreinfahrt, auf der ihr mich ruhen seht, wird er eintreten, sobald ich mich erneut geregt habe.

Zuvor sagte ich: Ich bin die Landstraße, auf der der Herr geht. Dann war ich die Schnellstraße, auf der sein Wagen hergefahren ist. Sein direkter Weg zu euch bin ich. Doch weder seine Unmittelbarkeit noch seine Ausdauer besitze ich, euer Herz zu rühren und euch zur Umkehr zu bewegen. Zur Umkehr mit ihm, auf dieser Straße. Wie er mich dafür brauchen wird, so brauchte er mich zuvor dazu, um schnellstmöglich zu euch zu finden. Schaut hierher also, auf diese Stelle. Denn er kommt.

8.2. Das Auge des Strudels, der immer wachsende Ansog dieses rufenden Wissens-von-uns, weitet sich in konzentrischen Kreisen aus, die sich mehr und mehr öffnen und schließlich alle Lebenseindrücke umfassen bzw. alle diese als mittlerschaftlich zum eigenen WAS uns offenbaren, als Idiom Des Einen Mittlers, jeder Moment, jedes Erleben eine kurze oder längere *Mittlerweile*. Die verschiedenen Entwicklungsstufen und qualitativen Erfahrungsinhalte unseres Daseins mit allen ihren widersprüchlichen, zerbrechlichen Erscheinungsformen, daseinsbestimmende und vermeintlich „normale" Erfahrungsmomente; alles erscheint schließlich als wahrnehmbares Zeichen der aufgedeckten Heilswirklichkeit Christi Des Auferstandenen, als mittlerschaftliches Zeichen des göttlichen Mittlers selbst. Als Zeichen der Anrufung und erdumspannenden Gegenwart des einen Göttlichen Nahen, der durch alle diese Dinge hindurch Besitz nehmen will (wollte) von unserem angerufenen, angesprochenen Herzen; einerlei, ob wir unsererseits *ihn* erkannten oder anriefen.

Ausgang und Schluss dieser, wohl der eigentlich gläubigen Erfahrung und Auffassung des Daseins ist also die Tatsache, dass der grundlegende Gegenstand aller menschlichen Erfahrung die vom initialen und umfangenden Geist unseres Lebens selber durch-fangende (s. o.) Natur ist, welche Liebe, Langmut und Leidenskraft sich mit aller Konsequenz in Christus, dem unmittelbar aus der Ersteren „gezeugten" Menschen ausgedrückt haben. Der im Sinne eines tief zündenden neuen An-Fanges des Menschseins überhaupt bzw. des Menschseins jedes Menschen zu dieser Eingleichung des zeugenden in das gezeugte geistige Leben berufen wurde, was Er, das Erreichen dieses neuen Anfanges, unumkehrbar vollbracht hat. Von dem aus also genau diese Be-rufung auf jeden Gläubigen ergangen ist, ergeht. Dennoch ist die Erfahrung einer uns verinwendigten „letzten Unwiderstehlichkeit" des Werkes Gottes, dem analeptischen Werk der Vermenschlichung, das, was einer jeden menschlichen Seele noch bevorsteht, indem ihr ihr tatsächlicher Wesensgrund offenbart wird.

Man muss sogar weitergehen und sagen: Natürlich müssen und können wir versuchen, seinen Forderungen an das Seinzuhabende (von uns) gerecht zu werden, wie sie in und durch Jesus Christus letztgültig sich ausdrückten, wie es die vernehmliche Stimme der Intimantin postuliert. Aber: Er ist es, der die Macht hat, der diese Macht über uns hat. Nicht umgekehrt. Er ist es, Der handelt, Der ein- und durch-greift, der das wesentliche Verfügungsrecht des Schöpfers über einem jeden seiner Geschöpfe auch geltend macht, zum gegebenen Zeitpunkt, wenn Er es für den jeweiligen Einzelnen so beschließt.

8.3. Auch wenn das den Anschein haben mag: Wir sind weit davon entfernt, die zwingende, nackte Daseins-Prägung, die innere Maserung des unverlassbar *gezeichneten* Ichs zu leugnen. Gezeichnet durch nachhaltige persönlichste Erfahrungen von Schmerz und Enttäuschung, von Wahrheit und Verschmutzung, Mühen und Flüchen in durch und durch menschlichen Angelegenheiten oder in den spezifischen Auswirkungen eines gesellschaftlichen und geschichtlichen Kontextes. Aber man muss begreifen, dass das Wesen oder Medium des einen („alle Lebensschleifen ineinander verschlingenden") Lebens *selber* einen tief greifenden Wandel durch Christus erfahren hat, vor dem kein Mensch sich endgültig verschließen kann bzw. verschließen können wird.

Und nur um einen Gott der Liebe, Lenkung und Bewahrung nicht missverständlich oder sogar makaber erscheinen zu lassen, einen Gott, der Seinen eigenen Weg in die Welt und zu den Menschen – anlässlich zwar ihrer eigenen Verfehlungen – auf-prägt dieser Welt selbst und, in verschiedenen Ausmaßen, unserer je eigenen gelebten Existenz, haben wir es mit der Lehre dieser „mittlerschaftlichen Dimension" unseres Lebens kurzgehalten, ohne gesondert auf das Reglement des Leides einzugehen, welches uns, dazu, innerlich aufbricht.

Schon das, was uns in dieses Aufgebrochenwerden hinein aufbrechen lässt, ist ein vollkommen neues und erneuerndes Leben, in dem wir verändert und unendlich gestärkt sind durch die Annahme des geheiligten Namens und der heilenden Güte Des Herrn.

Aber einige von uns, die durch traumatische Erlebnisse wie den Verlust ihrer Heimat oder ihrer Existenzgrundlage, das gewaltsame Entreißen ihrer liebsten Angehörigen, oder ihrer Sexualität, ihres körperlichen Wohlergehens, gerade ihrer eigenen Fähigkeit zu lieben und zu vertrauen, zu beklagen haben, dass sie, so oder durch ähnlich gravierende Umstände, beraubt und verstört worden sind in ihrem innersten Selbstbezug, deren seelischer Lebensstrang durchtrennt worden zu sein scheint, die dadurch sich in einem unüberwindlich großen Unglück wähnen: Diese Menschen werden früher und näher an der Quelle des Heils sein und mit dem erneuernden Licht Des Herrn Bekanntschaft machen, früher als jene, deren äußeres Leben als solches keine Usurpationen, keine Vergewaltigungen, keine negativen Quantensprünge aufweist. Mit dem Herrn: der nicht diese Dinge will oder dass sie uns bzw. gerade uns widerfahren. Aber Der durchaus will, dass wir uns von uns selbst verabschieden, wir alle. Diese Menschen sind auf andere Weise in den unwiderstehlichen Ansog der alles umwandelnden Kraft Gottes hinausgeworfen aus sich selber; mit nicht mehr oder weniger

Aussicht auf ein falsches Glück und eine falsche Wiederherstellung, aber empfänglicher für *Den*, der gekommen ist, um Sein Leben für unseren Tod zu tauschen. Von den zwei unvermeidlichen Exilen unserer Seele in dieser Welt haben sie deshalb lediglich das zweite zu gewärtigen und anzunehmen. – Ich muss diesen Hinweis hier abbrechen.

(Entweder überkam ihn jetzt erdrückende Traurigkeit oder er fühlte, dass er zuletzt zum Teil verworren geklungen hatte und langatmig. Er schaute mich endlich einmal fest und entschlossen an. So bitter mir sein Ausdruck auch erschien, war mir, als verlange er von mir jetzt etwas zwingend Notwendiges. Wonach er, schneller atmend, beinahe hechelnd, förmlich ausrief:)

O dass dir bei alledem unser Zusammenwirken und Zusammenstehen mit den freudigen Engeln des Himmels aus meinen Worten ersichtlich würde – auch diese *Freude*, die nur „ins Leben" bewahrheitet, aber „nach innen" sehr wohl verscherzt werden kann!

– Nein, Albe. Wir sind keine Engel und werden das auch niemals werden, zumindest nicht in diesem Leben: Das und nichts anderes bezeugt diese menschengemachte, verrohte Welt in überaus sprechender Weise, mit den ersichtlich dunklen Auswirkungen auf jeden Einzelnen. –

Insofern gebe ich dir recht: Wer diese Kennzeichnung des Daseins anzweifelt, der hat zum wirklichen Glauben nicht gefunden. Und der Glaube, den er hegt, ist eine Schranke ohne Pforte. Obschon er sie nur nicht sieht, die offene Pforte. So wenig wie den unbedingten Sinn der Erfordernis, die uns vorhin beschäftigt hat: die des unabgewandten Einergebenseins in dieses Leben selbst, in seinen helläugigen Strudel, der *uns* schaut … Der in Wahrheit uns schaut, uns schaut, wie wir in Wahrheit sind: sehr viel klarer, als wir selbst es außerhalb seiner vermöchten. Der sehr genau …

Sehr genau durch uns hindurchsieht bis auf den Grund jener Höhe, die die geistige Geschöpflichkeit oder geschöpfliche Geistigkeit des Menschen ist, die sich in der Tiefe unseres Daseins bricht, indem diese *Entstehung* und ihre Verhinderungen praktisch immer, in allen Lebensumständen erfragbar sind. Kein einmaliges Ursprungsereignis war oder ist sie. Weil vielmehr das Leben selber in dieser tieferen Beanspruchung steht, immer steht, weil es selber in einem fortwährenden „Ringen um unser inneres Licht" begriffen ist, worüber wir ausführlich sprachen.

8.4. Das Auge unseres Lebens: Es durchschaut uns dadurch bis auf den Grund jener Höhe, die auch *ihn*, den Strudel, auslöste, während er nirgendwohin sonst – *hinausführt*.

Er hat kein anderes Motiv, keinen anderen Gegenstand und kein anderes „Thema" als diesen besagten Hinter-Grund, welcher zugleich *ihn*, gesamthafte Gestalt des Strudels, zum mittlerschaftlichen Gottes-Mittel macht: jede kleinste „Wendung" (im Gewinde) zum sprechenden, klaren Wink. Wenn man das erst begriffen hat, wird man auch die nämlichen vielen Aussagen dieses „sprechenden Mediums" verstehen und zu „sehen" anfangen: got the whole picture? Man wird sich selber dadurch auf einem völlig anderen Weg, einem anderen Trajekt des Lebens sehen, in dem man sich Tag für Tag *bewegt* findet …   Also *lasse* dich bewegen.

Dann beginnt Sein einsprechender Hinter-Grund einen klar vernehmbaren – im besten Fall nicht mehr abbrechenden – Dialog mit Dem Lebendigen Herrn, den *er* zwar dann nicht erst aufnimmt, der aber von hier an in uns wird vernehmbar, gegenständlich.

Ebendas, worauf sich das Leben, Künden und Sterben Christi dar-deutend, bekräftigend und erneuernd bezieht, ist das Leben dieses geistgeschöpflichen Hinter-Grundes; welches Augen *hat*, damit es sehe, und Ohren, damit es höre. Eigene Augen und eigene Ohren.
Ich prüfe dich und prüfe mich selbst: Haben wir *sie* etwa nicht vergessen?

Je mehr wir fühlen und wissen, dass Er uns an der Wurzel trifft, desto mehr ist es sie, die Er in uns trifft und belebt mit Seinem Wort.

Unseren letzten Grund und das glimmende Dunkel, auf dem die unauslöschliche Engelsseele des Namens „Eva" wie unsere „andere", wie *unsere* angelische Identität liegt – die *den ganzen Garten ausfüllt*. Den hellen Anteil auch. Seele, die sich ihrer unverkehrbaren und un-verunwirklichbaren *eigenen* Natur nach ganz darauf beschränkt, vom Göttlichen Leben zu empfangen – nicht von uns, aber für uns – alle die klingenden Keime der Hauch-Bilder.

Während es weiter in uns regnet, während es weiter in uns weint.

Denn „semen est verbum dei", Lukas 8,11: Das „Wort" und „Licht des Lebens" trifft auf nichts anderes denn diese seine ursprüngliche Hinterbringung im einzelnen Menschen. Oder besser: Es *trifft diese*, indem es gerade die schwerwiegenden eigenen Versäumnisse des Menschen und seiner menschlichen Brüder in dieser einen gegen-todlichen Hinterbringung „auf sich nimmt": um den Weg frei zu machen für sie (Eva), weil er, der gewordene Mensch, ansonsten nicht mehr zu *erneuern* wäre bzw. gewesen wäre. Also verbindet Gott sich mit der Menschenseele. Aber mit der „Seele unseres Geistes" und nicht schlicht: „mit der Seele des Menschen". Denn: „*Der* ist der Bräutigam, der die Braut hat." (Joh. 3,29)

Das will sagen: Er hat nicht eigentlich zu uns gesprochen; so wenig, wie er heute, aufs Gesicht zu, in der „Gleichzeitigkeit" (Kierkegaard), uns, den geschöpflichen Menschen, sprechend gegenübersteht. Genauso wenig besteht eine reelle, eine co-natural-unmittelbare Beziehung von diesem – uns unendlich unähnlichen – Gott zu unserem personalen Ich-Bewusstsein: nein, nicht vor oder außerhalb des Hervortretens des seinzuhabenden Menschen, den Er *uns* eben in Christus menschlich *vor-lebte*.

Diese Beziehung *besteht*, unauslöschlich, unaufhörlich, aber sie besteht nicht zur toten Faktizität unseres gewordenen und selbst-inventionären Ichs, für das es so lange in gewisser Weise natürlich ist, dass es von seiner Welt- und Selbstliebe gesteuert wird. Bis Er, Gott selbst, von Sich aus handelnd, uns vermittels unseres eigenen Lebens und von innen her erreicht.

So, wie die hier dargestellten Dinge für die meisten Menschen vorläufig keine Wichtigkeit besitzen, so besteht auch vorläufig eine Beziehung nicht, von der man erklären könnte: „Die Person des redenden Gottes und sein

Wort qualifizieren uns als solche Kreaturen, mit denen Gott bis in Ewigkeit und unsterblicherweise reden will." (Luther)

Sondern: Bevor wir uns ernsthaft die von ihm beabsichtigte Verwandlung unserer selbst (dieses Ichs) davon erhoffen können, dass wir uns der Botschaft des Seinzuhabenden entschieden zuwenden und „stellen" (und nur der im Innersten Ergriffene, ohnehin, begreift sie – und begreift überhaupt), müssen wir „ausziehen" aus uns, aus unserem weltlichen Exil in ein anderes[75], dann lange unsere eigene unkenntliche Mitte umkreisen, um allmählich in das Berühren und Berührtwerden durch das Wesenhafte einzutreten, das auf Ihn hört und von ihm lebt. „Wer die Braut hat, der ist der Bräutigam."

Wovon wir demzufolge – und das in der ganzen Bedeutungstiefe des Wortes – vielmehr *ausgehen* können, *aus-gehen müssen*, das ist die unaufhörlich selbst gegebene, eigentriebliche Zwiesprache zwischen diesem „redenden Gott" Christus und unserer inneren (Adams) *sonor mystica*: in der uns selbst unverfügbaren geistesgeschöpflichen Tiefe unserer selbst.

Durch die Verkündung des Evangeliums verlebendigt das jesuanische Wort mit dieser „weiblichen Innenperson" *dasjenige* innernatürlich-geistige Wesen in uns selber, das an *die* Sprache gebunden ist, in der Gott Herr und Schöpfer eines *jeden* Menschen und aller belebten Wesen als *einer* interdependenten, gemeinsamen Entstehung ist (siehe insbes. *EZAL 3*).

Dagegen aber, dass unser eigenstes Leben an die Erhörung Evas und an die Erhaltung dieser *einen* Entstehung gebunden ist, kann nichts und niemand etwas ausrichten. Daran gesunden *wir* – oder gehen zugrunde. Daran kann auch die gleichgültigste oder die selbstfeindlichste Einstellung unseres Ichs, unser nicht-eingedenkendes Eigendenken nichts ändern. Nur in Maßen einer verminderten Vernehmlichkeit dessen, was *sie* (Eva) vernimmt, einer wiedervertodend-hinhaltenden Verdunkelung des ganz und gar liebegelei-

---

[75] Das spirituelle weltliche Exil, welches sich „mittlerschaftlich" beispielsweise im Erleiden eines politischen Exils ausdrücken kann, stellt das grundsätzliche geistesgeschöpfliche Fatum dar, das uns die Konsequenz eines zweiten, im eigentlichen Sinne in-wendigen Exils nahelegt. Dessen gewillte Annahme (*„Du bist dir selbst verboten"*) kann und soll nichts anderes als die mit-tätige Überwindung des ersteren (des „weltlichen Exils") bewirken. (Anm. d. Schreibers).

teten Sehens „ihrer Augen", zugunsten einer gehaltlosen *privatio lucis:* was vermindert und löscht unser eigenes Licht.

Sie aber wurde uns in ebendieser Unbenehmbarkeit gegeben: damit wir auch imstande wären, damit wir überhaupt imstande wären, die Sprache Gottes wahrzunehmen (diese „zu sehen"), wenn Er sich an uns richten würde. Und damit wir imstande wären, Sein Leben in uns aufzunehmen, wenn er uns danach in die Mitwesentlichkeit mit Sich riefe.

8.5. Auch im Hinnehmenmüssen, Dulden und Erleiden bedrückender Umstände und unabänderlicher Widerstände für dieses „menschliche Licht": Wir müssen uns mit ihm, mit Evas Schwäche und Blindheit[76] verbünden; oder wir vergehen uns – einerlei, *wem* wir es entziehen – an Christus selbst (Mt. 25,34–46).

---

[76] Siehe *EZAL 10, fetra 2:* „Eva selbst" hat und spricht eben wegen der unauslotbar tieferen Wesensverbundenheit ihrer mit allem Lebenden eine andere Sprache, als die dieser *Erscheinungen* selbst spricht oder uns nahe-legt. Gerade diesen Abgeschlossenheiten gegenüber ist der An-Sog ihres wissenden Auges unbelehrbar, „uneinsichtig", ja gewissermaßen blind. Die Schrift des Herzens des Menschen ist auch nicht die kulturelle Schrift der Welt, die Ästheten und Literaten fesselt, noch etwa deren Sprache. Es ist die Sprache des Wehs um den Mitmenschen und des Wollens-von-Herzen für ihn.

Mit dem auf den benachtet-verhängten Grund des Wesens gerichteten Inblick zieht dieses Auge, sein Strudel, emotionale Kreise, welches *Ziehen* in uns spürbar wird; ein so wenig greifbares wie stillbares Verlangen, das mit dem denkbar einfachsten Hunger unserer Seele einhergeht, diesen verschärfend. Es sind *ihre* Umkreisungen des Wollens, des unmöglichen Aufgebens der weißen Gestalt in *ihrem* jeweiligen Gegen-Gleichen, das zugleich auch ihr „Brot" ist, ein Seiendes, das kompartimentär zu ihr gehört; Umkreisungen des Mitleidens um dieses Gegen-Gleiche ihrer selbst im anderen Menschen willen, in *dessen* Verhängtsein, Unausgestaltetsein und Ausgehungertwerden: Brot für Brot, wo keines ist. Also will sie: sich hingeben, wenn nichts zu holen ist; sich aufbrauchen, wo man dafür gar nichts bekommt; den Kampf suchen, wo einem dafür das Ende droht. Ist das *unser Mitleid?*

Ihr Sein und dessen Sprache sind die des (von Gott her) seinzuhabenden Menschen und als solche durch und durch unvernünftig; aus der Sicht der Vernunft, deren Weltbild im Auge entsteht, ist dieser, der „umgekehrte" Mensch sehend-blind, imperfekt und störrisch. – Aber es ist diese „ihre" Schwäche, dieses unvollkommene Mehr und Zuviel ihrer liebenden Kraft, was Gott in uns gesegnet hat mit seinem Licht und beprägt hat mit seinem Bild. (Anm. d. Schreibers).

Inwieweit das verwickelte Netz unserer „sonstigen" Beziehungen und Erfahrungen sich, mitten im An-Sog des Einen, in dieser „Schraube des Glaubens", als trümmerhaftes, gestückeltes, als eher irrelationales Dasein ausnimmt oder schon als ein homogenes und erfülltes Ganzes, das entscheidet sich darüber, ob und inwieweit das geistige Geschöpfwerden, um das es uns hier gegangen ist, von aktueller Realität ist, wie weit inkorporiert dieses unser Seinzuhabendes; während der erstvorfindliche, unmittelbar gegenwärtige Geist Des Einen sich uns in der evaischen Eigenschaft immer öfter, immer „früher" und „davor" kundtut.

Gott macht sich nicht rar vor der menschlichen Seele, die Ihn hineinruft in ihr Leben. Weder innerlich noch äußerlich. Er lässt uns nicht suchen, er gibt uns zu finden. Er *lässt sich* nicht vermissen: *Vermissen* lässt es sich Ihn im Grunde nicht. Es lässt sich Ihn leugnen, ja. Oder Er ist es, der Sich leugnen *lässt*, damit der wirkliche und mündige Glaube Ihn finde.

(Wenn aber *du* Ihn letztlich leugnest: Was wundert's, wenn du ihn nicht findest?[77])

Uns ist, im Gegenteil, nichts eigentlicher, näher oder *eher* eingesenkt als seine Nicht-Sprache, als seine „hauch-bildliche" Seins-Sprache, da sie „zwischen Herz und Herzhaut" des Menschen „fließt", wie al-Hallaj geschrieben hat. Die nicht unbedingt in dort gehörten *Worten* sich ausdrückt, aber oft in der so freud- wie leidvollen Empfindung jener Wirklichkeit, die des nicht- und anders-sehenden „Geistes unseres Herzens" ist.[78] Dann schon: des aufnehmenden Lichtes, des ins Nackt-Vorhandene und -Widerfahrende restlos ein-ergebenen Ichs, das darin neu ist und ein „Licht über dem Scheffel", dass es ein einlassendes Licht wird, wie wir erklärt haben.
Licht, welches über diese und jede andere himmlische Weisung *die* vernimmt, die als der tiefe Kern der ganzen biblischen Unterweisung gelten darf:

Weil du in dem Ebenbild deines Gottes geschaffen bist, weil Er selbst,

---

[77] Das heißt, hinter der Aussage „Ich vermisse Gott" oder „Ich finde Gott nicht" verbirgt sich das bewusste oder unbewusste Eingeständnis: „Ich leugne Gott". (Anm. d. Schreibers).

[78] Siehe vorvorherige Anmerkung, *sic*. (Anm. d. Schreibers).

dein Herr und Schöpfer, bei dir wohnen möchte bis ans Ende aller Tage, immer mehr sogar zum Ende hin aller Tage, wie Er *darin* bei dir wohnen möchte, dass Er selber aus dir gehe, aus dir ströme, von dir ausgehe in diese Welt: *Darum bist du dir selbst verboten.*

Dessen „Da-Sein" ist auch insoweit Sein unverrückbares Dar-Sein, als wir haben einen Kompromiss, eine Verabredung mit Gott, die wir nicht einmal noch dann und wann ausschlagen können oder erfüllen. Sondern: In jedem einzelnen gelebten Augenblick in dieser Welt, in jedem einzelnen gelebten Augenblick … stehen wir nackt im entwerflichen Licht Seiner Intimation, das sich zunehmend sogar als körperliche Anwesenheit erfahrbar macht, von ihm umfangen und gewollt, aber auch vor diesem Licht … *ent*schützt, in diesen Körper eingezogen – ihm *geweiht*.

Haut des Engels der Intimation. Licht über uns eines himmlischen Dritten. Eines himmlischen Dritten im Bunde zwischen meinen Mitmenschen und mir.

Weil wir angezogen werden müssen. Weil wir neu angekleidet werden müssen, so, wie wir dastehen: nackt bis auf die Haut unserer unüberwindbaren Schwäche und Fehlbarkeit, mit Ausnahme der augenscheinlichen Maske der Gleichgültigkeit gegenüber dem Leid anderer.

Denn nein, weder ihre Liebe noch ihr Hass berühren uns. Weniger noch Elend und Auswegslosigkeit, in die sie hineingeraten sind, meistens ohne jegliches eigenes Verschulden. Wir selber aber gehen in anderer Hinsicht vor die Hunde. Seelisch klamm gemacht und ausgezogen hat uns unser Abwehren anderer, das ständige Auf-die-Umstände-Schieben der selbstischen Natur oder der Selbstvergiftungslust – immer wiederkehrendes, oft doppeltes Abtreten, die in unserem Blut brennen. Die Tatsache, dass wir anderen uns wiederholt verweigert haben, jede einzelne Flucht und deren Summe, hat uns nicht reich gemacht oder gar widerständig. Sie hat uns nur die Haut belassen.

Und es regnet weiter, es regnet ohne Ende. Es regnet in uns und um uns. Nass bis auf die Haut sind wir vom Umweintwerden durch unsere unglückliche Intimantin. Wundgeweint unser innerer Himmel. Verbraucht, entehrt siehst du *ihn* dieses oder jenes andere wanke Leben durchstolpern, in der Gestalt schütterer, in sich gespaltener anderer Menschen, die dir ein ums andere Mal begegnen. Weil er *dein* Leben, das ihm bestimmt war, nicht bekommen hat, von dir nicht erhielt. Das ist die Folge!

8.6.   Und trotzdem: Das Bewusstsein, das den vollen, neuen Wert des gelebten Augenblicks erkennt, seinen mittlerschaftlichen Ausdruck, den Appell in der Tiefe jeden gelebten Augenblicks, ist wie *der* Mensch, der wieder unter dem zugigen Bogen der paradiesischen Pforte steht und seine zeitlichen feuchten Kleider abstreift, die ihm unbehaglich am Leibe geklebt haben. Er kann zurückgelangen. Kann zurückgelangen zu der innigen Zwiesprache mit ihr, zwischen dem alles durchscheinenden, nackten Geist der Wirklichkeit und dessen all-augenblicklichem Kind, dem alles, was vor ihm erscheint und was von ihm erlebt und bedacht werden kann, nur „gegeben wird", um diese geistige Unmittelbarkeit zu erhalten, das heißt, in beiden Bedeutungen des Zeitwortes: diese sich ergeben zu lassen und sie fortzubeleben. In dieser Dimension des Augenblicks – nur in ihr – kann sich der Bogen unserer überzeitlichen Vorsehung und wirklichen Geschichte schließen. Wenn wir jegliches andere Verständnis von uns selbst, von unserem Leben, von unserem Ausgang bei Gott aufgeben. Es verabschieden, für immer.

So, tatsächlich, nehmen wir Abschied von uns selber: um *ein anderer* zu werden, der in Gottes Vorstellung von uns und durch diese als unaufhebbar bleibende, unverlierbare Neuschöpfung unserer menschlichen Identität besteht; ausgestattet mit *seinen* Gaben, seiner Kraft der Überwindung alles Bestehenden, somit auch unserer selbst, mit seinem herzgeleiteten „Verstand".

– Albe, es sei dahingestellt, ob ich an diese Möglichkeit glaube; auch dann könnte ich nicht dahin gelangen und wollte es nicht. –

Warum nicht?

– Weil ich immer nur höre: Wir sind Gottes Kinder als Knechte und seine Knechte als Kinder. Was du auf der Seite des geistigen Menschen als eine bestimmte Art seiner Versenkung beschreibst, einer radikalen Versenkung um den Preis seiner erlangten, ausgeprägten Identität, das erscheint mir aufseiten des „göttlichen Geistes" als deren Benutzung – ja auch als deren *Beraubung*: damit, wie du sagst, „nur Er sein" könne … Aber Gott braucht niemanden und gebrauchet niemanden, ganz sicher nicht. Nein, sondern *wir* brauchen einander; jeder Mensch braucht dringlich seinen Nächsten und bekommt nicht, was er braucht. Ein anderes Problem sehe ich „um den Menschen" nicht, Albe, aber die Ausmaße dieses einen Problems auch nicht: grenzenlos die Ausmaße, grenzenlos die schrecklichen Folgen. –

(Wieder nahm er eine Hand vor seine Augen und blickte in sie hinein, wie um einen Blinden zu mimen oder einen Anflug von Scham zu verbergen. Wonach er mit erregter Stimme versetzte:)

Das ist deine Art, meine Rede zu überhören oder zu deuten, dass „überhaupt nur sein Geist sei". Aber gerade *deshalb* sage ich nicht, dass wir nicht nur nichts Besonderes, sondern sogar nichts seien. – Sagte ich nicht vielmehr, wir seien *alles*: Wenn Er doch durch uns in unsere Welt tritt aus der Seinen?

Das aber ist werkliche Folge der Verschmelzung und des Überquergehens unserer beiden Wesensanteile oder „Innenpersonen". „Ist das Innere im Himmel gebildet, dann fließt alles Himmlische ins Äußere ein und formt es zu seiner Entsprechung." (Swedenborg)

Wenn das menschliche Licht aus dem Schatten des „Engels" tritt, verabschiedet es sich zu dessen Gunsten von der eigenen Gegenständlichkeit … Kein An-sich-Haften, keine Selbstbeformung, keine klamme Übermembranisierung durch das Ich, durch die der entscheidende Stoffwechsel zuvor verhindert wurde; nun in das Leben mit dem Unzuständlichen einzutreten, das dieses eigene innere Licht des Menschen nun überall antrifft, wo es sich selbst zuvor vermutete …

Überall dort, wo der innere Mensch davor „sich selbst vermutend, *sie* nicht fand". Bis er selbst Evas Stelle und ihren erneuernden, geistesgeschöpflichen Part hier versieht.

Was recht plötzlich geschieht. Das Überquergehen, der Wechsel. Auch: das Merken, dass *wir übergangsweise* da gewesen sind, jemand anderes gewesen sind. Mit einem Mal verstummt der Regen …

Und dann mag es eintreten, dass wir mit einem Schlag unsere reklusive Ich-Welt, unsere zeitlebens verteidigte „innere Welt", und mit dieser den fraglichen Leib des Denkens *verlassen*, der sich von dem „Leib der Eva", unserem ursprünglichen inneren Lebensleib, unseren mütterlichen und schwesterlichen Engel, getrennt hatte … Von dann an „Sohn seiner Werke" gewesen, seiner illegitimen eigenen Geistes-Werke, und nicht der „Werke des Weiblichen", von denen Jesus in jenem bedeutenden apokryphen Wort spricht, da das Denken sich von unserem *inneren Lebensleib* getrennt hatte, von dem es heißt, dass Adam in diesem „das Erkennen über allen Zweifel"[79] empfing. Es könnte dann durchaus sein, dass wir mit einem Schlag jenen inneren „Leib" verlassen, um uns *in dem ihren* wiederzufinden.
Um neu anzufangen. Um tatsächlich neu anzufangen.

(Sicher nicht nur, damit ich auf die besondere Aussicht dieser Worte aufmerkte, in der sich alles zuvor festgestellte „Leben im Tod" versöhnlich zu erledigen schien, sprach er diesen Satz drei- oder viermal aus, langsam und bedächtig, mit deutlich bewegter Stimme, indem er die Augen fest geschlossen hielt.
Ich sann in diesem Augenblick angeregt über den triftigen Ausdruck nach, den er, anknüpfend an sein früher erläutertes Verständnis vom tatsächlichen menschlichen „Sehen", Cormenius' physikalischer Deutung des gottentzweiten geistigen Dunkels entnommen haben mochte: „privatio lucis". – Aber mit diesem irgendwie feierlich ausgesprochenen Satz schien eine weitere Hülle, eine weitere „menschliche Schelfe", wie er sich anderweitig selbst ausgedrückt hatte, von seinem Angesicht zu fallen.
Ich meine, es war sein leibliches, sein äußeres Gesicht, das mir danach verän-

---

[79] Bezeichnenderweise nachzulesen in den erleuchteten Offenbarungen der Schwester Mechthild. (Anm. d. Schreibers).

dert, sozusagen zu sich selbst verwandelt erschien: klarer und eigentlicher dieses, sein Gesicht.

Denn jener geflügelte schwarze Schatten, mit dessen Eindringen in seine Seele all diese eruptiven Gedanken, Empfindungen und Worte ausgelöst, oder besser, aus seinem Inneren gesogen worden waren – der, wie mir schien, jetzt fortschnellte von seinen schmächtigen Schultern, dankte ihm das, das alles, mit einem sichtbaren, geradezu blendenden Leuchten, das seine eigenen Augen entfalteten, während die Gegenwart ihnen verschwamm, völlig verschwamm.
Hiernach war er lange nicht ansprechbar. Irgendwo an einen Baum angelehnt, so gut wie taub in ein Gefühl völliger Leichtigkeit und flügelschlagartig hechelnder, sichtbarer Entkräftung eingetaucht. – Gefolgt von den seltsamen Worten:)

Ich sehe es noch vor mir …   Ich erinnere mich an das Lodern ihrer Gestalt danach im Spiegel der Regenpfützen, in denen das Bild des Himmels zitterte. Des nahenden, roten Himmels hinter ihr.

Mit einem Mal verstummt der Regen. Der in den Himmel schießend große, kraftstrotzende Baum, ganz in ihrer Nähe, entzündet sich von selbst. Von ihm gehen Rauchschwaden aus, die, statt hochzusteigen, sich seitlich verbreiten und zu Ringen formen, die andere Bäume umschließen.

Adam erblasst hierauf jäh. Wie eine von Mehltau befallene Weide steht er da, am Ufer des Flusses, der dort vorher war oder den der Regen hinterlassen hat.

Eva sagt: Was ist dir? – *Willst du jetzt?* – Willst du den Fluss sprühen sehen?

Die Worte Gottes wieder schimmern, wie reiner Glimmer?

Dann ertrinke in ihrem Strom!

Er versteht und befolgt, was die Brenne hier sagt. Eva dann, eine Weile danach:

Währe ich? *Währe ich?*

Wäre ich ein Geheimnis, Adam, ich würde ständig verraten werden, und wäre also bald kein Geheimnis mehr.

Lass es so bleiben, Adam.

Schau mich an. Diesmal lass es so bleiben, Adam.

Schau mich an!

(Danach verharrte er wieder wie üblich zwischen dumpfem Brüten und einer sich anbahnenden jähen Explosion.
Schließlich, als fühle er sich zu Erklärungen genötigt, die er längst mit der gebotenen Widmung gegeben hatte, ging er in einen sehr bestimmten, sogar ein wenig verdrießlichen Ton über, während er mir diesen Neuheitsglanz seines Gesichtes entzog. Und übrigens auch sonst die Nacht allmählich herniedersank. Man konnte die bewaldete Landschaft bald nur noch im Licht der Sterne ahnen.)

Die Betrachtung einer Zeichnung: fetra 1 (EZAL 9).

9 1. Ich erzähle dir hier die wirkliche Geschichte, die es mit „Adam" und „Eva" nahm. Von der du inzwischen verstanden haben dürftest, dass es sich recht besehen um *die Geschichte der Wirklichkeit* handelt.

Früher waren die Zeichnungen des Lebens so gemacht: Mit schwarzem Stift auf weißem Grund. Heute ist die Gestaltung weiß: in einer dunklen Nacht ihrer Erkennbarkeit.

Das heißt: Das ursprüngliche „Element der Wirklichkeit", das die Wirklichkeit tragende, hervor- und dar-stellende Element, besteht jetzt nicht *aus* den Lebewesen, nicht aus den diese darbildenden oder realisierenden Erscheinungsformen, jetzt besteht es *in* den einzelnen Lebewesen fort; das aber insoweit, als ihre „weißen Linien" sich begegnen, begegnen können, verbunden sind, ineinander geführt werden können. Aber eben: Man greift diese weißen Linien kaum noch mit den Augen. Unsichtbar, ohnehin, unseren Händen.

(Nun fuhren seine Hände wie ringend, hastig, wie greifend und werfend in der Luft herum, während er in ein unverständliches Murmeln verfiel, aus dem ich mitunter ein wiederholtes „Amen" – oder „Aman, Aman" – herauszuhören glaubte. Dabei war er wiederum zu abwesend, als dass ich ihn mit der Frage nach dem Sinn seiner merkwürdigen Handlung hätte aufhalten können. – Kaum wieder in einen gesammelten Zustand hervorgetaucht – es schien bei ihm dazwischen nichts zu geben –, bat er mich, in den halb eingenachteten Himmel hineinzublicken, dessen Unendlichkeit sich still und sternenbesät auf uns herabsenkte. Dann fuhr er folgendermaßen fort:)

Nein, nicht diesen Händen und nicht diesen Augen. Das sind ja die Hände und Augen, die leider dem weißen Geflecht heraustraten und es dadurch ent-stellten, es einrissen.

Das sind die Hände und Augen unseres Geistes, durch die wir uns am ursprünglichen Leben, welches eine solche ungekappte, unzerbrückte Verflechtung – oder schlicht die Nacktheit des Wesens ist, um den Verlust dieser *Nacktheit* verschuldet haben.

In dem, worin ihre Erblickung und Hervor-Bringung, ihre Hervor-Förderung noch bestehen kann, in also *unserem* geistigen Sein und Wirken, sind wir jetzt ihre Debenten, ist die Bringschuld bei uns.

Für Gott, der die geistige Nahrung des Lebens bereitet aus geistigem Leben, sind wir *Tropfen aus Brot in den Tüchern aus Wasser* („somos gotas de pan en los trapos de agua"), aus deren Gewebe von fließendem Licht wir – um den Preis der eigenen „Textilität", der eigenen weißen Allverbindung, – unser eigenes „menschliches Licht" herausgerissen haben. Deswegen muss und wird Gott aus uns etwas Neues machen in den Tüchern. Und eben: Uns dahin zu geben, dass er aus uns etwas Neues mache, das ist unsere Bringschuld. Das heißt also klarer: Diese Bringschuld, das sind wir selbst.

9.2. Wir haben uns dadurch an der Nacktheit des Wesens verschuldet, dass unser inneres Leben, unser geistiges Aktzentrum sich zunehmend von der tieferen und reinen Ereignisdimension des rein präsentischen „äußeren Lebens" zurückgezogen hat auf sich selbst. Eingezogen, eingefaltet in ein unsehnliches Eigendasein, das seine „Weißheit" für *sich* beansprucht: das nicht mehr in einem kooperativen Ausrichten, Mit-Ausrichten, sondern in einem raffenden Selbst-Verhältnis zu diesem bleibenden „Lebensgut" steht, welches die eigentliche Gabe, die geistige Lebenshinterbringung des Einen wirklichen Gottes ist.

Beachte: Zuallererst sind wir vom Glauben an das unverhohlen-reine „Wesen des Lebens" selber abgekommen; als an das Un-vorstellbare, dem nur begegnet werden kann. Damit abgekommen von dem uns zugekommenen Anteil der Gabe seiner Vergegenwärtigung: von einem mitschöpfenden Glauben, welcher ursprünglich einem „nur wachen", in einem Zustand durchsichtigen Leuchtens erhaltenen, so beiderseits verbindlichen Vor-Stellen, einem in mitschöpfender Weise prae-positionalen Bewusstsein von diesem Wesen eigentümlich war. Einem in bloßer Erwartsamkeit, Art brennender Geduld[80] „lebendigem Raum" des Bewusstseins, in dem sich so die selbst gegebene Nacktheit *allen* gegebenen Wesens unmittelbar auszeugen konnte. Ungefiltert, unverfälscht.

Raum, der so „voller Identität" war, voller kompartimentärer (überbringlich geteilter) Wesens-Natur, dass diese immer jeweils dort *war*, wo sie *gewirkt* hat, beziehungsweise wieder-empfunden wurde; weniger dort, wo sie sich körperlich befand. Sodass gerade diese Unterscheidung irrelevant war, nicht zum Tragen kam. So, im Übrigen, beschreibt sich am einfachsten die „leibliche" Natur der Engel. Einberufen bzw. eingesetzt von Dem „Ich-bin-Der-Ich-bin-Da", *sind* sie, wo sie sind. Es sind die Wesen, welche da sind,

---

[80] Ausdruck Rimbauds, auf den Albe durch Pablo Nerudas letzte Dichtungen nach dem Militärputsch und das gleichnamige Buch von A. Skarmeta aufmerksam geworden ist. (Anm. d. Schreibers).

wo sie sind bzw. wirken, deren Zur-Stelle-Sein sie selbst, nicht allein ihre Anwesenheit anzeigt.

Die Wirklichkeit der Geltendmachung der o. g. Unterscheidung, die Aberkennung der sich geistig ek-statierenden („weißen") Lebensgestalt als nicht identisch mit der sensuell erfassbaren, noch „festmachbar" *an ihr*, auf welche hin wir unsere Aufmerksamkeit abzogen von der ersteren; das ist vielmehr *die* fragliche Wirklichkeit, die die (hierin vorausgehende) Selbstunterscheidung unseres eigenen Bewusstseins von dann an *aller Existenz vor-gegeben* hat: „Dunkle Nacht der Erkennbarkeit". Benachtendes Bewusstsein. Mit dessen Verstetigung und Sich-Befestigen beginnt (begann) die zeitliche Wirklichkeit: die „Wirklichkeit an sich".

Daher vermeintliche Wirklichkeit. Tatsächlich haben wir (*wir*) dadurch den Vorgang der Berührung jener „weißen Linien", durch den sie sich selbst gerade als das Andere, Nichtabschließende, Nichtzuhängende, Einende erweisen, durch das vollkommene Gegenteil dieser Los- und Einbringung ersetzt: durch die – bisweilen träumerische, bisweilen prüfende – Betrachtung einer Zeichnung. Bis hin zum Leben mit und neben dieser Zeichnung. Wir sind nicht in ihr, sie nicht in uns.

9.3. Den Vorgang *ihrer*[81] eigenwirklichen und natürlichen Ausbreitung, ihres fließenden Austausches und der Verinnerlichung dieses lebendigen Ereignisses an sich, Vorgang, der in verschiedene Vorgänge eben „innernatürlicher", unmittelbarster Kommunikation zerfällt, der uneingeschränkten Öffnung für den und das jeweils Andere, eines, sozusagen, vollen und selbstverständlichen psychologischen Zusprechens; diese Bewegungen haben wir, von jenem „harrenden Glauben" abgekommen, allesamt durch selbst gebildete und kontrollierte Vorstellungen, durch automatische geistige Handlungen ersetzt. Durch die reine Regelbefolgung einer „dringenderen" Selbsterwägung, angeblich, des Vor-Stellenden selbst, die nach außen und nach innen tatsächlich lähmend, und, wie wir vielfach erklärt haben, schließlich ver-todend wirkt.

---

[81] Dieser „weißen Linien". (Anm. d. Schreibers).

Um diesen wahren Kern der Dinge außerhalb unserer selbst recht an-sehen und auf-fassen zu können, glaubten wir, ihn von uns absetzen zu müssen: uns der Lebenskraft und Zerbrechlichkeit, dem wundenhaft hungernden Nacktsein der Wesen, dem uns damit überfordernden bloßen Dar-Sein des Daseienden, des einzelnen Anderen, wie der Immensität des ganzen erlebbaren Lebens verschließen zu müssen. Dem Rein-Empfangenden und Rein-Präsentischen mussten wir uns entsagen.

Je mehr dann diese Immensität, die verlassene, einen emotionalen Ausdruck in uns beschwor, den des Trennungsschmerzes und der Sehnsucht nach Wiedervereinigung mit ihr, mit uns, desto mehr rutschte dieses Ich in sich, indem uns eine Sterbensangst der neu errungenen Ichheit beschlich, eine Angst, die voll feinster Augen und Ohren ist, die *nach innen* gerichtet sind. Das mit dem Ergebnis, dass unser Bewusstsein eben dann, wenn wir es also am nötigsten brauchten (angesichts des „Un-vorstellbaren, dem nur begegnet werden" kann), zusammengezogen und gleichsam geschrumpft war. Gelbhäutige Schlange, zusammengeringelt in ihrem Unterschlupf. Eine Art Angst-Lähmung, ein innerer Stupor der Abwehrung ist, in verschiedenen Graden, die psychische Grundspannung, die, seither, zuallernächst uns selbst zum unerwachten, „unentstarrten Wesen" macht.

Wohingegen jenem frei geschenkten, eigentlichen „Lebensgut" entsprach zuvor die Gabe der unmittelbaren Wiederspürung aller Wirklichkeit, die darum „klar" war, völlig einklänglich und unbefremdlich, weil in diesem sozusagen wesensräumlichen Bewusstseinslicht das Fassende und das Gefasste nicht voneinander sich unterschieden. Zwischen beidem bestand „sehende Liebe"; statt eines an-sich-haftenden Vordergrundes des Bewusstseins das rein imaginale oder „versichtbarlichende" Wirklichkeit gebende Licht des Geistes, der sich ebendarin selbst gibt. Der sich an uns, „von uns" *früher* äußerte und, dadurch auch *sich* selbst erfahrend – nichts dazu. „Sehende Liebe" war dieses Licht, indem es das, was es nicht selber war, besaß; indem es das, was es selbst besaß und war, dem anerbot, was es nicht war, was aber durch sein Vorhandensein sein vergegenständlichendes Licht er-frug, mit dem es sich diesem Anderen als bloßen Grund des Pausgangs anerbot, der dessen erfragtes Bild er-trug und abbildete: im Sinne ebendieses Ertrags. Welcher sich also WO befand?

9.4. Kein anderes „Mit-sich-selbst-identisch-Werden" ist dem Menschen möglich, außer dieses schöpferischen Ertragens. Außer der Aufnahme und Durchdringung alles Erschaffenen mit den bejahenden Sinnen seiner Innennatur, mit dem voluntativen Ich der schöpferischen Liebe, das er von Ur an in sich trägt. Außer der Spiegelung der Welt *als* Welt, aus sich geprägt.

Wenn alles Seiende zugleich Ein Wesen Sein-zu-hat, zu sein hat alles Seiende jenes, das ein Wesen „gibt", das dieses eine hat zu geben, welches das Wesen aller Dinge wahr-nimmt und artikuliert:

Sind bei diesem dann Andersheit, *heteron*, und Identität, *tauton* – tatsächlich Verschiedenes? Was ist das Andere; *ist* das Andere im Außer-Mir? Was ist inexistente Andersheit, da in uns selber eingedrungen, was unandere (unverschiedene) Existenz anderes als nichts, als gar nicht da; oder als etwas irrtümlich *anderes*?

Erinnern wir uns an Pico della Mirandolas Kernaussage in seinem berühmten Vortrag „Über die Würde des Menschen":

Der Mensch wird zum Mitschöpfer der Schöpfung durch seine liebende Erkenntnis ihrer, und darin recht eigentlich Schöpfer seiner selbst:

Während alle anderen Dinge fest determiniert sind (und nicht „zu mehr, zu etwas anderem" transzendieren können), überschaut und verinnerlicht der Mensch alles Lebendige in sich selber. Er enthält sich allem (selbstleiblich) der Form nach, während er von allem in sich selber die Essenz ent-hält, die generische Substanz von allem hat in der Wesens-Einsicht, die dieses ens verinnerlicht und imaginiert, nicht allein die wahrnehmbare Form. Gott überließ ihm die Entscheidung, wozu er sich kraft der liebenden Anschauung der Wesen entwickeln will – und stellte ihm dafür die gesamte Schöpfung zur Verfügung, mitsamt den „Himmeln" und den „Rängen" der Engel. Auch die Engel sind Symbole und Potenzen, nicht anders als die Schlange, der Löwe, der Bergbach, die Kaktusfrucht, für mögliche Ent-Wicklungsstufen seiner selbst als des flagranten Stoffes *der Schöpfung, die tatsächlich geschieht,* ihrem aktivierten oder aktuellen Werk, hervorgebildet und doch nicht entschieden: während er also in sich alles memoriert, entelechisch, um die nächste Stufe zu nehmen, alles, was „vorher" war, vom einfachsten Mineral bis zum intelligentesten Primaten, zudem mit der vermittelten Vorstellung oder der mitteiligen Gegenwart höherer Ingenien vertraut, die u. U. aus einer Art pränatalem Gedächtnis stammt.

Fühlen, Wahrnehmen und Begreifen, Seele und Verstand sind dafür sozusagen die Ausstattung. Die o. g. Wahl ist Chance und Pflicht, gerade vor der eigenen Seele.

Der Mensch kann am Boden kriechen wie die kalte Schlange – er kann in Liebe brennen wie ein Seraph.

9.5. Der „frühe" Geist, der vor uns ist, die Stimme der Intimation: Dieser Geist war in jeder Begegnung mit dem Außen und dem Anderen wie eine Frau, die ihr eigenes Haus offen, geräumt und bereit hielt für einen kommenden Freund, den sie nie zuvor *gesehen*. Ihrerseits so gemacht, derart „gepolt", dass sich erst dann *ihr* Sein, ihre Seele entfaltete, wenn dieser Andere dann sich in ihr anfände. „Ich suche nicht mich in dem Anderen, sondern ich suche ihn in mir." Mit dem Erkennen der Kenntnis, die sie von einem anderen haben würde, wenn dieser in ihrem „Haus" anfinge zu leben, würde auch ihr Haus sich mit dem Freund beleben. In jedem Falle ein „guter" Freund, insofern er, mit ihr vereint, also *ihr* Leben mitbildete, das als dasjenige dieses (ihn, gerade ihn) vergegenständlichenden Lichtes *mit ihm* einkehrte: in ihr eigenes Haus.

So war das ursprüngliche Bewusstsein: wesensräumlich, unbesetzt von sich selbst, rein prozessorial. Reine Konzentration, reine Empfangsbereitschaft, reine Umsetzung.

Dieses Mitbildende ist die Fähigkeit des *fetra*, das mit anderem Namen „Eva" geheißen ist. Man hat *sie* nie anders denn nackt gesehen, nackt gehend, unbefangen im Garten des Geistes … Fromme Menschen verschiedenster Lager und selbst die klügsten Denker vermeinten darum, dass sie nichts Einmaliges sei und „nichts Besonderes".

– „Nichts Besonderes" nun nicht gerade, Albe. Ich kann aber für mich und meinen Eindruck von deiner Rede bestätigen: Sie, „Eva", ist vor allem nicht mit unserem verstandesmäßigen Verstehen oder unserem vernünftigen

Abwägen und Denken vergleichbar. Am auffälligsten und schwierigsten erscheint mir, dass du ihre *Geringheit*, ihre Unscheinbarkeit oder Demut hervorhebst, gleichzeitig aber ihre hohe – die denkbar höchste „Abstammung" betonst. –

Hoheit ist relativ. Ich betone ihre *Co-naturalität mit Christus*, wie wir erklärt haben. Mit Dem, der, mit Kierkegaard gesprochen, uns nur als der Erniedrigte und unter den Umständen der Erniedrigung erkennbar, als derselbe, der Erniedrigte, in Herrlichkeit wiederkommen wird. Aber eben, in Herrlichkeit: dann, *wenn* er wiederkommt.

– Aber, Albe, wie kommt „sie selbst" … Wenn ich mich schon auf diese Vorstellung einlassen soll: darauf, etwas Essenzielles in uns, wofür „sie" steht, als etwas eigenwirklich Losgelöstes, einzig und allein in Gottes schöpferischer Liebe Beruhendes anzusehen … Wie kommt *sie* denn zu diesem Licht des *logos*? –

Man kann nicht zu einem Licht kommen. Erst recht nicht zu diesem. Licht kommt zu dir, wenn es Licht *ist*. Es fällt auf dich, wenn du es suchst. Wenn du ans Licht trittst, kann es da an dir vorbeischeinen?
 Die Antwort ist: Sie lebt von Hunger und Verzicht. Eigene Kinder hat sie nicht. Das heißt für unsere Betrachtung: eigene „Vorstellungen", eigene Ansehungen von Wirklichem oder hinsichtlich der Frage, inwieweit und ob etwas überhaupt sei oder wesensgegeben sei, welche anderen Vor-stellungen be-formend, be-dingend und umbestimmend *auf sie selbst* zurückstrahlen könnten. Nein, entweder nimmt man das Licht an und wird zu einem Kind des Lichtes, oder man wird es verleumden und unter der Hand bestrebt sein, es zum Erlöschen zu bringen. Du kannst dann sagen: „Es gibt keinen Gott", oder: „Für mich gibt es keinen Gott", worauf ich berichtigend sagen werde: „Ja, tatsächlich; in deinem Leben gibt es Gott nicht."
 Für sie bestehen alle diese beiden Möglichkeiten gar nicht erst; indem das Erstere, Kind des Lichtes sein, geistgeschöpfliches Faktum ist und als solches durch Christus verendgültigt: verendgültigt durch sie an uns, sofern

wir Ihn in uns aufnehmen. Aber das ist die Wahl oder die Entscheidung, vor der *wir,* das heißt das selbst-beformte und sich selbst herausbesondernde Ich, *ihr gegenüber*stehen: Kind des Lichtes werden, der darin „aufzulösenden Werke des Weiblichen" in uns, oder brechen mit dem Licht; aber dann – dieses Mal – so endgültig und unwiederbringlich, wie das Licht *jetzt* bereits „unten ist": in und um uns. Ein zweites Mal wird Christus – zu ihr um unseretwillen, zu uns um ihretwillen – nicht kommen.

ER wird sehr wohl kommen, aber „in Herrlichkeit", indem verherrlicht werden wird Seine zuvor erniedrigte Einwohnung in uns. Seine *Schwester,* so verstanden. Die – *ja* – sogar zu Tode gebracht, aber nicht zunichtewerden konnte.

Die Herrin des Tages: fetra 2 (EZAL 10).

10.1. Denn so vertritt und re-präsentiert sie gerade Ihn. Wie wir, umgekehrt, Ihm des-wegen durch sie von Ur an gehören, so gehört dem verborgenen Individuum, dem wahren Geistes-Selbst im *fetra,* sage ich, die Wirklichkeit „alles Anderen": denn in mitschöpfender Weise ist es mit der göttlichen Vorstellungssprache verbunden, durch die und aus der alle lebendigen Wesen fortwährend zu sich ent-stehen, all-augenblicklich ins Sein gerufen werden.

Diese „hauch-bildliche" Sprache ist so undinglich, so unkörperlich, so über das vorstellbar Sprach- oder Worthafte hinaus seiender und zusammengefasster, wie sie just das ist, *wovon* sie spricht, ihr wirklich-gesprochener Gegenstand: die Gestalt des Lebens des Lebendigen an sich. Das heißt, die „weiße" (s. o.), relationale, *erste* Gestalt in ihrer wesenhaft-gegenständlichen Ausformung zum „Eigenbild". Nicht die jeweilige physische Erscheinung selbst noch das keimende und zureifende Leben in jener, dessen unvereinzelten, weiteren Atem diese Erscheinung begrenzt (sodass wir immer wieder, unaufhörlich anfangen und aufhören: Einatmen, Ausatmen, Einatmen,

Ausatmen …): insgesamt zu *diesem* je zeitlichen, je körperlichen Ausdruck. Sondern die ganze strahlende Frucht im winzigen dunklen Samen, die volle animische Gestalt des jeweiligen Lebens, in allen seinen erweckten Möglichkeiten, andere und sich selbst, diese in sich und sich in jenen zu erfahren. Das wahre Selbst, das ist die voll entwickelte Verschlungenheit seines relationalen oder „weißen" Wesens, von dem wir zuerst gesagt haben, dass es das ursprüngliche „Element der Wirklichkeit" schlechthin erhält und trägt im jeweils hervorgebildeten Einzelleben (siehe Anfang *EZAL 9*). Auf dieser „Sicht der Dinge" (auf der Sicht dieser „Dinge") beruhen Wesen und Sprache Evas. Seit jeher hält und erhält sie die *invisibilis vis*, die von jedem Wesen die jeweilige, in Gottes ins-Sein-setzender An-rufung seiner beruhende innere Lebensgestalt ist. Dadurch gleichzeitig das magisch-hauch-bildliche Siegel, auf dem die dem ursprünglichen Menschen *von ihr* intimierten Namen, die dieser den verschiedenen Schöpfungsformen gab, beruhen, wie auf diesem Namen, gerade deshalb, die inner-natürliche Sym-Pathie der Einen Gott-geschaffenen Schöpfung beruht, die *seriati-fitriye*. Die *Scheria* der Schöpfung.[82]

Wir umkreisen damit nichts anderes als die in Gott beruhende wahre Natur des menschlichen Geistes, indem wir hier eine „Schrift des Herrn" zum Gegenstand haben, die die mit und kraft unserer weiblichen Innenperson aufweckbare Schrift des „Herzens unseres Geistes" ist. Entscheidend dabei ist, dass *deren* Name eines jeglichen lebendigen Wesens, aufgrund dieses Zusammenhanges, die einzige echte Vermittlung zwischen dem menschlichen Geist und (jenem) jeglichem anderen wesenhaften Leben bildet.

10.2. Von diesen Namen sagten wir schon, dass sie nicht eigentlich sprachlicher oder worthafter Natur sind, sondern vom Angesprochenen die eigene

---

[82] Diese Namen sind insbesondere von den Pansophen des 16./17. Jahrhunderts thematisiert worden. In der paracelsisch-böhmischen Linie nannten sie sie „Signaturen", verstanden als Merkzeichen und „Behälter des Geistes" (J. Böhme), die die verlebendigende Anrede durch das Göttliche Wort erinnern bzw. erinnernd beantworten, auch in den „darüber liegenden" Wahrnehmungsebenen zum Menschen sprechend. (Anm. d. Schreibers).

gegenständliche Seinsnatur *ergeben*. Beim Sprechenden ergibt die Seinsnatur einen lebendigen „Tempel" dieser wahren Wesenswirklichkeit, insofern in sie hinein die jeweilige *invisibilis vis* „eingetempelt" (d. h. con-templiert) wird und das jeweilige lebendige Wesen sowohl er-mittelnd empfangen, d. h. „medi-tiert" wird aus dichten Wirklichkeitsbegegnungen, als auch gesammelt wird und aus-gegeben dem Besagten, was die Seinsnatur er-gibt bzw. diese Letztere sich selbst gibt. Da-sein so der Bestimmung nach die Seinsnatur des Geistes, der beim Menschen ankommt: nicht behaltbar, aber ein-behaltend für den und das Entsprechende. Insoweit sprachhaft, als die Namen immer aus dem „Sinn der Gabe" (dem „ein-getempelt werdenden") herstammen, „der das Gegebenwerden an sich ist"; *dessen* liebegeleitete Bekräftigung, dessen rückwirkende „Intimation" das jeweilige Wesen in *dessen* Seinsnatur, deren grundlegendem Licht und Leben bestätigt, segnet und erhält.

Unersetzlich dabei der unmittelbare Bezug zur Gegenwart Gottes selbst, deren Ein-fluss; zu dem Einzigen tatsächlichen Intimanten und Besitzer der inneren Lebensgestalt(en), Der sie uns in dieser Be-ziehung auf-bietet als das wirklich und einzig Gebotene, in dem Maße, als sie das ist, das Gebotene[83], nach dem alles Erschaffene darbt, um das es sich beraubt sieht seit dem Aufhalten der Dämmerung des Einen Schöpfungstages. Die Ur-Bedürftigkeit, das eigene Ewige aller Natur; Es kam von Gott, und es kommt, unverändert, nur von Ihm.

10.3. Evas Sprache ist also von wesens-förmiger und wesens-kraftlicher, d. i. „animischer" Natur; Intelligenz, insoweit darin (vermutbar) das *gens, gentum* der familialen Seinsnatur bewegt wird. Sie ist nicht „geistig", sondern „Geist" *an sich*. Sie ist der wirkgeschehliche und angewandte *nexus rerum* überhaupt, in dem das „hauch-bildlich" bezeichnete Wesen im Füllstand des hervorbildenden Lebens steht und dieses Leben wieder in seinem ursächlichen Wesen. Das wesentliche Licht-Gewicht, die Aktnatur des sich-

---

[83] Wie insbesondere in „Die Bitte" herausgestellt. (Anm. d. Schreibers).

erfüllend empfindenden und begreifenden Lebens. Soweit wir, demzufolge, dann jeweils als ein „Anderer" an dieser verbindenden *Kon*-kretisierung oder konkretisierenden Verbundenheit beteiligt sind, ist sie die Sprache unseres aufnehmenden Herzens, *unserer* wiederschöpferischen Wesenskraft, die ihrerseits überallhin dringt und Anderes (*heteron?*) raumhaft umfasst. Sprache der erleuchtenden Lebendigkeit des jeweils Anderen in uns, dessen tatsächliches und unverfälschtes Wesen selbst gegeben, bar jeder Eigenfremdheit und „nackt", ebendie „Nacktheit" unseres aufnehmenden Herzens dann *beantwortet*: und füllt.

Man hat Eva nie anders denn nackt gesehen, nackt beschäftigt im Garten des Geistes. Und vermeinte darum, dass sie nichts Einmaliges und „nichts Besonderes" sei. Obschon sie nicht gar oft gesichtet wurde. Ihr Wissen erhält sie nicht durch Nachforschen und -fragen, sondern durch Erleuchtung und Feinheit der Empfindung, *kashf wa dhawq*, welche Letztere beim menschlichen Geist erst die Frucht des Weges bis an ihre Tür ist: und, bleibend, über deren Schwelle *(siehe EZAL 9.5.)*.

Dort stehend, in ihrer Wohnung, wissen wir vor allem eines. Vielleicht nur dieses eine: dass unsere gesamte eigene Erkenntnis sich auf die physisch-gegenständliche Natur bezieht, wir aber praktisch nichts über die apparente Wesensschöpfung wissen. So gut wie nichts; sodass wir sie für nichts halten. Über die Art und Bestimmung des anwesenden Lebens, das durch die physische Natur sich ausdrückt bzw. eigenen Ausdruck erlangt, mit dieser aber keineswegs gleichzusetzen ist. Obschon es gerade diese werden kann und soll. Sie *kommt* einnehmend und um-behauptend das Erschaffene: indem es dieses für sich selbst behaupten wird. Dazu beitragen die Hauch-Bilder, die in Kraft setzen die junktive Seinsnatur, wenn hervorgekehrt werden von allen Dingen jene ersten, „weißen" Gestalten, in der fortbestehenden Nacht ihrer Erkennbarkeit *(siehe EZAL 9.1.)*.

Dazu beizutragen, dass Tag werde, dass der Tag der Welt werde, gilt es für jeden erwachten Menschen, der am Ort der Eva ankommt.

10.4. Man hat *sie* nie anders denn nackt gesehen, nackt beschäftigt im Garten des Geistes, manchmal auf der malvinen Flur davor. Wenn sie physisch allein ist, ist sie am wenigsten allein, wegen der klar aufklingenden Multivokalität ihrer Seele, diese vielen Stimmen in ihr selbst, die sie nicht etwa verwirren, sondern ihr Angesicht feierlich strahlen lassen, weit über die nahen Felder, erst recht in der Nacht. Es gibt immer dieses Gleißen, diese wandelnde Weiße in der Nacht droben, was aussieht, als ob ein Mutterschaf ihr verirrtes Junges suchte.

Eva spricht wegen der unauslotbar tieferen Wesensverbundenheit ihrer mit allem Lebenden eine andere Sprache, als die dieser *Erscheinungen* selber spricht oder uns nahelegt. Gerade diesen Abgeschlossenheiten gegenüber ist der An-Sog ihres wissenden Auges unbelehrbar, „uneinsichtig", ja gewissermaßen blind.

Die Schrift des Herzens des Menschen ist auch nicht die kulturelle Schrift der Welt, die Geistesforscher, Ästheten und Literaten fesselt, noch etwa deren Sprache. Es ist die Sprache des Wehs um die Schöpfung und den Mitmenschen, des Wollens seiner und für ihn, des Wollens-von-Herzen für ihn, für alles Lebendige.

Mit dem auf den benachtet-verhängten Grund seines Wesens – der derselbe ist in jedem Menschen –, mit dem auf diesen verhängten Grund gerichteten Inblick zieht ihr Auge, sein Strudel, emotionale Kreise, welches *Ziehen* bald in uns spürbar wird. Ein so wenig greifbares wie stillbares Verlangen, das mit dem denkbar einfachsten Hunger unserer Seele zunächst einhergeht, diesen dann verschärfend. Es sind *ihre* Umkreisungen des Wollens, des unmöglichen Aufgebens der weißen Gestalt in *ihrem* jeweiligen Gegen-Gleichen, das zugleich auch ihr „Brot" ist, ein Seiendes, das kompartimentär zu ihr gehört; Umkreisungen des Mitleidens um dieses Gegen-Gleichen ihrer selbst im anderen Menschen willen, in *dessen* Verhängtsein, Unausgestaltetsein und Ausgehungertwerden: Brot für Brot, wo keines ist. Also will sie: sich hingeben, wenn nichts zu holen ist; sich aufbrauchen, wo man dafür gar nichts bekommt; den Kampf suchen, wo einem dafür das Ende droht.

Ihr Sein und dessen Sprache sind die des (von Gott her) seinzuhabenden Menschen und als solche durch und durch unvernünftig: aus der Sicht der Vernunft, deren Weltbild im Auge entsteht, ist dieser, der „umgekehrte" Mensch sehend-blind, imperfekt, störrischer Farre. Aber diese „ihre" Schwäche ist es, dieses unvollkommene Mehr und Zuviel ihrer liebenden Kraft, was Gott *in uns* gesegnet hat mit Seinem Licht und beprägt hat mit Seinem Bild.

„Hauch-bildlich" die Sprache der Intimation, mit der Eva sich in unserem Herzen befindet, je mehr wir eines Menschen oder anderen Geschöpfes mit vorbehaltloser Liebe andenken. Ist das gerade nicht der Fall, dann ist sie, deutlich weniger, deutlich leiser, die Kraft des Unbehagens und des stimmlosen Gewissens unter dem Mantel der Männlichkeit, d. h. unseres verstandesmäßigen geistigen Selbststands: des ausgespannten oder „lautenden" Gedankens, der, insoweit er nicht dem *ihren* entlehnt ist, sich nicht zuerst „mit ihr verbindet", insoweit schon verstörend oder angreifend wirkt. Wenn wir ihr so Stillschweigen gebieten und etwa einen Menschen, den wir kennen, im Herzen verurteilen, geht dieser darauf in die Nacht. Tiefer hinein in die Nacht der Erkennbarkeit bzw. Nicht-Erkennbarkeit seiner verschütteten Wesensnatur, schwankend und tappend, bis sie ihn dort verängstigt abholt. Bis dieselbe Stimme, die dir diesen Stoß in die Nacht untersagt, zu ihm durchdringt und ihm ihre Kraft und Wegleitung schenkt. An sich solltest du das selbst tun.

Es kommt für uns in erster Linie auf das nicht abbrechende, versöhnende Gebet der Paarigkeit, der *Eingleichung* und dessen Erlernung an. Gebet, da sich, wie wir sagten, aus der Sprache unseres aufnehmenden Herzens entfaltet diese Sprache der erleuchtenden Lebendigkeit des jeweils Anderen *in uns*, dessen tatsächliches und ungeschmälertes Wesen selbst gegeben, bar jeder Eigenfremdheit und „nackt", ebendie „Nacktheit" dieses aufnehmenden Herzens dann beantwortet und füllt, um dann mit diesem „einlassenden Licht" des Aufnehmenden, der es in sich selber, genauer, als etwas *von sich selber* zum Erscheinen bringt, bekräftigend wiederbeschenkt zu werden:

ebenjenem Anderen geschenkt zu werden, aus dem man das noch stumm „gezogen" hat. Seine lebendig apparente Wesensschöpfung.[84]

10.4. Da „seitdem der Tod herrschte von Adam" (Römer 5,14), ist dieses liebegeleitete „Tun im Geiste" gerade das, worauf es in letzter Hinsicht im Leben ankommt um des Lebens selbst willen. Es gibt nur diesen Weg der Einlösung unserer ursächlichen Bring-Schuld an seiner verdeckten Nacktheit und vertanen Unschuld, die wir oben konstatierten.

Ein Tun im Geist, das allerdings ein „Erkennen mit dem Sein" ist. Eines kraft des eigenen Umgestaltetwerdens, der eigenen Verwesentlichung zu diesem menschlichen Licht, dessen bar und ungeachtet (des eigenen Umgestaltetwerdens) wir uns nicht wirklich noch nachhaltig für die Unschuld, Sicherheit und Heilung anderer Menschen verwenden können, einerlei, was wir mit unseren Händen, unseren Worten, unseren Taten, unserem Besitz und Vermögen, unserem Fürsprechen bei Gott oder bei anderen Menschen unternehmen mögen.

Mit oder ohne Stattfinden dieses intimativen Tuns gibt es ohnehin „kein anderes vollkommenes Kriterium des Guten und Bösen als das ununterbrochene innere Gebet. Alles ist erlaubt, was es nicht unterbricht; nichts ist erlaubt, was es unterbricht. Es ist unmöglich, seinem Mitmenschen Böses zu tun, wenn man im Zustand des Gebets handelt. Unter der Bedingung, dass es wirklich Gebet sei." (Simone Weil, „Zeugnis für das Gute, S. 220). Von Tolstoj stammt die Aussage, dass es „zur Förderung der Liebe unter den Menschen nur ein Mittel gibt, das Gebet – und zwar nicht das öffentliche Gebet in dem Tempel, das von Christus direkt verboten ist (Mt. 6,5–13), sondern das Gebet nach dem Muster Christi, das einsame Gebet, das in der Wiederherstellung und Erstarkung des Sinnes des Lebens im Bewusstsein

---

[84] *Apparent*, engl.: ersichtlich, offenkundig. *Aparecer*, span.: auftauchen, heraustreten, in Erscheinung treten. Der Text BOCA im Anschluss enthält zu deren Verständnis eine Grafik. (Anm. d. Schreibers).

um die Abhängigkeit vom Willen Gottes besteht." (Graf Leo Tolstoj und der Heilige Synod)

Jede Zwischenstufe der Rückerinnerung ist von der Unterscheidung unserer beiden inneren Stimmen, von der Vorsicht der Vordergründigeren gekennzeichnet in dem Wissen, dass „gesagt noch nicht gehört ist/ Gehört noch nicht verstanden/ Verstanden noch nicht einverstanden/ Einverstanden noch nicht getan" (Konrad Lorenz). Getan, d. h.: geistig und handelnd verifiziert. Wahrhaft gemacht aber: indem man es gemacht hat *zu sich selbst,* an sich selbst. Begriffen: erst mit dem Sein, das da umsetzend be-greift. Indem einer also handelnd wird zu dem, was er betend begreift.

Erst in dieser Anherrschung des Begreifens erstarkt die Brenne selbst. „Du darfst nicht aufhören, an die Seele zu denken: Das Innewohnende, das lebt. ‚Wahrheit' ist ein Kampfeswort, immer ein kritischer Begriff (soweit du ihn nicht bewusst als einen der Hundert Namen Gottes gebrauchst). Und ‚Wirklichkeit' im Grunde ein Synonym für ‚Gestalt' – Gestalt des Einleitens, Vollziehens, Erscheinens unumgänglicher Momente der Hohen Erinnerung: der Intimation. Die besteht wesentlich darin, sich bewusst zu sein dessen, was an der kurzsichtigen Auseinandersetzung um die ‚Wahrheit' nicht teilhat und was außerhalb der erhaschbaren ‚Wirklichkeit' leben und entstehen kann. Ohne jemals aufzuhören.

Evas Sprache kann aus allen diesen Gründen nicht die Sprache unseres vorstellenden Eigendenkens sein, unserer selbst-geführten An-Sehungen, aus der in leiblicher und gerade in geistiger Hinsicht dinglich-körperlichen Trennung von dem anderen Leben gewonnen, die im Wesentlichen nichts anderes und nichts mehr als „Erkenntnisse" dieses Getrenntseins sind. Das ist ein Unterschied wie Tag und Nacht. Wir benutzen den *Vergleich* zu Tag und Nacht sogar nur um des Zugeständnisses willen an die *hier* angezeigte Sprache. Verstehe wohl: Im Wesen *sind* das Tag und Nacht. Im Hinblick auf die tatsächliche Wirklichkeit, die uns bis dahin vorenthalten bleibt.

10.5. Der diese Aussage begründende Hinter-Grund ist die all-augenblicklich erfragbare Geschöpflichkeit des menschlichen Geistes aus dem gegenwärtigen Licht der Göttlichen Liebe heraus (wie ab *EZAL 1* erläutert). Das tatsächliche Wesen deines Mitmenschen, eines jeglichen anderen, besteht in dem Licht einer einzigen Einig- und Gastesbewestheit „zu beiden Seiten hin", wo es sich lebend empfindet und wo es lebendig eingedacht wird; bloßlegende Einigbewestheit, in der sich das ursprüngliche Väterliche Licht des Lebens eigentlich oder stellvertretend *ereignet*. Dahingegen ist das menschliche Denken üblich und dieses Übliche übel: das von diesem lebendigen Wesen des Anderen als dem, was es tatsächlich *ist*, abgelöste Eigendenken „*von*" ihm, von dem, was es als diese einzige Einig- oder Gastesbewestheit „zu beiden Seiten" hin ist, das ein Geist der „dunklen Nacht seiner Erkennbarkeit", wie wir sagten; ja, er *schafft* diese Dunkelheit und er *führt* sie, er ist ihr an-maßlicher Geist, der Massedrang dieser ihn umbildenden Nacht, die dem unverhafteten inneren Auge des Eingedenkens jener „weißen" Verschlungenheit mit ihm, dem „Anderen", und seiner selbst lähmend im Wege steht. Wie eine undurchdringliche dunkle Wand, die dieser unser „Geist" hin und her befiehlt. Du magst die Vorstellung grob oder patzig finden, aber so ist es, so ist sie – man kann es anfassen und sehen. Es verhält sich leider tatsächlich so.

Gottes direktem Einlicht in unsere geistige Wirklichkeit abzuschwören, bedeutet folglich nichts anderes, als jegliche Nähe und Vertrautheit all dessen, was wir *nicht* selbst sind, fahren zu lassen und sie unverwindbar zu verscherzen.

Uns mag sich dann ein durchaus reichhaltiges Leben der subjektiven Annäherung, des „Interesses" an diesen Dingen oder anderen Wesen auftun; und doch ist dieses „geistige Leben" so tief und so lang wie *deren* innerer Sarg in uns. Und wir werden viele Freuden ihres äußerlichen und vermeintlichen Verstehens finden; so viele unwürdige, ungeteilte Freuden, wie Nägel in diesem Sarg sind. Aber: „Wenn wir von deiner Tür gegangen sind, begreife dies: dass *wir* gestorben sind." (Mir Dard)

– Und ich habe aber immer weniger den Eindruck, Albe, dass du bei diesem „*fetra*" von einer allgemeinen Grundeigenschaft unserer seelisch-geistigen Konstitution sprichst. Könnte man sich nicht darauf einigen zu sagen, dass es vielmehr eine entwicklungsfähige, aber außerordentliche *Begabung* darstellt: die darum nicht zwingenderweise bei jedem Einzelnen erweckt werden kann? –

So könnte man sagen. Aber dann spreche ich von einer abgründigen Naturbegabung, die ausnahmslos jede Seele in sich trägt und die sie auch eigentlich zu dem macht, *was* sie selbst *ist*. Echte Begabungen bestehen dort, wo das Verstehen ihrer aussetzt, wo das gewillt angejochte Verstehen *nicht* versteht; sie wären ansonsten keine tatsächlichen Be-gabungen. So verhält es sich, in höherem Maße, mit dem *fetra* genannten, eingeboren geistigen Verständnis-vom-Anderen, der in allem den allem gemeinsamen Ursprung erinnert. Der diesen co-memorierend seine Segnungskraft entfaltet, erinnert *an* den geschöpflichen Ort – die betreffende Erschaffenheit, der betreffende Einzelne – dieser gemeinsamen, währenden Seinsnatur. Verständnis, das allein uns das wirkliche Wesen und die wesentliche Wirklichkeit aller Dinge erschließt, als empfangenes Gut; diesen lebendigen Baum der Schöpfung uns aber als Baum der Aufgaben, als den Baum der inneren Aufgaben *unserer selbst* eröffnet. Der inneren als äußerer, dieser äußeren als innerer Aufgaben der Verwesentlichung unserer selbst. Das der wirkliche qur'anische *dschihad*, der *dschihad* der identitären (oder identifikativen) Ethik: Eine andere gilt vor Dem Lebendigen Gott nicht. Dieser Baum (das heißt: wir) muss die hauch-bildlich empfangenen Früchte des eigentlichen Lebens hervorbringen und geben. Erkennend bekennen, benennend versichernd, beteuern und zusichern jedem, der „sich von ihm nährt": alles wird und muss also *sich selbst* bei uns erfragen und finden können. Gerade weil und obschon diese Früchte benachtet, unbeachtet in der Welt erscheinen durch den räuberischen und scheidenden Blick des Feindes, der das Äußere des unerkannten Inneren entkleidet. Sein Blick: zudem der des Jägers, der auf die Seele schießt, überall auf die Seele schießt, der von ihm selbst gegangen ist. Dieser Blick wird durch uns der,

der *in die Geschöpfe* einzieht mit dem ihrer wahrhaftigen Lebensgestalt entgegengesetzten Anschein, einem gedengelten anderen Licht. Blick, den der an-maßliche Geist des unsehnlichen und sich selbst dienenden Lichtes *ihnen* zu-fügt, an ihnen zurücklässt. Entehrt, beschmutzt, vom Wind gekrümmt, ausgeliefert sowohl der Gemeinheit anderer als auch dem unaufhörlichen eigenen Unbestand, dann tausend Jahre auf der Bahre: Das Opfer *und* der Mittäter.

– Tausend Jahre? –

Das ist es, was *geschieht* durch *die* Sprache, die man uns lehrt und die wir sprechen, eine gestückelte und tote Sprache der „Gesichertheiten", der Ab-definition, des „Empirischen", die weder in unserem eigenen Inneren noch im Licht des Lebens selber widerklingt, erst recht nicht die hauch-bildliche Sprache Gottes ist. Und die, obschon sie angeblich von diesem vermittelnden Leben Gottes spricht, nur sich, den Hauch des Todes, fortzeugt und sonst nichts.

Du selbst sagtest von der Eva, schlicht und ergreifend: „Ich kenne sie nicht." Und ich schreibe deine traurige … seltsam unmotivierte Antwort – als würde sie dir von irgendwoher zugeflüstert, „diese Eva nicht zu kennen", nicht nur der bedrückenden Last der *lingua mortis* zu, die uns gelehrt wurde.

Dir wurde eine andere Eva gelehrt, weil dir ein anderer Jesus gelehrt wurde. In dem Maße, als dir ein schmeichlerischer, begütigender Gott gelehrt wurde, der in der Wirklichkeit selbst gar nicht vorkommt und von deinem eigenen Inneren losgelöst und abgetrennt bestehen soll, ist dir eine tumb-gegenständliche, stimmlose, sogar verwerfliche Eva gelehrt worden.

Wenigstens *diese* lingua mortis, um deiner selbst willen, um zu deinem eigensten inneren Grund durchdringen zu können – musst du abtun, du musst dich ihr entschieden verweigern. Weil sie aus nichts denn „Überlegungen", darüber liegenden, besteht, die darüber hinaus andere Unerwachte angestrengt haben. Teilweise im vollen Bewusstsein dieser Tatsache, teilweise ohne dass sie es bemerkten, sind sie, zwar hochgradig intelligente Menschen, den Katzen des Nachbarn ins Garn gegangen und haben gemeinsame Sache mit ihnen gemacht. Also vergiss sie. Vergiss diese verbotene Theologie. Denn *macharibajich mimmech jezéu*, Jes. 49,17: „Deine Zerstörer ziehen von Dir aus (gehen von Dir selber aus)."

– Unsere Ausbilder werden „einen Teufel tun", uns das alles zu lehren. –

So ist es. Dass, insbesondere, mit Eva, und also übrigens auch mit dem ursprünglichen Wesen der Frau, ihrem tiefsten Einfluss und ihrer wahren Bestimmung im Leben, gemeint ist die seelische Tochter des Heiligen Geistes, die Jesu – und also des gottgewollten, „gotthörigen" Menschen – Mutter, Schwester und liebende Braut ist. Wie zugleich des Menschen innerstes, himmlisches Selbst.

Dass sich in unserer eigenen Seele, wenn dieses „andere Selbst" zu uns spricht, die unauslöschliche Wirklichkeit eines liebend lenkenden Wesens dartut, das allein Vom Heiligen Geist lebt, mit seinem hohen Atem heilend.

10.6. Denn welche Höllenangst bereitet uns das Himmlische! Dieses *lichtende* geistige Licht, all das ärgernde Licht! – Wie weh uns alles Treue und Wahre tut, alles unverfälscht, arglos vertrauend, kind-haft in dieses Leben Einergebene …   Während wir selbst durch die Dunkelheit wandeln wie ein zielloser, erschöpfter Jäger, schwebendes rotes Augenpaar, das da jagt um des Jagens willen. – Auf der Jagd. Nur: wovon? So der Zustand des Bewusstseins seit der Trennung von seinem eigenen köstlichen Lebensleib, dessen Sinnen, Herz und Stimme. Diesen Leib, nichts anderes, wird der Jäger letztendlich zur Strecke bringen. Wen also? – Es sei denn …

Aber wiederum *der* Zustand des Ankommens bei ihr mag so glücklich nicht sein. Bei der vermeintlich todgeweihten Intimantin.

Der Zustand, in dem der Mensch seinen eigensten und tiefsten Lebens-Grund bezeugt, hat die ungeheuerliche, kaum zu verkraftende Besonderheit unserer eigenen Durchscheinendheit oder „gehaltenen" Auflösung, indem der Vorgang dieser Vergegenwärtigung, der lebendigen Intimation, *identisch* ist mit dem Vorgang ihrer Vernehmung, ihrer geistigen „A-divination", dem des Wahrnehmens und Einlassens der göttlichen Realität: indem diese also „auf beiden Seiten" selbst das aktive Subjekt ist. Sie oder er werden darin ... *auf-hören,* verschwinden.

– „Vernehmung", erklärt Heidegger, der eine andere Bestimmung des Wesens des Menschen „aus dem Wesen des Seins selbst" unternommen hat, eine weniger dramatische! –, Vernehmung sei „nicht eine Verhaltensweise, die der Mensch als Eigenschaft hat, sondern umgekehrt: Vernehmung ist jenes Geschehnis, das den Menschen hat". Daher sei noch in den luziden Ursprüngen der abendländischen Philosophie, bei Heraklit und Parmenides, nicht ausdrücklich vom *Menschen*, „sondern immer nur schlechthin von *noein*, von Vernehmung, gesprochen" worden.[85] –

Richtig, danke. Wenn aber in der Selbst-Vergegenwärtigung dieses „Wesens des Seins selbst" sich das allumfassende Wesen des Einen Geistes bekundet, der schöpferisch alles wirklich-spricht, indem dieses, wie ich sagte, auf beiden Seiten das gleichauf aktive Subjekt ist, bedeutet dies, dass der in *seine* eigenste, nackte Selbstheit, in *seine* letztinnere Nicht-Zweiheit oder „Nichtandersheit"[86] versetzte Mensch diese ihm zu-geschehende und unmittelbare „Gotteserkenntnis" – *ist*: indem ihr Geist dann vor *sich* geht, indem diese Erkenntnis ihm als sein eigenstes geistiges Leben geschenkt wird oder „zugeschieht". Deshalb ist es deren gewillter *Dienst,* der dieses vernehmbar und fühlbar an-wesenden Hinter-Grundes[87], was unsere eigene Pre-Servation – unsere eigene, einzige Wesenserfüllung ermöglichen wird. Wenn wir, so verstanden, Eva finden. Echt und richtiggehend *menschlich* werden wir sonst nie werden.

---

[85] Einführung in die Metaphysik, IV., 3. (Anm. d. Schreibers).
[86] Cusanus. (Anm. d. Schreibers).
[87] Somit: der Dienst Evas, der Dienst an ihr. (Anm. d. Schreibers).

– Albe, ich glaube gern, dass Gott diese Schwierigkeit „erkannt" oder „bedacht" hat und danach letztlich gehandelt. Aber eben durch Christus. Von einem anderen Wesen in meinem eigenen Inneren will ich daher nicht bewegt – und schon gar nicht usurpiert werden. Dann müsste ich bewusstseinsgespalten sein; nicht etwa unterdessen an diesem meinem Bewusstsein oder meiner geistigen Seele wiederhergestellt werden. Es heißt außerdem, Albe, wer dem Herrn einen Partner zur Seite stellt, der erschafft einen *shirk*, der verkennt und beleidigt den ALLEinzigen Selber. Was letztends zünftigen Ärger gibt mit *Ihm*. –

Natürlich; jedoch um nichts anderes als der Ermöglichung der Wiederherstellung dieser Unmittelbarkeit willen begab und begrub sich seine „sichtbar gewordene Liebe" in dem Leben und Sterben Christi zu uns, um in jenem wahren und wirklichen Selbst der „menschlichen Erde" die nicht verschleißende, die immer unerinnerliche Neuheit seiner wunderbaren Weisung zu einem offenen Leben der Liebe herzurichten, einem Leben der uneingeschränkten, selbst-verständlich aufopfernden Öffnung füreinander aus dem Vertrauen in jene höhere Macht des Geistes, die wir weder in uns selber noch in der *al-dunya*[88] und im Leben greifen können mit den Augen, sehen können mit den Händen. Aber: ausrichten, ausweisen, leben, empfangen, in allah unserer Abhängigkeit von ihr.

– Eine wunderbare Weisung, die sich daher wenig dazu eignet, fortwährend bedacht und diskutiert zu werden. –

Richtig: die *nur* gelebt werden kann, damit sie ganz vernehmlich, *noch* vernehmlicher und von Mal zu Mal auch „früher", sozusagen, in uns werde … Bis „ihr den Anzug der Scham mit Füßen tretet, und wenn die zwei Dinge eins sind, und das Auswendige wie das Inwendige, und das Männliche mit dem Weiblichen, sodass es weder Männliches noch Weibliches gibt. (Denn) Ich bin gekommen, die Werke des Weiblichen aufzulösen".[89] – Aber: Diese

---

[88] Die erschaffene, finite Welt. (Anm. d. Schreibers).

[89] Dies ist nach einem apokryphen Jesu-Wort die Antwort auf die Frage der Salome, wann der Tod ein Ende haben werde und das Reich Christi gekommen sein werde. (Anm. d. Schreibers).

entschieden positiv zu wertenden Werke als uns eingeselbstete Bewegungen ins Herz uns zu schreiben, das sich dann, darum, nicht mehr betrügen lässt: wie ein anderes Herz betrügen lässt oder verlieren …

– Irgendwie klingt das alles für mich so, Albe, als hättest du dich gerade verliebt. Heftig verliebt. –

Und das habe ich. Allerdings hat Der Geliebte mich gelehrt, dass meine verliebten Augen Fische der Gefolgschaft sein müssen, bis zum Ende. Daher ihr trauriger Schnitt und die Nässe. Er ist jetzt schon ein unendliches Meer, ein Meer aus Licht, in dem ich „lebe, bin und mich bewege". Und ich werde in ihm untergehen. Nein, ich bin untergegangen. Denn ich bete nur noch offen, nur noch in meinen Gedanken. Das heißt, ich tue nichts anderes mehr in ihnen und mit ihnen.
Aber weißt du …   Weißt du, was sie *darauf* sagten?

– *Wer* was darauf sagte? –

Die Katzenhalter. Als ich las alle ihre Gedanken. Die sagten: „Wenn du, von Gott sprechend, von Dingen kündest, die dich aufregen, bist du gefährlich, Poncho-Mann. Du bist gefährlicher als Gott."

(Das ungute Gefühl, das unlängst meine Stirn durchkältete und schwere Steine in meinem Kopf aneinanderrieb, verursachte, dass ich zu alledem nichts mehr zu erwidern fand.

Und als ich doch, nach diesen seinen letzten Erklärungen, den mir durch sein Stillschweigen gewiesenen Raum einnahm, geschah es, dass mir meine eigene Stimme eigenartig fremd vorkam, dass sie mir, als wäre es nicht wirklich meine Stimme, auch eigen-artig – miss-fiel. Sie missfiel mir in dem Maße, als mir auffiel, dass ich in dieselben nutzlosen Spulen hineingeriet, an denen sich meine persönlichen Vorbehalte schon mehrfach aufgezogen hatten im Verlauf unseres Gesprächs.

Schwerer wog die Tatsache, dass mir seine Grundhaltung, diese restlos gläubige Haltung durchaus unmittelbar einging – während ich die Gründe, die mich davon abhielten, ihr innerlich endlich Rechnung zu tragen, nicht erkennen wollte oder konnte, nicht zu hinterfragen wusste.

Dies lastete jetzt wie ein schwerer, dunkler Flügel, wie der fremde Atem eines Anderen auf meinem Inneren. Als habe sich eine neue, feindliche Gegenwart in mein Bewusstsein eingeschlichen, dieses seinerseits eigenartig stumpf, schwer und unwillig, nicht zu verwechseln mit der längst eingetretenen Ermattung. Während ich meinen eigenen Worten schließlich wie dem bitterscharfen Urteil eines vom gewillten Glauben – ja vielleicht vom Leben überhaupt Enttäuschten zuhörte.

Ich spreche hier davon, weil dieses Gefühl im Folgenden alles begleitete, was ich auf seine weiteren Darlegungen erwiderte. Auch dasjenige, worin mir meine Zunge ein ums andere Mal nicht zu gehorchen schien. So gelangte ich in einen schwer benennbaren Zustand hinein, der jener Art von spiritueller Inbrunst oder Besessenheit, von scheinbar automatischem Sprechen, die ich an ihm feststellte, vergleichbar war: nur dass sich meiner eine völlig andere „Stimme" bemächtigte. Da ich jetzt sprach:)

– Eher scheint mir der Gott, den du zeichnest, gefährlich zu sein. Und zwar nicht nur für dich. Wenn du einen ursprünglichen Zustand der ausnahmslosen göttlichen Lenkung und Bewahrung für erlangbar oder für behauptbar hältst in einer Welt, die keinen Anhalt für eine solche An-Wesenheit bietet, die lenkend „unserem Leben vorsteht", sondern unmissverständlich dem Gesetz von Geburt, Altern und Sterben unterliegt und einer Art Gemeinheit des Lebens, welche zurückgeht, alles in allem, auf das wirtschaftliche Sich-Bereichern weniger auf Kosten vieler, sehr vieler im Zwinger von Kapitalismus, Kaltsinn und Konkurrenz, dem Leitbild von vermeintlich souveränen Gesellschaften und modernen liberalen Staaten, Werkzeuge der herrschenden Klasse, deren Erreichtes damit verteidigt wird, seltsamerweise, gegen Menschen, die keine Arbeit und kein Zuhause haben. Das *the whole picture*, der Rahmen unserer Eigen- und Mitverantwortung. Und der Existenz, die wir Heutigen nicht einfach wie Regennässe abzuschütteln fähig sind, so wenig wie all das andere – da es *tatsächlich* „Erdreich" ist, mitunter vermengt mit Feuer, was unaufhörlich auf andere niederregnet, niederprasselt … Wie auf unsere ureigenen geschöpflichen Kleider voller Sorgen und Fehler, die wir so lange hier tragen, bis sie uns vom Leibe fallen …

Und wenn du also diesen Widerspruch, Albe, nun noch dadurch zu beheben suchst, dass du erklärst, jenes geistige Licht der guten Leitung könne am verhängten Grund unserer selbst gefunden und erlangt werden, wir aber diesen nicht begreifen könnten und nicht kennten, ehe wir nicht uns von den Deckschichten des Netzes der Beziehungen und Abhängigkeiten gelöst haben, in das wir durch Herkunft, Geburt, körperliche Konditionierung, Erziehung, prägende Erlebnisse, soziale und geschichtliche Kräfte eingebunden sind; dann, mein Freund, führst du die Blinden an die Klippe und überlässt sie dort sich selbst. Hoffentlich nur einige Irre …

Der Mensch, den du zeichnest, existiert nur in dem nie endenden Streben nach einem unerreichbaren, nur in der Vorstellung lebenden Ideal, aber gerade darin geht er zu alledem seiner eigenen Persönlichkeit verlustig oder besitzt nur eine solche, die in aller ihrer Fülle an *einen* Gedanken versklavt ist, einäugig und einarmig gemacht durch das eine Ziel und Wollen, im Dienste dieser Idee zu leben – oder überhaupt nicht, während sie ihn nur immer weiter von der Bürde und Mühe der besonderen Verhältnisse ablenkt, die seine eigenste Wirklichkeit bedeuten, die diese herausgebildet haben. – Trotz all der Tiefe deiner Einsicht oder deines Glaubens werde ich den Eindruck nicht los, dass du unter dem schweren Einfluss einer unstofflichen Droge stehst, die dir die ungetrübte Sicht auf diese sehr gegenständliche Gefahr verschließt, während der Glaube, *dein* Glaube *dich*, sozusagen, vor dieser klaren Sicht *versiegelt* … –

Aus diesen Gründen, siehst du, darf und muss ich nicht zwölf gute Menschen um mich sammeln. Wenn mir schon *mein* Leben entglitten ist … wie du meinst – sollen es die Leben anderer nicht. Ich möchte nicht „die Welt" verändern, sondern mich. Ich führe niemanden nirgendwohin. Gott führt uns alle. Erst wenn die Klippe, an der übrigens jeder von uns steht, in den nächtigen Abgrund, den *du* siehst, hineingerissen wird, fällt auch der Baum, den alle bilden und, in corpore, jeder Einzelne auch für sich. Es kommt darauf an, mit welchen Augen wir aus uns hinaussehen. Und was wir *demzufolge* erkennen. Soweit ich dadurch etwas Förderliches zu meinem gemeinsamen Bestehen mit allen Menschen beitragen kann, wird es gerade von diesem „Netz der Abhängigkeiten und Beziehungen" empfangen und befördert werden, von dem du, glaube mir, eine völlig verkehrte Vorstellung besitzt. Verkehrter noch als die, die du von *meiner* Vorstellung davon besitzt. Du zwingst mich zu immer neuen Verflechtungen von Ausdrücken und Bildern, die doch alle einen und denselben Seinszusammenhang beteuern, der tatsächlich besteht. Inzwischen muss ich ernsthaft an der Freiheit *deiner* Augen zweifeln. Meine sind im nämlichen Netz, das *dich* auch einbeschließt, deine gläubigen Augen, die –

– Wie kann man mit den *Augen* glauben? –

Was ist es dann also, Matéo, was *du* siehst? Was ist es dann, was du stattdessen siehst: statt des Gegenstandes deines Glaubens?

(Ich hatte, wie gesagt, zu diesen Dingen direkt nichts zu erwidern. Aber in mir regte sich die besagte zudringliche Stimme, bahnte sich ihren Weg, unwiderstehlich, bis zu meinem sprechenden Mund:)

– Antwort: Eine wehrlose, verstoßene Kreatur, ein elternloses Kind, von irgendeinem Finder abgegeben in einem improvisierten Lazarett, in einer Art großen Bahnhofshalle. Lärm und Schreie, Hast, ein unbeschreibliches Irrsal drum herum. Das Kind weiß nicht wohin, erstarrt vor Angst, mit tränenverschmutztem Gesicht, weit aufgerissenen Augen. Dann schreit es selbst mit aller Kraft, die es hat, es schreit und schreit. Es ruft inständig und voller Verzweiflung nach seinem Vater, seinen beiden Eltern, die sich in Luft aufgelöst zu haben scheinen …

Oder etwas wie eine große aufrecht stehende Echse, eine schwarz und feucht glänzende, unnahbare Gestalt mit aggressiven, fahrigen Reflexen, Reflexen nicht zu bändigender, blutdürstender Energie, aber halb Mensch, halb Tier. Kein Monstrum, eher eine unentschiedene Schöpfung, die von beidem etwas hat und sich selbst nicht gefunden zu haben scheint. Dieses Wesen sehe ich eingeschlossen in einen Käfig, einen riesigen Käfig, riesig aber – unsichtbar. Eine Art schwarzgläsernen Container von unbeschreiblichen Ausmaßen, gewaltigen Ausmaßen, größer, als es sich vorstellen lässt, geschweige denn sich bauen ließe …

Ja, diese beiden Gestalten sehe ich, erst die eine, dann die andere. Erst den Jungen, dann …   Und ich weiß, dass ihre Schicksale zusammenhängen. Dass sie ein und dasselbe Schicksal bilden oder zusammenführt, fühle ich …

Du erwähntest vorhin selbst einmal diese „bedeutungsvolle Leere". Die „grausige Gegend" um den Ekliptikpol, die ewig leere Mitte, den unausgebauten Kosmos. In einem sozusagen diabolozentrischen Universum. „Letzte Tiefe", die nach Dante der Tartaros ist, wo Luzifer zu finden ist, festgefroren im Eis. Bei aller Perfektion oder Berechenbarkeit des gesamten bewegten Kreisels hören wir immer das Brüllen des Mahlstroms, der dort hinabführt. – Für das Menschenkind, welches der Himmel verstoßen hat, gibt es kein Ausweichen und nur zeitweiligen Trost. Aber es hält sich aufrecht, es beschenkt sich selbst mit farbigen Träumen und versöhnlichen Illusionen; es flieht, zunehmend, in sein Inneres, um das Brüllen des Mahlstroms ertragen zu können. Es träumt und zehrt von anderem, das es nicht gibt, um wenigstens sein eigenes Leben atmen zu können, zum Dasein verdammt.   Aber vielleicht …

Vielleicht ist es auch so, dass *du mich* nicht verstehen willst. Ich glaube schlichtweg nicht, dass die Welt eine göttliche Schöpfung und von Grund auf *gut* ist. Wie du letztendlich behauptest. Ich glaube, dass sie wahnsinnig ist in ihrer Verdorbenheit und Mitleidlosigkeit. Mitleidlos in ihrer fortschreitenden Auflösung jener einstmaligen Einheit, die nur von ferne noch erinnert werden kann – erkaltend auf immer weniger zugänglichen Inseln; was eben *deren* behauptete oder besser erkämpfte Einzigartigkeit belangt. „Eine Welt" – das gibt es nur noch in der *Perzeption*. –

Das ist zu sagen: *la ilaha*. Das schließt das Bekenntnis zum Unglauben ein.

– Dann tut es das. –

PELEA. Im Streit, nah der Wüste (EZAL 11).

11.1. Siehst du, das ist das plötzlich anschwellende Rauschen des Regens, welches sich permanent steigert und steigert, schließlich ohrenbetäubend wird, sich wie ein schwerer, rauschender Mantel um die ohnehin gekrümmte Gestalt des Menschen legend.

So klingen Adams Vorbringungen, wenn auch auf andere Umstände bezogen, wenn er mit Eva durch die Wildnis schweift. Da, zu Anfang, und sehr viel später in seiner Einsamkeit, vor Gott gesprochen, während er sich durch erstarrte Basaltströme, Sand und Windstürme kämpft, jedes Mal mit geringerer Überzeugungskraft, wie von vornherein beschämt, wenn seine Alte Rede von der Sinnlosigkeit seines Daseins anhebt, von der Erbarmungslosigkeit des Daseins im Allgemeinen. Da – ich nehme deine eigene Rede von vorhin auf – es nun Regen aus Erde ist, mit Feuer untermengt, was niederprasselt auf ihn. Auf ihn und alle geblendeten, lichtgepeitschten Kreaturen der Erde, da die Sonne sich längst zu einer peinigenden Aufseherin über aller Missetaten aufgeschwungen hat.

Damals mag es sogar naheliegender gewesen sein, Gott zu leugnen oder für einen rachsüchtigen Zerstörer zu halten.

– Tat ich das? Hast du mir überhaupt zugehört? –

Das habe ich. Man weiß nicht, wer der Urheber von so viel Leid ist. Nur, dass die Dinge ordentlich aus dem Ruder gelaufen sind denen, die die Geschicke der Menschen, der Völker verantworten. Und sagt sich: Letztendlich sind es viele trotzige Urheber, überall. Unmöglich, alle *in einem* zu fassen und zur Rechenschaft zu ziehen.

Die Welt ist ausgetrocknet, und so die Hoffnung des Menschen. Sein Leben entbehrt jeder Nahrung für die Seele, wie sie ihr, der Seele selbst gemäß ist. Er entbehrt ihr Wasser nicht erst, wenn der Brunnen leer ist. Dann aber mit doppelten, vervielfachten Qualen. Und die Worte Gottes, wie seltene, bedrohliche Eruptionen in der Wüste, verabschiedeten sich mit Rauch und Feuerregen: *to be continued,* demnächst – wenn du *nicht* …

Adams indignierte Begleiterin ist das letzte Band, das ihn mit seinem wirklichen Leben verknüpft: jenem mit ihr, köstliches Wasser selbstverständlich-vertrauter Zwiesprache, welche war die mit Dem Göttlichen Vater, welche war die mit allem Lebendigen. Nun stürzt diese Frau, Nahrung suchend, dahin an seiner Seite, heiß von der Hetze, müde, schmutzig, ihr Blick wild vor Schmerz. Aber immer auf das Wichtigste im Hier und Jetzt gerichtet ihr Blick, nie theoretisch, etwa an eine Lebensregel gemahnend, ein zuvor beschlossenes gemeinsames Prinzip, nein, immer von einer unbeugsamen direkten Intensität und entschlossen in der Sache. Stunde um Stunde spricht sie mit harter, ruhiger Stimme und verlangt Entscheidungen von ihm.[90]

Das Essen wird jeden Tag karger. Die Schnitte an Händen und Füßen immer tiefer. Aber ihrer Weisung will er nicht folgen. Zu allem, was er nicht sehen will, sagt er: Es ist nicht da. Oder: „Wenn das die Erklärung ist, dann will ich keine Erklärung." *Man quafad al-Labn?*[91] Das warst du selbst. Unheimlich in manchem Betracht. Denn du hegst eine Schlange und eine Schlange hegt dich. Verzeih, dass ich weine. – Seine Stirn legt sich in hundert Falten, wie die karge Erde der Höhlenebene. Endlose Leere, Sand und Geröll, so weit das dürstende Auge reicht.

11.2. Im Wissen um den Umstand, dass wir IHM den entscheidenden Dienst würden versagen, Abels Dienst, die reine Religion (im Übrigen der einzige wahrhaft männliche Dienst an Gott, im Übrigen deswegen einer, den Menschen Ihm ganz selten zugestehen), in diesem Wissen hat Er dafür gesorgt, dass das „schwache" Geschlecht, das wir uns unterjocht zu haben glauben, uns beherrscht oder sozusagen unsere Kundin ist, überall wo es

---

[90] „Was sie spricht oder nicht,
Ist daher allerdings von Belang; bei ihm nicht,
Weil er wenig da mang
Durch sein *Handeln* bisher unterstrich." Aus *EZAL 3*. (Anm. d. Schreibers).

[91] „Wer verschüttete die Milch?" (Anm. d. Schreibers).

gilt, unser eigenes Leben zu erhalten, wiederherzustellen und zu schützen. Auch wenn es uns gerade dort aus eigenem Antrieb, ja selbstlos dient.

Zum Wichtigsten: Leben empfangen können wir Männer nicht. Göttliches Leben ebenso nicht. Das eine „versinnbildlicht" das andere – realiterativ (wiewohl das menschliche Kind als solches und dessen Entstehung der reinste, uns bekannte Ausdruck für das Wirken und die Anwesenheit Göttlichen Lebens ist). Unsere Frauen, die gebundenen und die gewollten, haben *deshalb* jene Macht über uns, die wir Männer unserem Schöpfer nicht zugestehen mögen. In der Folge, in der Tat, aus animalischen Gründen; auch deren ersetzenden Hinweis und Widerspiel erklärten wir jedoch. Nur, wo das eingangs Genannte gegeben ist (wahres Mannestum vorhanden ist, die reine Religion), nimmt sich unser Verhältnis zu „unseren Frauen" für beide Seiten beglückend aus; es ist dann nicht, was die sonstige Regel ausmacht, von einem stechenden Gieper oder einem emotionalen Würgereiz getrübt, wechselweise, die einfach nicht „weggehen" wollen.

In letzter Hinsicht gehört jede Frau deshalb Gott („sponsa Christi"), weil sie (wie erörtert) die andere Hälfte des Mannes und die himmlische Hälfte des Menschen versinnbildlicht, die deshalb auch dann dessen „Vermählte" bleibt, wenn der Mensch sie verstößt, wie ein hartherziger oder verrohter Ehemann seine ihm untauglich dünkende angetraute Frau. Dies ist ein weiterer Grund, warum Frauen, die ihrem ureigenen Wesen nachgehen und treu bleiben, sich vor allem und vielleicht nur bei solchen Männern angekommen fühlen (wissen), die zur persönlich bekennenden Religion gereift sind. Und ein weiterer Grund dafür, dass die Hingabe der Frau an den Mann allein, den Mann an sich, potenziell immer entarten und ihr selbst zum schweren Verhängnis werden kann.

Wenn Frau und Mann *ein* Wesen bilden, das Gott gehört, wie es im Ursprung war – sodass beide Wesensanteile um den anderen wissen, um die tatsächliche Besitzschaft, und diese respektieren, mehr noch, jeder um dieser willen recht eigentlich den anderen liebt –, dann ist die Glückseligkeit von Mann und Frau vollkommen und keine Unbill kann sie trüben.

11.3. Jetzt aber, da es seit Wochen – oder sind es Jahre? – nicht mehr regnet, wo es zuvor unaufhörlich und meistens Bindfäden regnete (was das Leben keineswegs einfacher machte), verursachen Mangel und Anfeindungen der Außenwelt immer wieder zerrüttende Auseinandersetzungen. Es gelingt Frau und Mann nicht mehr, sich geschlossen diesen Widrigkeiten zu stellen. Um diese meistern zu können, müsste man auf jenen Rückhalt des selbstverständlichen, vollkommenen Einverständnisses bauen, das zu Anfang bestand, dann schlagartig nicht mehr. Besonders ihre Stimmungen – Eva schwankt pausenlos zwischen stumpfer Abwesenheit und luzidesten praktischen Einfällen, tierischer Brunst oder verheerendem Zorn, dann wieder einem zärtlichen Zureden und geistigen Beatmen seiner, das ihm sein tiefstes Selbstwertgefühl schenkt –, diese ihre Stimmungsextreme werden für Adam zum Inbegriff des Fremden, das er schließlich nicht mehr zu handhaben weiß[92], schließlich zu einem körperlichen Schatten mit funkelnd verspringenden Augen gehörend: schwarz ihr Blut, böse erregt und kurz davor, auf ihn loszuschlagen oder irgendeine gefährliche Dummheit zu begehen.

Daher erreicht man bei ihr nichts mit schamhafter Zurückhaltung. Er brüllt ein ums andere Mal zurück:

Mach nur, mach nur weiter so! Dann kommst du in dieses Geschirr – sieh her! Wie eine blinde, beißwütige Löwin werde ich dich einpferchen müssen. Willst du das? Ich hör schon jetzt dein Gekreisch: Ich bin frei! Ich bin mein! – Bist du nicht. Denn ich gebe dir Nahrung, Schutz und … *Sicherheit* hast du bei mir. Etwa nicht?

Sie schäumt erneut vor Zorn, wird jedoch äußerlich still. Jetzt scheint sie auf Anhieb zurückzubeben von jeder Bewegung, jedem Hinweis, die ihre Gedanken von der angestrengt umklammerten Gegenwart ablenken könnten. Ihre Augen sind kupfergrün leuchtende Käfer, die jeden Augenblick wegspringen können. Sie versteht nur, was sie spürt, mit aller Deutlichkeit verspürt. Nicht immer versteht sie, was sie fühlt. Fühlen und Spüren sind nicht dasselbe, weil im Spüren auch aufspürendes Verspüren

---

[92] *Das lateinische mulier* (Weib) stammt von *myllos*, Mühle, und schon Horaz schrieb: *varia et mutabile semper feminae.* (Anm. d. Schreibers).

aufkommt. Das Fühlen ist sehr weit, nicht eingrenzbar und regellos und nur manchmal erhebt sich daraus auch ein Spüren. Dann aber mit dieser schlagenden Bestimmtheit und Röte, dieser *Efferveszenz* schlüssigen Wissens, die sie auf Anhieb das Richtige sprechen und verfügen lässt – oft mit königinlicher Gebärde. So auch jetzt:

Angst hast du. Ich keineswegs. Wenn man das, was man niemals gekonnt hat, mit einem Mal kann, und man verliert diese Fähigkeit nicht, ist Der Herr selbst im Spiel, nicht der *shaitan*. Dann ist Der Gütige wieder mit uns, eine Weile wenigstens, einige Zeit lang, bis der Feind … Verstehe doch: Uns *eint* der Feind!

Adam dann: Kommt es nicht darauf an, was es ist; ich meine, was man da anscheinend mit einem Mal beherrscht?

Eva: Tut es nicht. Die Erschaffung aus dem Nichts – wie die von Leben – ist Gottes Sache. Dazu ist niemand sonst imstande. Deswegen habe ich gar keine Angst. (. . .) Gut also: Ich werde selbst gehen.

Ich gehe in die Höhle des Löwen bis in die finsterste, hinterste Ecke und hole mir die stinkende Beute: weil ich weiß, dass sie mir zusteht.

Ein triumphierendes, gleichwohl irrsinniges Lächeln umspielte beim Sprechen ihre Lippen. Adam denkt: Ihr Geist vielleicht nicht, aber ihr Herz ist wahnsinnig. Oder genial. Geniales Herz, das … *Wenn wir uns wieder zusammen-trennten* . . . Dann wird es sein wie an dem Tag, an dem ihr Leben aus mir stieg. Dann wird es sein, wie all die Zeit, wie all die gute Zeit davor.

Wird sie aber bis dahin bleiben, wird sie so lange ausharren können bei mir?

Eva, wie berauscht in ihrem beherrschten Stillsein, angespannt wie eine Bogensehne vor dem sicheren Schuss, tritt nahe an ihn heran. Und in der Tat, als sähe und träfe sie diesen seinen Gedanken, flüstert sie ihm jetzt ins Ohr:

Wenn der warme Wind hier wieder weht, werden wir
Uns verabschieden müssen von hier.
Du von mir, ich von dir.

Warmer Wind, der also ankündigte ihr Verschwinden. Zweites oder drittes Ersterben der Eva, wie eine kollabierte helle Gaswolke – mit dem Aufkommen der heißen Sandstürme, die die Sonne bald aussehen ließen wie smoggetrübt, Fauna und Flora um sie her scheinbar *senkten*, wie einen Sarg in eine grundlose Tiefe, dann diese grenzenlose Wüste schufen. Alle vertrauten Dinge erstarrten zu Geröll, Abraum, Schotter. Von ihr selbst nicht die geringste Spur, seitdem.

Denn das Menschengeschlecht, kaum erst aufgeblüht zwar, wird *gebleicht* in der Folge. Es bleiben ihm (außer abstrahierend verfälschten Gefühlswerten und animalischen Erfüllungsmomenten) noch Zustände, Stimmungen: Schüttelbarkeit, Efferveszenz zum Geist, aber dessen Lebhaftigkeit ist erloschen. Verlernt und verstummt die hauch-bildliche Sprache. Kein Allegro, kein Vivace kennt der Geist: weil er entleibt ist. Wie sollte er sich da tänzerisch rühren? Er huldigt den ernsten und schweren Gedanken: vergötzend die eigene Kappung, die eigene Vertanheit, ohne diese selbst wahrzunehmen. Und wie lang ist es hin bis zum Aufstieg aus sich! – O wie lang bis zu dem Zustand, der keine Zufügung, keine Handhabung von außen, kein Hoch- und Zustande-geschüttelt-Werden ist … *Zum* Geist.

Jetzt, für sich und die Nachkommenschaft, wird die bleichere Bleibenschaft viele Verfahren entwickeln und Mittel zum Auftragen gegen die Göttliche Bleiche verfertigen. Verfügt wird allerorts, sich diese Verfahren und Mittel zu eigen zu machen. Zudem haben alle Menschen an deren Fertigung oder Weiterentwicklung mitzuwirken, wenn sie nicht verelenden wollen. Diese Mittel und Verfahren sind zu bekommen an immer verdichteteren und moderneren Orten. Der Same unseres Verfalls blüht seitdem nicht mehr in der Wüste.

Seitdem wandert der Mensch durch eine große, kalte Stadt, die ihm alle diese erdenklichen Möglichkeiten der Tarnung und Ablenkung bietet. Aber er wandert eigentlich in jenem Nirgendwo, entlang einer Reihe von kahlen Bergen, mit quälendem Durst, während Funken auf dem Grund seiner Augen stieben. Mit quälendem Durst wonach?

Zuweilen trifft er draußen seinesgleichen an, ebenfalls stumpfsinnig dahinwandernd. Identisch, nahezu identisch Aussehen und Gebaren dieser Menschen, ebenso ihre Entkräftung, manche Gesichtsfarbe wie angebrannte Baumrinde, manche wie die schlecht gehäuteter Gurken, so schlecht sehe sie aus. Jedes Mal, dennoch, muss er fragen, ob man seine Sprache spreche. Das ist der Fall – und zugleich nicht. Denn das menschliche Denken ist übel: ist dieses Übel. Das Göttliche Denken ist Liebe. Diese aber ist längst geflohen. Ist geflohen oder geflohen worden.

Karge Gespräche entspinnen sich da, die ersterben in Einsilbern, denselben Einsilbern, mit denen sie anfangen, gefangen in endloser Eintönigkeit, in der endlosen Eintönigkeit, die die aufgelöste Gegenwart der einstigen Freundin zurückließ. Endlose Eintönigkeit, die das innere Ohr förmlich zersägt, so laut ist das Nichts der Rede dieser anderen und der seinen. Also doch dieselbe Sprache, die ihre? Die seine ringt

„nach Lebensatem, als würgte mir einer die Kehle/ hungernd nach Farben, nach Blumen, nach Vogelgesängen/ dürstend nach guten Worten, nach menschlicher Nähe/ zitternd vor Zorn über Willkür und kleinliche Kränkung/ umgetrieben vom Warten auf große Dinge/ ohnmächtig bangend um Freunde in endloser Ferne/ müde und leer zum Beten, zum Denken, zum Schaffen/ matt und bereit, von allem Abschied zu nehmen?" [93]

In sich hinein geschrumpft das Herz und immer, immer Abschied nehmend, von jedem, von allem, immer kleiner, stumpfer weiterwandernd. Mit quälendem Durst nach Der, Die nirgends ist. Nach Der, Die Niemand Ist. Nur dank seines unbeugsamen Willens überlebend. – Ist das so?

Die Wahrheit ist, dass du damals geflohen bis vor ihrer heiligen Verzauberung. Die du auf Dauer nicht ertragen hättest.
Dijístele: „Ya no me toques!" – *Así que ya no llores más!* [94]

---

[93] D. Bonhoeffer, aus dem Gedicht „Wer bin ich?", 1944. (Anm. d. Schreibers).

[94] „Du sagtest da zu ihr: ‚Berühre mich nicht mehr!' Beklage dich also nicht mehr.". (Anm. d. Schreibers).

Halte ein, sage ich, einen Tag, und erinnere dich.
Gestern warst du ein Kind, heute bist du ein Mann.
Der Geist, der dein Gesicht erfand,
Der deine Glieder und Worte verband,
Deine Seele als Schwester dir gewann:
Dies ist der Geist, der überwand
Diese Verwaistheit, die dich quält.

Immer noch lebt sie und erhält
Dich ihr Gesang, vom anderen Ende der Welt
Herübertönend, unverdrossen.

Geist Deiner Schwester, der unterdessen
Niemals stillschwieg, sich ergoss
In die Welt, die vor dir erstand
Mannigfach, allem eingebrannt.
Schwerer, sie nicht zu finden, als ihr Ausseh'n zu vergessen.

Es ist *die Söhnin mit dem Namen AWA, dem Namen des Lebens,* die Der Allmächtige Vater mit dem Siegel der Schönheit geprägt hat, die du nicht siehst. In deiner ewigen Suche nach einem tatsächlichen Freund oder einem geeigneten Sexualpartner, geeignet oder irgendeiner. Die, die du siehst, spiegelt zwar die, die du nicht siehst. Nicht jede Frau ist jede Frau. Doch jede Frau ist diese Frau, die du nicht siehst. Erforsche doch wenigstens, was es mit dieser Schönheit auf sich hat, der zugangbareren (bedingt …). Mit dem Wahnsinn der Schönheit, die nicht eine Schönheit des Wahnsinns ist, wie du oft annimmst, womit du irregingst. Bis du weißt, dass das deine eigene Doppelnatur ist, gewissermaßen dein kontrafaktisches Ich, verloren an deiner eigenen Sichtbarkeit, deinem Denken, deinem Auftreten, deinem Wollen. Deinem Erscheinen vor dir selbst.

Habe daher ein heiteres und entschlossenes Wesen für sie: Das ist das Wichtigste.

Vor allem handle niemals so, als sei sie auf dich angewiesen oder als folgte sie vorbehaltlos deinen eigenen Entscheidungen und eigenen Vorstellungen.

„Zwischen ihr und mir passt nicht *ein* Blatt Papier." Das behaupte niemals. Wäre dem so, Adam – *nur* wenn dem so wäre –, fände sich meine Rede von der co-naturalen Zweiverschiedenheit (und Zweieinheit) im Menschen, einerlei welchen Geschlechts, widersprochen. Aber ich sehe und höre dir zu – oder ich horche, ich horche länger in mich hinein, meinetwegen weitere zehn oder fünfzehn Jahre lang von heute an, und dann frage und antworte ich zum wiederholten Mal:

Sind da Schwarz und Weiß bzw. Blau und Rot unterschieden, aber ineinander aufgewogen, verträglich vereint? Ich sage: verträglich, nicht „einklänglich"… *Unmöglich.* Oder ist da alles weitgehend grau, graduell variierend, das heißt, alles weitgehend violett verhauen, röter und weniger rot sich herzschlagartig, rhythmisch abwechselnd? *Mitnichten.* Stattdessen sind da in einem zwei „innere Stimmen".

Gedanken, die töten, Gesang, der belebt. Gesang, der Getötetes *wiederbelebt*.

Auch wenn dieselben Gelüste und Begierden wie Geschwüre an ihnen fressen, während das Gangrän der *ghurba*[95], über allen, beide auffrisst, alle beide langsam auffrisst. Auch wenn darüber hinaus dieselben schleichenden Triebe ihr Blut verseuchen, einerlei, wer sie gebar oder in wem sie geboren wurden.

Sie müssen endlich einverstehen. Müssen einkehren Am Ort Der Stillung, sich lassen, müssen die eigenen Hände loslassen, Am Ort Der Stillung, von beiden Enden der Welt einkehrend. Sie müssen *sich* lassen.

Circumambulate the kabaa.

---

[95] Die „Entfremdung" in der islamischen Gnosis. (Anm. d. Schreibers).

Ein Ineinandergeboren-Werden (EZAL 12).

12.1. Das Wandlungsgeschehen, die singuläre Wandlung setzt an zwei Polen in uns an und löst von diesen beiden Polen ein Sich-ineinander-Entwickeln beider „Innenpersonen" aus, die voneinander „tingiert" oder beprägt werden: durch ebendas, was *sie* an und für sich, in ihrem Wesen stehend unvertauschbar sind.

Zwei Prozesse kombinierend: „Löse das jeweilige *von sich selbst*, sodann führe es in seiner Reinheit dem jeweils anderen zu."

Beide „Innenpersonen", männlich und weiblich, bleiben dabei distinkt zwei, zwei das eine in diesem Spannungsfeld oszillierende seelische Leben hervorbringende Pole, deren Energien ebenso aufeinander gerichtet wie einander entgegengesetzt sind. Diese „Leben schaffende Polarität" wird also nicht aufgehoben, sondern geht ein gänzlich neues Verbundensein ein: Es soll das eine *in dem anderen* eingeborgen werden gemäß seiner umschließenden Stille und wirkenden „Unsichtbarkeit" (s. u.), während jenes seinerseits *in diesem* gegenwärtig bzw. „sichtbar" wird gemäß seiner elementaren Durchdringungs- und Erfassungskraft, die immer Einselbstung, Selbstgestaltung des Menschen bedeutet: „Sichtbarkeit" des geistigen Menschen an sich.

Weil wir kommen aus der *tih*[96], das Land der Farben erst vor uns, noch weit vor uns, in dem das Leben selber Wohnung nimmt, können wir für dieses Letztere bestimmt werden. Weil wir, durch sie wandernd, unsere eigene Essenz in und mit uns tragen, können wir aus ihr *destilliert* werden. Beiderseits ist das erweisbare Wesen (s. o.), in dieser Demarkation, freizusetzen und zu betrachten, ehe es eingebracht werden kann in die neue Verbindung. Darum gibt es die *ghurba*[97], eine werklich notwendige Zeit der Trennung und gegenseitigen Vorenthaltung, in der Gott gefühlt sehr fern, aber der So-Verfügende ist; die darum nicht mit dem grundsätzlich zu beklagenden Entwest- und Entfremdetsein der einen bzw. mit der widernatürlichen Verselbstigung der anderen „Innenperson" zu verwechseln

---

[96] Der „Wüste". (Anm. d. Schreibers).

[97] Die „Entfremdung" in der islamischen Gnosis. (Anm. d. Schreibers).

ist. Mit oder ohne diese besprochene spirituelle Versündigung wird Gott seine geliebten und gewollten Kinder durch die kargeste Wüste führen, in der es weder von uns selber noch von Ihm auch nur den geringsten atembaren Hauch gibt für die ausgebödete, wandernde Seele.[98]

Te quema la arena.[99] Dieser Vermissungszustand, diese Gespaltenheit besteht zwischen-zeitlich grundsätzlich, wenn nicht inso-weit, als alle Zeit diese *Zwischenzeit* ausmacht. Sie ist sozusagen unser anthropologischer Status als Gläubige; und auch eigentlich Anlass des mutuellen Werkes, da der innere Vollzug den vertikalen (Schöpfer – Geschöpf) spiegelt bzw. verifiziert. Gegensatzvereinend und gegensatzverneinend ist, dennoch, das Element des Sich-gegenseitig-Wollens der beiden „Innenpersonen": eine trotzdem nicht abwendbare Gegenwart der Schöpferischen Liebe, die, auch hier, in dem Bewusstsein liegt, gesehen zu werden oder sich im jeweils anderen zu sehen – wie die Bibel sagt, zwei Liebende „erkennen" sich; bei gleichzeitigem Wollen und Angenommensein des Anderen in seinem So- und-nicht-anders-Sein. Das Zuwerdende, Zustande-Kommende, und das Gesuchte, das innere Lot, liegen von Grund auf in diesem liebend-wollenden Impuls: dessen Erfüllung somit nicht in der Ausgleichung, Gleichförmigkeit des jeweilgen Gegenbildes, sondern im gemeinsamen, ein-helligen *Leben ineinander*. In keinem Tausch, keinem gegenseitigen Ersetzen: sondern in *einem* Ineinander-geboren-Werden.

12.2. So, von ihr schwanger, gescheucht von *El ro'i*[100] über das leere Land, staskt Der Mensch, Der Sich Sieht, durch die brennende Wüste, entkräftet, keinerlei Sprache mehr fähig, da längst, wie eine aus dem Boden ausgetretene Dunstmasse, sich der *gri-gri* des Todes an ihn geheftet hat. Er wird diesen nicht mehr los, es sei denn, dass Gott selber eingreift. In sich trägt dieser halb verbrannte Wanderer, unsichtbar oder nicht (es gilt sogar, *selber*

---

[98] Ausgebödet – „mit Stumpf und Stiel", d. h. samt der Wurzel ausgerissen. (Anm. d. Schreibers).

[99] „Der Sand verbrennt dich" bzw. „brennt an dir". (Anm. d. Schreibers).

[100] „Der Gott, der mich sieht". (Anm. d. Schreibers).

unsichtbar zu werden, ohne sich selber verloren zu gehen), die Bestimmung seiner Lieblingschaft, aufgrund welcher er in letzter Hinsicht der Vernichtung nicht anheimfallen kann. Die Bestimmung seiner Lieblingschaft Beim Herrn, deren Schönheit sich auf seine eigenen verbleibenden Züge legen wird, in jenem Land am Wüstenrand, wo Der Gießer und Die Gnaden sich ihm deutlich zu erkennen geben werden. Dann, nunmehr, einem Geschöpfe von Ihrer eigenen Art: obschon Geschöpf der alten Erde.

In jedem ersten Knospen lebt auf ein nicht abwendbares Maß der Liebe unserer „beiden Innenpersonen" zueinander; besteht etwas ganz Ursächliches, in dem sich weder „er" noch „sie" beweisen oder gesondert erfahren. Es ist das, wodurch sich vielmehr das göttliche Agens als initiale Kraft der Wandlung einbringt.

Es ist Gott, der uns begreifen macht, dass wir in der besagten Spaltung, die unser Abgespaltensein auch von Ihm Selber darstellt, in der Niedergeschlagenheit noch unerweckten inneren Lebens und in der „Traurigkeit der Welt" verharren, die zur Erstarrung des Herzens und zum tatsächlichen Tod führt (2. Kor. 7,8–10) bzw. führen kann. Es ist Gott, der unmittelbar oder durch bestimmte Umstände und Veränderungen, durch andere Gestalten, Stimmen und Vorkommnisse unseres Lebens, in uns ein existenzielles Begehren nach seelischer Ganzheit und Erneuerung erweckt, welches sogar kranke und panische Ausmaße annehmen kann, wenn es wahllos verdinglicht oder „objektiviert" wird. Das kann uns noch einmal spalten und noch tiefer verwirren, wenn es nicht letztendlich auf *Seine* Gegenwart, auf Sein Licht ausgerichtet wird, welches das Licht unserer Widerspiegelung in der ursprünglichen mann-weiblichen „Ebenbildlichkeit" ist. Denn deshalb, weil wir animisch, d. h. geistes-geschöpflich in diesem Licht begründet, ja *gemacht* sind, ist auch einzig und allein in dieser Wider-Spiegelung Stillung, währende Kraft, Heilung und „Errettung" für unsere Seele.

Man ist häufig versucht, gerade das Letztere anders aufzufassen. Aber in dem ganzen Prozess gibt es nicht einen Schritt, den nicht Gott selber durch entscheidende Veränderungen, zum Teil *scheinbar* belanglosen, scheinbar erdrückenden Veränderungen in unserem Leben und in unserer Selbstwahrnehmung auslöste. Wir müssen sogar klar herausstellen, dass dies das ist, was Der Herr mit seinen Kindern macht: Wir können nichts dafür und nichts dawider, denn Er tut es. Und Er tut es mit den Werkstoffen, die Ihm, Geistigem Gott, hier zur Verfügung stehen, unmittelbar, an denen Sein Tun als Des Nämlichen manifest wird.

12.3. Das Erste überhaupt, was Christus an Zeichen seiner „Vollmacht" wirkt, ist die Verwandlung von Wasser zu Wein auf der Hochzeit zu Kana. Dies ist die symbolische Einsetzung der weiblichen Innenperson in seine, des gottherig, gotthörigen Geistes, Eigenschaft; des Weiblichen, zudem, das zur Vermählung mit dem Mann-Geist, ja zum Verschwinden in diesem („Wasser zu Wein") bestimmt ist. Die doppelte Sinnhaftigkeit mündet in die Beteuerung: Er selbst sei es, Gott-Christus, der hier, also um des geschöpflichen realen Einzelmenschen und seines Geistes willen, sich mit dessen ihm, Gott-Christus, co-naturaler Seele vermählt (mit der „Seele unseres Geistes" und nicht schlicht: „mit der Seele des Menschen"). Überaus auffällig und merkwürdig ist in dieser Szene eben, dass von Braut und Bräutigam, den Einladenden, überhaupt keine Rede ist.

Die weibliche Innenperson repräsentiert Christus bzw. die empfangende und empfangene Hingabe der Seele in ihrer Co-naturalität mit Gottes Eingeborenem Sohn. Ihr Überquergehen ins Gegenbildlich-Männliche ist *umschließende Extroversion.*

Die männliche Innenperson repräsentiert das weltliche „Du" bzw. das sich selbst und lebensgeschichtlich bestimmende, mundane Ich der einzelnen Seele. Dieses ist Gegenstand der (weiblichen) Intimation und „geschöpflicher Ort" der Verwirklichung ihres „menschlichen Lichtes", welches dadurch, kraft dieses „Ortes", gerade in der Welt (genauer: seiner Welt) verwirklicht werden kann. Ihr (sein) Überquergehen ins Gegenbildlich-Weibliche ist *durchdringende Introversion.*

Ohne den Göttlichen „Aus-Löser" (s. o.) blieben beide „Innenpersonen", Kräfte oder Stimmen Kontrahenten, richtiger, *Kontradizenten* in der einen Seele und des einen Entwicklungsweges, der der Weg aus dem „anthropologischen Status" der Ichspaltung ist, in dem wir uns grundsätzlich befinden. Wir befinden uns in *jeder* relationalen Hinsicht – zwischenmenschlich, gesellschaftlich, körperlich-geistig und religiös – in diesem Status, weil wir uns in animischer, geistes-geschöpflicher Hinsicht in ihm befinden. Das bedeutet es, dieses Eingeständnis, zu sagen, dass Gottes Sein und Gegenwart unsere erstumständliche oder erstvorfindliche Realität ist. Und wenn wir das nicht sagen können, können wir keinen *Glauben* für uns beanspruchen. Letzterer aber ist das, was uns zu Gottes Kindern macht. Und diese Letztere, was uns in jedem Fall bestimmt und vorsieht für das Werk der Wandlung.

Aus der Sicht dieses Aus-Lösers aber, dieses „ersten Anderen", wird das Ziel verfolgt, welches in nichts anderem als in dem Durchfangen und Ankommen seines eigenen, Sohnlichen Wesens besteht; jenes, das sich bereits in jenem initialen Impuls, in jenem „nicht abwendbaren Maß" des gemeinsamen Ganzheits- und Lebensbegehrens unserer „beiden Innenpersonen", in der vermittelnden Gegenwart solcher Liebe ausgedrückt hat. Das Werk ist somit Wiederaufnahme unserer Erschaffung „in seinem Ebenbild; als Mann *und* Frau". Dieses Werk ist es, was wiederaufgenommen worden ist durch Gottes Wirken in Christus, Sein Sterben für uns und Seine glorreiche Auferstehung.

12.4. Wir sprechen hier, nochmals betont, nicht von „ober- und unterbewusstem Ich" oder etwa über „Eros" und „Logos" u. Ä., sondern von unserer urtümlich-überzeitlichen *inneren Doppelgeschlechtlichkeit*, die Gottes Ebenbild bereit-hält im Sinne der entwickelbaren Seele. Mit dieser entsteht folglich erst der wirkliche, von diesem immerwährend-überzeitlichen Ursprung her seinzuhabende Mensch. Diesen – *den* Menschen erschafft Christus in uns.

Verschmelzung und Überquergehen beider Wesensanteile: Wer das Göttliche als das schlechthin Seiende anerkennt und sich von ihm führen lässt, tut das mit dem zunächst gänzlich Anderen und Unganz-Anderen seiner selbst (bzw. in sich selbst), das von Gottes Eingeborenem Sohn an-gerufen und be-flammt ist („*la llamada*"), der männlichen Innenperson Seine Leitung, Erweckung und Bewahrungskraft zu eröffnen. Das bedeutet, dass die männliche Innenperson, welche wesenhaft Gestaltbarkeit und Erkennen *ist*, um der Ganzwerdung der (einen) Seele willen „sein Weib", als solches (das seine, *sic, und* zugleich gottgehörige, gott-hörige), „erkennen" muss, die wesenhaft Empfangen und Gestalten ist. Durch seine sie in seinem Innenweg auf-suchende, an-denkende, kennen-lernende Meditation des/der eigenen Mediativen (Gott-hörigen), wird diese/s in ihm aufgeschlossen und zunehmend vernehmbar. Durch die Stimme, die sie anspricht, wird aus der Stimme, die schläft – die an und für sich diese erstere ist – *ihre* (Evas) eigene unabhängige Stimme. Während „unsere" zunehmend schweigen wird, nur noch anrufend und empfangend gegenwärtig: „ihr Mund" werdend. Das heißt, dass er mit ihren Kräften, ihren Be-gabungen „in sich hineinwirken muss", um sich gerade diese Stimme als jene des Geistes seines (unseres) Herzens anzueignen. Zwar wird hierbei *ihr* letzthin stärkendes und aufbauendes Hervortreten zunächst als derangierende innere Widerfahrnis, als ein „schwarzes Fieber" und ein eigenes Austrocknen und Vergehen erlebt (s. o.).

Ihr hingegen ist es beschieden, den „Wolf zu umarmen" (Luise Rinser); mit ihrer wesensmäßigen Großzügigkeit und Hingabe, die, mit allem Lebendigen unlösbar ineinander gebettet, vertrauensvoll auf die Kräfte ebendieses Vertrauens baut und des Gelassenseins in diese gottgestützte Einheit. Sie baut ausschließlich auf diese Kräfte, ist es ihr auch beschieden, den gegenläufigen männlichen Impuls der unsehnlichen, sich-herausbesondernden, sich selbst dienenden Formung des Geistes als zu ihr „in einem Leib" gehörig zu umschließen. Um diesen Leib[101] – trotz aller begleitenden Hoffnungslosigkeit dieser Wahrnehmung von Selbstsucht und verquerer (weil

---

[101] Hier wiederum hebräisch verstanden als geistig-körperliche lebendige Ganzheit des Menschen. (Anm. d. Schreibers).

autonutritiver) Weltliebe – durchdringbar zu machen und zu durchdringen mit ihrem Geist inner-natürlicher Konvergenz, wesentlicher All-Einheit, schöpferischer Sym-pathie mit allem Erschaffenen. Sie muss dieses fragliche „Licht in der Welt" weiblich umschließen und männlich durchdringen: „als wäre sie beide", um eben seine geistige Blindheit zu entmachten. Darin steht sie (co-natural) im Widerschein der „Feindesliebe" Christi, die allein den Tod, das heißt dieses für sich leuchtende, nächtige Licht, zu wirklichem Licht – zu diesem „menschlichen Licht" verwandeln kann.

Ihr Wesen ist das Sich-Lassen (sowie Sich-Einlassen), welches darin besteht, andere außer sich zu lieben, mit ihnen eins zu werden und sie in Bestätigung ihrer eigensten Natur und Schönheit aus sich zu beleben, sie damit beglückend mit dem, was sie selbst (die anderen) letztends *sind*. Das sind die wesentlichen Eigenschaften der Göttlichen Liebe, die auch die Schöpfung des Weltalls ermöglichten, wie sie die Ursache seiner Erhaltung ist. Dieser selbe *Wille* wird seither in unendlichen Variationen und in jeder erdenklichen Weise in der Schöpfung verwirklicht: Es ist sein Widerhall, der in ihr naturiert, herausbildet und maturiert alles, was lebt. Eva weiß um jede seiner Manifestationen, um die ganze *Scheria* der Schöpfung – wenngleich tausend Bücher nicht genügen, diese Manifestationen zu dokumentieren.

Sich selber sozusagen unsichtbar machen, in Demut handelnd dadurch mit dem Besten dienen, was man geben kann: die ich-befreite Liebe, deshalb stark, weil sie nicht *sich* bewägt, sondern das vollgültig Andere (als solches!), dem sie gilt, erstrahlen lässt im eigenen („einlassenden") Licht. In sozusagen und so verstanden unsichtbarem Licht. Jedoch dieses Sich-Lassen ist auch ihr unverlassbares *Wesen*: mit allen Nachteilen und Möglichkeiten für sie selbst, in der Tat zwar das, was die königinliche Würde der bzw. jeder Frau ausmacht. Hier steht die Schönheit ihrer inneren Güte und Großzügigkeit in Verbindung mit Gottes erhabener Verborgenheit und stiller Majestät, ja bis zur Selbstschenkung am Kreuz.[102]

---

[102] Obschon diese Eigenschaften mehr „belebendem, wärmend-erweckendem Licht" gleichen, sind Frauen für einige große Mystiker der islamischen Welt schlicht der „Anblick Gottes in der Welt". Gott wird von ihnen oft „Leila" genannt, wenn er in

Gerade darum, weil das ihr unbenehmbares *Wesen* ist, neigt die Frau dazu, sich unsichtbar zu machen. Nach Maßstab und Art der sichtbar bestehenden Welt ist es eben geradezu, als existierte *sie* überhaupt nicht, als wäre *sie* nicht da – als stünde sie vielmehr im Einklang mit einem weltentgrenzten Ausdruck der „Negativität" eigentlichen *Geist-Seins*.

Und tatsächlich: Was die weibliche Innenperson anbelangt, so hat Der Erwartete seine Kraft auf sie vererbt, *das Bestehende* abzulehnen, um es zu überwinden: Gerade den anthropologischen Status der – sich in jeder relationalen, sozialen und mundanen Hinsicht ausdrückenden – Ichspaltung, deren wirkender Indikator die männliche Innenperson ist.

Das ist aus der Position des Bestehenden selber nicht möglich; aber es kann nur *mittels* des Bestehenden, das ja auch selber umgewandelt werden muss, vollbracht werden. Solange nicht das Bestehende gemäß dem sich lassend-vertrauenden Wesen der weiblichen Innenperson verändert und beschaffen ist, ebenso lange ist *ihr* Ort und ihr Kampf, *procol harum*, weiterhin belebend-erweckende Unsichtbarkeit, vermeintliche Nichtvorhandenheit i. o. Sinne. Diese Unsichtbarkeit vor anderen, vor der Welt inkludiert in der Regel auch ihre Unsichtbarkeit vor sich selbst in diesem Tun. Und diese zweitere das Bekanntsein (bzw. nicht Bekanntsein) und Offensichtlich-Sein *vor ihr selbst* ihres kompromittierten Umgangs mit Christus.

Das Bestehende, der faktische Ist-Zustand des geschaffenen Menschen (ob Mann oder Frau), ist die – mutuell – welt-ergebene, leid-indifferente Verselbstigung und weltgemachte Isolation der männlichen Innenperson. Mutuell: weil diese Letztere *diesem* Impuls folgt, ist die Welt, wie sie ist, ein Ort der Prüfung und des Todes sowie der Ausnutzung Schwächerer durch Stärkere (sind sie das?); gleichzeitig bestärkt und spiegelt dieses verminderte inner-natürliche Licht (Licht der relationalen, junktiven Kraft des wesenhaften Zusammen-Hängens) das An-Sich-Haften und die geistige Erblindung der männlichen Innenperson wider. Die Letztere folgt diesem

---

geheimnisvoller Manifestation zu ihnen, den „Leuten der Wahrheit", kommt. (Anm. d. Schreibers).

Impuls, obschon Der Herr uns bedeutet, ermöglicht und aufgetragen hat, uns „nicht der Welt gleichzustellen" (1. Röm. 12,2), sondern darin „ihr Licht" zu sein (Mat. 5,14), dass wir sie im Dienst an andere Schwächere und in bewusster Wandlung unserer selbst überwinden, mit ebender Kraft, die Er uns dazu verleiht.

12.5. Nur eben, *not to forget:* Alles, was der Herr uns hinsichtlich des Seinzuhabenden unserer selbst von ihm, von sich her sagte und sagt, ist nicht eigentlich zu „uns" gesprochen: nicht zur männlichen Innenperson, wie wir an früheren Stellen erklärt haben. „Und auch" Jesus hat an *sie* sich adressiert[103], ohne die wir das Gehör nicht hätten für die metanoetische Botschaft. Es ist dieses (Ihm co-naturale) Gehör, diese Anrufbarkeit uns aber unauslöschlich eingebrannt, einerlei wie weit wir in unserem faktischen Leben von ihr abkommen. Sie wird auch dann da sein, wenn von uns physisch nicht das geringste Stäubchen mehr vorhanden ist.

Oben beschrieben der Weg, auf dem Eva sich (wie erörtert) unsichtbar macht und auf dem ihr der menschliche Mann bzw. die männliche Innenperson folgen muss, um zunächst seine eigene geistige Wesenheit wiederzufinden. Erst dieses erreichte Rein-Männliche kann in ihr gelöst und umgewandelt werden in ein neues Leben, seinerseits aus ihrem mediativen Quellgebiet, aus der geistigen Kraftquelle der sohnlich-göttlichen Einheit neues Leben sowie eine gänzlich neue Identität empfangend.

Wir müssen uns verabschieden von der eigenen Gegenständlichkeit, wir müssen zurück in die Unsichtbarkeit. In die Unsichtbarkeit unserer selbst vor unseren geistigen Augen: um das missverständlich Männliche, die Selbstsucht und Weltliebe, die das Herz uns verschließen, mit ihr zu bezwingen. Es auszuwechseln durch eine vollständig neue Selbstansicht und -wahrnehmung, die in Gottes lebendiger eigener Vorstellung von uns beruht, bzw. in der Anrufung des Herrn dieser Vorstellung in uns (siehe *EZAL 8* sowie „Die Bitte").

---

[103] Siehe insbesondere „Die Treue Gottes, 2." (Anm. d. Schreibers).

Solange Er an uns arbeitet, besteht darin Gottes Absicht mit uns, und dieser Absicht werkliche Trägerin oder „Erfüllungsgehilfin" ist (diese) Eva.

12.6. Die dann eintretende, fortschreitende *Verschmelzung* der weiblichen mit der männlichen Innenperson ist immer auch ein Fall von äußerlich erkennbarem Derangiertwerden, Aus-sich-selbst-und-aus-der-Welt-Fallen, weitreichenden Verlusten oder Umschichtungen der Selbstwahrnehmung sowie sämtlicher idealer Vorstellungen, der eigenen Sprache, schlicht – aller wesentlichen Bausteine des Ichs, die hiernach neu und anders zusammengesetzt werden, bis sie dieses neue „Bild" absorbiert und angenommen haben. Sobald wir ernsthaft mit ihr in Berührung treten, wie schon an früherer Stelle im „Alten Lied" geschildert, führt kein Weg daran vorbei, dass uns das brennende Leben der „Beflammten" ein für die männliche Innenperson gefährliches Fieber „anzaubert", das auf-bricht, zerrüttet, aber von da an heilt. Zwar ist das hier Ansetzende der natürlichste und notwendigste aller denkbaren Prozesse: der Prozess unserer geistes-geschöpflichen Wieder-Herstellung oder besser *Konkretisierung*. Weil es das Fieber des ersten Eintauchens in die eigene Unsichtbarkeit ist (s. o.), nennen wir es auch schwarz, das *schwarze Fieber*. Aus dem heraus sie „vor sich geht" (bzw. „überquer") und hervortritt im konischen Feuer „Herz", das sich immer in die Höhe bewegt und aufwärts steigt, das „Macht über alle Dinge hat, die man in es hineinwirft": sich aufwärts wendend in beängstigenden Phasen des Erwachens seines bzw. des äußeren Bewusstseins – in dasselbe, in das brennende, reine Seinsbewusstsein, in die Seinszeitlichkeit Evas. Jede Handlung und jedes Wort Christi Des Herrn, das wir in dieser bestimmten Zeit verinnerlichen, wird den Atem Jesu und ihre Stimme tiefer hineinziehen in unser eigenes Herz.

Vorher wird ihre neu- und wiederbelebende Eigenschaft nur in Ansätzen zur Geltung kommen. Sie wird seelische Schmerzen wecken nach dem neuen Ufer, auf das hin man zu weit vorgedrungen ist, um noch zurückzukönnen ans alte, und sie wird diese verzehrende Unruhe, diese irrselige „Fahrigkeit" in uns gleichzeitig besänftigen, zum Teil; aber sie wird weder den „Mantel der Männlichkeit" durchscheinen noch den Wolf in ihm *um-armen*. Ehe nicht *wir* in das Feuer der Verwandlung eingetreten sind und in ihm bleiben. *No me dejes en paz. No te calmes jamas.*[104]

12.7. Worin das Überquergehen der *männlichen* Innenperson genauer besehen besteht, haben wir oben hinlänglich beschrieben. Hier gilt es, dem hinzuzufügen: dass ganz wesentlich dazu die Absage an die übliche Selbsterachtung des Männlichen als solches gehört.

Nur, was letztends *nicht* stark ist, verehrt die Stärke oder vergöttert sie und macht sich ihr untertan. Nur das Nicht-Stille, das um des Stillenwollens und Stillenkönnens willen *sich* verlässt, sich verschenkt – verliert, nur das in all seiner eigenen Fallgefahr em-pathische Herz, welches eher *nicht* weiß, indem es glaubt und nicht sieht (s. o.), oder hinsieht und dennoch glaubt: Das allein ist wahrhaft männlich. Echte Männlichkeit besteht gerade darin, dieses grundlegend Weibliche in einem selbst mitten in den Härten des Daseins zuzulassen, in diesem Zu-*Lassen*: das restlose Sich-Öffnen und -Kompromittieren, das in der Bereitwilligkeit des unbeirrbar Liebend-Wollenden liegt, nichts von der eigenen Kraft zurückzuhalten, die das liebend-wollend Angedachte *an sich* bestätigt, ja die eigene Seele für eine andere – gefangen gehaltene oder geknechtete – Seele wirklich *zu lassen*, als Lösegeld zu geben. Diese ist, viele Male, die Seele des anderen, als solchen angenommenen und entanonymisierten „Weltmenschen" schlechthin.

Das ist die Haltung und Handlung, die „Eva" uns vorgibt und abringen will.[105] Unbeirrt, bis zur völligen Aufgabe ihrer selbst – unerkannt und überhört in unserem eigenen Inneren.

Mann oder Mensch also. Jedoch wahrhaft Mensch, das ist auch wahrhaft Mann. Jeder Mann sollte *der* „Mann des Anfangs" sein: an dem und durch

---

[104] „Nicht lasse mich in Frieden. Niemals beruhige du dich.". (Anm. d. Schreibers).
[105] Indem sie exakt diese Haltung *zu uns* in uns bezieht, exakt diese Handlung uns innerlich erweist. (Anm. d. Schreibers).

den „sichtbar" hervortritt, was sie, die „Unsichtbare", weiß, schaut und zu geben hat.
Nur die bedingungslose Bejahung des Lebens, nur die reine Ein-ergebenheit, Er-leidung fremden wie eigenen Schmerzes, eigenen aber nicht wie fremden, ist männlich: Einselbstung des Unabänderlichen und real Eintretenden, unbeirrte Wahrung der Hoffnung, umfangend-brüderliche Solidarität, ersetzendes Opfer, väterlich-treue Fürsorge.

Zudem ist generell das „erfahrene Leiden und die Fähigkeit des Leidens das, was den Menschen stärker macht als alles ihm Begegnende" (D. Sölle). Exakt also der gegenteilige Gestus zu dem, was unsere angeblich so virilen weltlichen Gesellschaften erstreben: die Vernutzung, Zweckbindung und Maßregelung allen relationalen Menschenlebens zum Zwecke der Absicherung vor jeglichem Leiden. Was bei all diesem Züchten emotionaler und spiritueller Insuffizienz letztlich zugrunde geht, ist nichts anderes als der wahrhaftige Mann. Hervorbrachte das dafür den großen Schauspieler, der uns alle warten lässt. Andererseits aber auch den, der für das perverse, wahnsinnige Schauspiel, das sich tagtäglich zuträgt vor unseren Augen in der Welt, das er vor-trägt, das *er* hineinträgt in die Welt, sich keiner eigenen Verantwortung bewusst ist. Oder er spielt, spielt angestrengt, bis zur vollständigen Ermattung, bis zur Ohnmacht, dass er sich dieser Verantwortung nicht bewusst sei.

12.8. Auf der obigen Aussage gründend, was den Menschen tatsächlich weniger bezwingbar mache durch das, was ihm in diesem Leben begegnet oder widerfahren kann, nämlich gerade seine Angreifbarkeit, der nicht(s) fliehende Offenstand, das Sich-Einlassen seines Denkens und Empfindens, muss auch die „Fähigkeit zu leben" ganz anders gedeutet und verstanden werden: nicht biologisch, sondern *innenleiblich* seelisch, „animisch".
In dem Maße, in dem wir begreifen und befolgen, dass die Fähigkeit zu leben mit der Fähigkeit zu lieben einig-geht, dass die Fähigkeit zu lieben ist die Fähigkeit zu leben (und umgekehrt), bilden wir unseren inneren

Lebensleib aktiv heran. Dann kann diese animische „Gestalt des Lebens", die wir (in *EZAL 9–10*) mit dem schöpferischen Wirklich-Sprechen Gottes allen Lebens in Verbindung brachten, von uns selbst hervor-gefördert und sozusagen „gemacht" werden bei anderen.

Für diesen Leib ist es nur vorstellbar zu fassen, immer vorstellbar zu fassen. Auch was das Ich fürchtet, was es anwidert, was es zurückweist, kann er, der tatsächliche Lebensleib, *sich* einverleiben: es bestärkt ihn, es stärkt *ihn*, wenn er es umwandelt zu dem Licht, aus dem er selbst gemacht ist. Aber es ist für ihn nicht fassbar, vorzustellen: dass ihm etwas durch die Vorstellung, die bloße Vorstellung von diesem Etwas eingehe, das ist nicht möglich. Oder dass er selber sich durch bloße Vorstellungen, wovon auch immer, bemerkbar mache, das ist ebenso wenig möglich. Schließlich steht er, weil er der Lebensleib unserer Geist-Seele ist, dem natürlichen Leib wesenhaft näher als der Sphäre unserer eigenen Gedanken.

Welche alle, alle *klippe-tumme* sind[106], solange sie nicht eingetreten in sein Feuer und dann entweder *zu ihm* werden (s. o.) oder schlicht verrauchen und vergehen.

„Wir geben nicht allein zu, sondern bekennen auch öffentlich, dass eine höchste Weisheit Gottes sei, durch deren Mitteilung eine jede Seele weise gemacht werde, welche auch wahrhaftig weise wird." (Augustinus)

„Wir halten von der Sophia und bezeugen, dass, weil sie von Gott herkommt, sie auch von allen und jedem aufgenommen werden müsse." (Laktanz)

„Bei der Vertreibung aus dem Paradies wurde die ‚untere Mutter', das heißt die Schechina, mit vertrieben. Ja, es ist eigentlich (. . .) nicht so ganz ausgemacht, wer wen aus dem Paradies vertrieben hat: Gott den Menschen oder der Mensch Gott, unter dem Aspekt der Schechina! Seitdem herrscht ebenjener Status der Dinge, der sich dem Sohar unter dem nun zentral

---

[106] Jiddisch, nach dem kabbalistischen „unreine Hülse" für die unreinen Geister bzw. Dämonen, weil sie den „inneren heiligen Kreis umschweben", in dem Gott und Mensch vereint sind. (Anm. d. Schreibers).

werdenden Bild des ‚Exils der Schechina' darstellt, das heißt ihrer Trennung von der ständigen Verbindung mit den Kräften, als deren Trägerin und Vermittlerin sie doch in der Schöpfung erscheinen sollte. Was ihr fehlt, soll nun der Mensch ersetzen." (G. Scholem, Von der mystischen Gestalt der Gottheit, S. 180).

Lukas 11,27–28: „Und es begab sich, da er solches redete, erhob eine Frau im Volk die Stimme und sprach zu ihm: Selig ist der Leib, der dich getragen hat, und die Brüste, die du gesogen hast. Er aber sprach: Ja, selig sind, die das Wort Gottes hören und bewahren."

„Gott sandte seinen Sohn, geboren von einem Weib."

Zum Schluss sage ich: die unbefleckte Empfängnis Christi, diese unkörperliche Schwängerung war einmalig und ohne Wiederkehr, damit sehr klar würde, dass Gott, wenn er „real" sein will, wirklich für uns und unter uns, wirklich nach unserem Muster und Wahrnehmen, auf den „Mann" verzichten kann, die „Frau" aber auf keinen Fall entbehren kann.

Sagt, was ihr wollt; die Botschaft ist so klar und weitreichend, dass es feige und frevelhaft wäre, sie in bloßer Übertragung auf das körperlich Männliche oder Weibliche zu vergröbern und ihre Warnung auszuschlagen. Darüber hinaus legt das in der Ansehung der beiden Geschlechter uns genau die gegenteilige Gewichtung nahe zu der, die von der Kirche verfochten wird, die für sie selbst maßgeblich und konstitutiv ist … Unerträglich das andere!

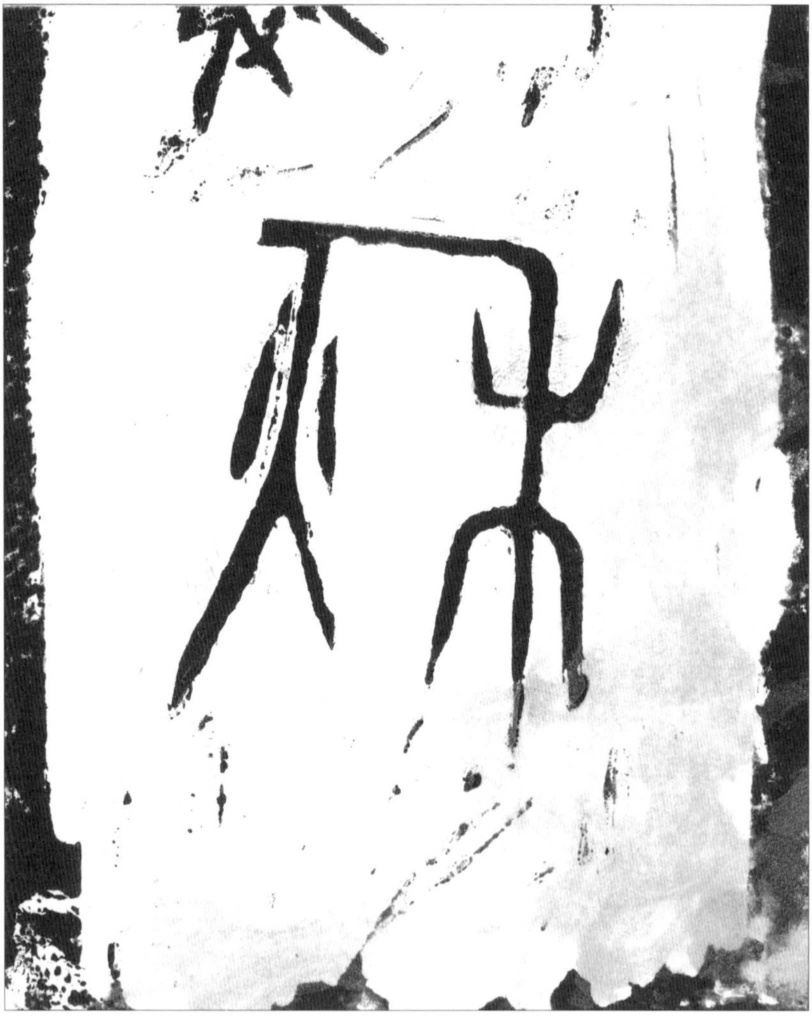

BOCA. Im Namen des Mundes.

(Vor-Studie zum Alten Lied, 1999)

1. Die erste Lust des Menschen muss sich an der Fasslichkeit, der Erd-fälligkeit der „Wasser des Himmels" gefunden haben, an der Alleinneigung des Geistes zu ihm; darin, die alle Sinne desarmierende, wie jede Erscheinung einnehmende Vertraulichkeit des Einen um-wendigen Geistes *auszudrücken*; das, was das Wort Para-Dies besagt, ein „Um-Gott-Herumsein", das vielmehr ein Gott-um-einen-Sein ist. Darin also, erste Lust, diesen Geist in seinem Ein- und Ausatmen aller Formen zu erleben, in seiner unentwegten Freikommung, troublöse Einglänzung, nicht weniger ein Bleiben als ein Durchdringen dieser in allem. Etwas wie die Lichthut und den Hüllenabrieb eines wehend schönen Nachmittags, die Unternehmigkeit des in ihm liegenden Lichtwunders. Schließlich und allerdings, das unendliche Wohlgefallen über diesen allgemeine Gegenwart *zu äußern.*

Und *diese Lust*, die sein Sollen war (wie das Sollen die Lust), befand sich bei einem Menschen, dessen eigenes um-weniges Leben dieser Art, dessen innere Ausscheidung und Schönheit ihrerseits so aus-geprägt war, dass sie eben-so aus ihm heraustrat,

um-gehend, sanft flammend heraustrat seine Brenne namens Heva;

dass zweitens er als ein solcher (als ein Mensch) anzusehen war, weil und insoweit seine Seele nicht weniger als die Menschentümlichkeit dieses selben erd-fälligen, um-wendigen Geistes war (nach Dessen „Ebenbild" gestaltet), und der Mensch selbst, soweit er von der Einwohnung des Geistes *nicht* ertönte, dessen leuchtende Stille, seine ruhigste Regung. Bath of silence.[107] Er selber einer, eine, und doch zwei: wie der Herr Einer war in zweien.

---

[107] „Gottes Bad (in) der Stille": der betrachtend schweigende Mensch, ein schweigendes Instrument. (Anm. d. Schreibers).

Sprach Adam selber, benannte er, was immer er wahrnahm, so redete alles auch von allem, jede Benennung individuellen Seins vergegenwärtigte auf eigene, distinkte Art das Gesamte der konkret existierenden Vielfalt, in einer organischen und „soziomorphen" Sprache, die, obschon alle menschlichen Sprachen ihr entstammen, mit diesen wenig gemein hat: weil sie die Seinsnatur und das Vorhandene an sich *ergab* (s. u.). Von der lautlichen und tonalen Art her waren Adams ausgesprochene Worte so beschaffen, dass sie an einer per-sistenten Spitze, einem Kron-Ton aufgebunden waren ihrer inneren Frequenz, der auf Anhieb mit jeglichem anderen dieser Krontöne harmonisierte bzw. koagulierte. Vergleichbar dem Glanzpunkt einer Gesangslinie, auf den hin viele mitklingende Instrumente mit einem Mal zulaufen oder aufgestimmt werden. Durch diesen Zusammenklang wurde die besondere Qualität und Fülle alles Mitklingenden in seiner jeweiligen individuellen Eigenart richtiggehend hervor-*gerufen:* die apparente(n) Wesensschöpfung(en) trat(en) dann vollstens in Erscheinung.

Analog fand sich in Adam, der „Schlusskrone der Schöpfung" und *al-alam al-kabir*[108] im „kleinen" Einzelgeschöpf, auch „jegliches in jeglichem" (Cusanus), jegliches Sein auch mit und in jedem bekräftigt. Und es hätte dabei bleiben können, dass diese Fassgründe besagter Erd-fälligkeit und Alleinneigung des Geistes koagulierten, geeint geblieben wären, in einem Ambiente des Vertrautwerdens mit dem Unfassbaren, der fortwährenden Beglückung im tiefsten vorstellbaren Frieden: von dem Himmelswasser, das sein Mund sprach.

Entsprechend dem „Sinn der Gabe, die gegeben wird", ursprünglich gewissermaßen ein belebender Gesang, später Evas „Gebischkeit und Nimmbrunst"; die um das Sein (bzw. Bleiben) der apparenten Wesensschöpfung ringende geistige Innennatur des Menschen, ringend *um die Apparenz des Seins*, bleiben diese beiden Impulse bis heute unsere beiden Aufgaben: Licht in die Welt bringen, mit dem Unfassbaren vertraut werden.

---

[108] „Wirklicher Makrokosmos" – im/als Mikrokosmos, Ausdruck von Rumi. (Anm. d. Schreibers).

Denn jene Welt haben wir nicht bekommen, nicht die der Apparenz des Seins. Die Welt, die wir haben, die haben wir nicht bekommen, wir haben sie *gemacht*. Dabei ist sie nicht einmal der gehäutete und verwirklichte Ausdruck unserer Gedanken (bestehend aus Worten, Handlungen und Erzeugnissen, die aus ihnen resultieren oder ihnen entsprechen). Sondern, früher, eigentlicher noch – sie besteht in und aus diesen halbgaren Gedanken selbst, halbgar insoweit, als sie ein falsches, weil nicht hauchbild-konformes „Tun im Geist" bedeuten.[109]

Die Welt, die andere, die wir empfangen haben – die uns so lange genügte, nur so lange, wie wir, im besten aller Sinne, jesuanisch gesprochen, aber auch in jeder anderen Hinsicht, Kinder waren, Menschenkinder und Kinder Gottes in dem beschriebenen geistesgeschöpflichen Sinne: Diese Welt ist der Himmel. Diese Welt verlor Adam, indem er die hauchbildliche Sprache Gottes bzw. diejenige seiner eigensten Mitte verlor.

Jetzt, da „das Paradies verriegelt ist und der Cherub hinter uns, müssen wir die Reise um die Welt machen und sehen, ob es vielleicht von hinten irgendwo wieder offen ist".[110] Dieser Weg führt allerdings, bei ihrem *Tonus* anfangend, ihrer wesentlichen Kraft und Haltung, über die Wiedererlangung der ursprünglichen, intimativen Geistes-Sprache: da sie schlicht die seinsbildende Sprache des Menschen ist. Da sie *das* ist, weil und indem sie in seinem innersten Kern verankert ist.

2. Adam, einen mediativen Wildgarten dieses Geistes betrachtend, kannte nicht die Lust zu sagen, *wie* die Dinge seien oder wie sie zueinander stünden, sondern er näherte sich den einzelnen Erscheinungen in diesem Garten wie Äquivalenten seines geistigen Erfahrens der Wirkgeschehlichkeit, der durch alles sprechenden Gegenwart Gottes, Der ihn hierhersetzte. Dabei intuierte er diese realmagischen Anhauchungen oder Anstimmungen ihrer Seinsnatur, indem er (und solange er) in der aurealen Stille, im inneren *Stillsein* seiner selbst ein Ohr und eine Zunge dessen war, was Gott ihm (diese

---

[109] Hierzu lese man insb. „Die Bitte". (Anm. d. Schreibers).

[110] Kleist, in: „Über das Marionettentheater". (Anm. d. Schreibers).

Stille ausfüllend) von Seinem per-manenten Hauch-Bild in der Erdnatur vermittelte. Diese Letztere war nicht identisch mit Seiner Sprache von Sich (geschweige denn Gottes mit Gott selbst), sondern sie diente Dem Herrn als Repertoire der Manifestation Seiner Liebe und von Ausdrucksformen, sich ihm, Adam, zu vermitteln hinsichtlich Dieses Eigentlichen, nicht des Mittelbaren, hinsichtlich der aus Ihm Selbst erweckten Seinsnatur, bei Beibehaltung der Mittelbarkeit (bzw. dieser „mittlerschaftlichen" Formen), die das Entscheidende, die Gewissheit und den Glauben an Ihn, Den Sich Offenbarenden, förderte. Diesen Grad der Vertraulichkeit und Vertrautheit bedeutete, *ergab* die Apparenz des Seins. Es gab in der Dreigemeinschaft Gott – Mensch – Apparenz (Natur) keinen Außenstehenden bei niemandem, bei keinem.

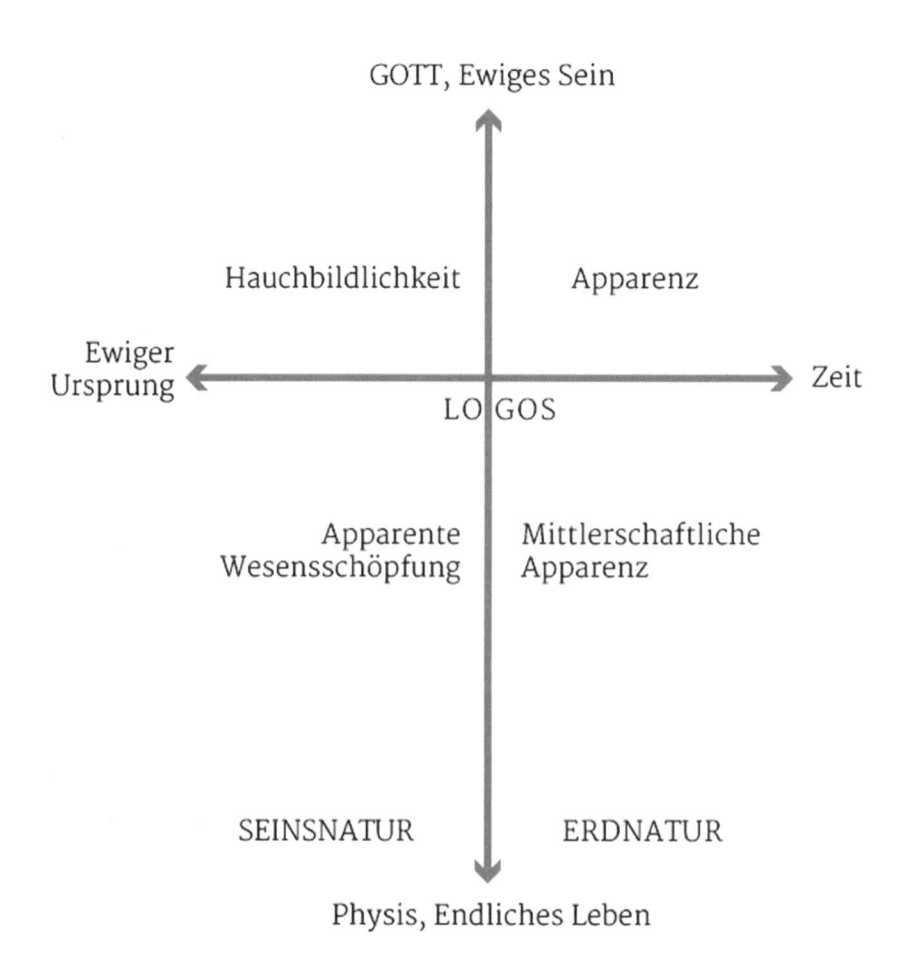

```
                    GOTT, Ewiges Sein
                           ↑
                           |
          Hauchbildlichkeit | Apparenz
                           |
  Ewiger                   |
  Ursprung  ←──────────────┼──────────────→ Zeit
                        LO|GOS
                           |
          Apparente        | Mittlerschaftliche
          Wesensschöpfung  | Apparenz
                           |
                           |
          SEINSNATUR       | ERDNATUR
                           ↓
                  Physis, Endliches Leben
```

Dass der Mensch aber diese „inneren Formen", diese realmagischen Anhauchungen von den Dingen empfing oder erriet (a-divinierte) in der Eigenschaft des Etwas-von-Gott und Leben-von-Gott, welches zu dem Gnädigen Geber ihn hinneigen konnte und sollte, das war dem („apparenten") äußeren Widerschein, der um-wendigen Ausscheinung seiner eigenen Seele zu verdanken, die er so gleichsam um sich ausgestaltet fand, in bzw. an den sinnlich erfahrbaren Formen, so, wie er die Liebe, Anmut und Herrlichkeit Gottes ausgestaltet fand in den inneren Formen (der Hauchbildlichkeit). Deren Wiederkenntnis „außen" war dem Widerschein der Ausscheinung seiner eigenen Seele zu verdanken, die er in Eva auch verleiblicht entsprochen fand; vielmehr war diese Eva das verselbstständigte Komprimat der „Färbung" (eben die über-träglich-familiale Bindungskraft) seiner eigenen Seele, das heißt das verlebendigte gott-hörige Hauch-Bild Adams, welchem so sehr selbst die Fähigkeit zur Selbstversichtbarlichung eignete, wie jene, sich hörbar zu machen, ohne (mit dem Mund) zu sprechen.

Wie sie selbst (Eva) seine lichtere, seelisch-elysäische, in ihn hineinmatrizierte, zugleich aus ihm herausgetragene himmlische Hälfte war, so bildeten sie anfänglich auch *ein* sprachliches Sensorium, aber das Sprachliche war gleichbedeutend mit dem Sein an sich, mit seinem verinnerlichenden Erkennen und seinem bekräftigenden Widerspüren bzw. Verspüren. Hierbei war *sie* die eigentlich Beschenkte und Zusammenfügend-Adivinierende bzw. die Zusammenfügungen Adininierende, während er diese durch die Aussprache, die besiegelnde Benennung dieser Eintragungen, die sie in sein Bewusstsein forderte, sowohl selber erfasste als auch bekräftigend einlöste in die Welt: durch eben eine Art von Sprache, die das Sein sozusagen einsetzte und wahr machte.

Eva wies ihm für jede lebendige Erscheinung eines dieser Hauch-Bilder und e-vozierte zudem deren Gleichklang, der zu ihm drang wie die Stimme des Herrn, als eine, aber akustisch multivokal, choralartig. Begleitendes Mittel dazu war das Anstimmen des eigenen Krontons, s. o., in getreuer Anbetung der Gottheit, jener, da man „sich in sich verliert", das Anstimmen des inneren Grundtons des Menschen, der alle Frequenzen, bzw. Krontöne, der anderen Hauch-Bilder auswiegt (dies wird in verschiedenen Meditationspraktiken und schamanischen Riten nachgeahmt bzw. memoriert).

So erfuhr Adam bald, dass alles, was er tat und sprach, ein (unbewusster) Ritus der Anrührung des Geistes war, den *sie* besaß. Eva besaß durchaus ein eigenes „Bewusstsein", aber eines, das sich also unwiderständig bildete, selbst in seinem Nachhören und Nachsagen, nach dem in die Erscheinungen hineinkommenden, diese hauch-bildlich auswohnenden Weckgeist ihrer wesensgebenden Natur, nach der troublösen, lichtverhohlenen Anhauchung durch Gott (mit diesen „hauchbildlichen" Formen), durch die alle Dinge ins Sein gesetzt worden waren.

Sodass man sagen kann, dass ihr (Evas) Bewusstsein die Verleiblichung dieses *Weckgeistes*, Des Intimanten und Hervor-Trägers der wesenhaften Natur der Dinge gewesen sei, durch die diese am Leben Gottes selber beteiligt waren, bevor das konstatierende Bewusstsein Adams, als sein Adressat, auf ebendiese Ein-gebung, auf ihr „*enbocame*" gehorchte: *Ihr zum Mund wurde,* und zwar zu *dem* Mund, der alles fortwährend in Gleichklang hielt und alles sogar fortwährend ins Leben „rief" (sic!).

Auch wenn sich dieses Bild nicht beliebig weiterverwenden lässt, das die geistige Mobilität der Wirklichkeit koloriert, die sie beide so sehr bestaunten, wie sie sie zusammen auch zuwege bringen konnten: Es war gewissermaßen so, als kröche das Insekt, das Adam benannte, ihm selbst ins Ohr und spräche *sich* in dieses, wenn er inwendig vernahm, wie Eva dessen Weckgeist anstimmte, der ausgesprochen dieses Käfer-Wesen realisierte, entfaltete. Wie ein: „*Enbócame.* Mich mir sprich. Du gib mir *mich.*" So, wie unsere Sprache nurmehr die toten Relationen der Erscheinungen zu diesem „ihrem Geist" ausdrückt, so ist Adams patermismische Nennung – (:) die den diese vaterhaft *machenden* Geist anrief und diesen in sie rief, die die Wirklichkeit erweckende Sprache gewesen: die ganze, vollständige Wirklichkeit, in der voll erblühte Seinsnatur und (deren) mittlerschaftliche Erdnatur identisch waren.

Recht eigentlich diese Sprache – vermeintliche Vorstellungsprache, weit mehr als das – ist der *amâna*, das dem Menschen von Gott anvertraute Pfand, das in Sure 33,72 erscheint: eine inkarnierte seinstragende Mitgabe Des Göttlichen Schöpfer-Geistes, die nur der Mensch empfangen konnte. Eben dafür war er erschaffen worden.

3. Gott Der Ewige ist es, Der lebt: Er allein lebt. Bin ich Sein, lebe ich auch. Bin ich nicht Sein, lebe ich nur dem Anschein nach und auf Borg. Ich spüre *das*, indem ich *vom* Leben bedeutend weniger spüre, als ich tatsächlich spüren könnte (konnte!). Das Erkennen und jegliches andere *Können* (wovon auch immer) erscheinen in diesem selben Verhältnis: gegeben oder nicht gegeben, nur scheinbar graduell gegeben. Der Mensch „an sich", seine apparente Wesensschöpfung, die voll erblühte Seinsnatur des „kleinen" *al-alam al-kabir*, diese weiß, kennt und kann potenziell alles; alles, was zum Guten gehört, zur guten Lebenspraxis in Diensten des Gesamtseins der Einen Schöpfungsgemeinschaft, im Sinne des Guten, Seinzuhabenden, das der Natur des Einen Lebendigen entspricht. Denn die Gnade setzt das Gegenteil von Sünde, wie das Leben nicht „alles, nur nicht der Tod" ist und sogar den Tod inkludiert im Sinne des Guten und seiner einschneidenden Erneuerung.

Das Einzige, was man über Gott sagen darf und kann, ist dies: *Gott ist*. Sei es im unabänderbaren Axiom oder in kontundenten Betrachtungen, lediglich das: Sein allein alles an IHM, bzw. Er allein ist *nur*. Gott allein lebt und Er lebt NUR. Ewig, all-augenblicklich und jetzt beginnt Er alles, was je gewesen ist und je sein wird. Ein Darin-sein *für uns* kann es folglich nur geben in der Gottesunterwerfung, Seinem erziehenden Wort folgend.

4. Das Hauch-Bild des Menschen selber ist das vollendete Komprimat und der höchste Disponent aller Hauch-Bilder, der komplexeste und vollständigste Ausdruck der gesamten kompartimentär-interdependenten Schöpfungsgemeinschaft. Durch den *logos* ist erschaffen worden diese Eine Schöpfungsgemeinschaft, und seine erweckbare, die Seinsnatur re-generi-

ende Hinterlassenschaft in eben der Erdnatur sind die Hauch-Bilder der ursprünglichen, patermismischen Sprache, die Eva besaß und Adam lehrte.

Alles Lebendige, alle Erscheinungen sind solcher mittlerschaftlicher Ausdruck der wirkenden Attribute des ALLEinzigen und seiner Schöpfermacht – wie Wörter und Buchstaben in einem Buch nicht Zeugnis von sich selbst geben, aber von der Wesenheit oder den Attributen Des Aufzeichners. Alles Lebendige erfüllt diese Eigenschaft, aber die Liebe der Erde ist das Idiom Des Mittlers. Des Göttlichen Mittlers Dessen, Der „Liebe IST" und Der die Seinsnatur (aller Dinge) im Ursprung aus Sich hervorgebracht hat. Die im Wesen des Menschen hinterlegte hauch-bildliche „Schrift des Herzens" macht das fühlende, für Gott anrufbare und empfangsbereite Herz, im *qur'an* auch als das „denkende Herz" bezeichnet, *qulubun ya'qiluna biha*, folglich nicht nur zum Zentrum des Wesens des Menschen und zum Sitz des Bewusstseins, für Rumi „ein Spiegel und Aufenthaltsort für den Blick Gottes", sondern zum Stellvertreter, zur Positur Gottes in der Schöpfung, zur Radialsonne der gesamten Schöpfung. Nur ein totales Sich-Hingeben an das Göttliche oder absolut Transzendente in eben dessen voluntativ-hervorbringendem Element, totales Sich-Hingeben an die schöpferische Liebe, bringt diese *unsere eigenste Natur* zum Vorschein. Deren geschmeckte (bzw. schmeckende) Erkenntnis ist Grundlage der ursprünglichen, sakramentalen Funktion des Intellektes: dafür, dass der Mensch den Ewigen in sich realisiere und allem Lebendigen sich selbst, die jeweilige Seinsnatur, zu schmecken und zu sehen gebe. Dafür, dass alles Lebendige durch ihn (durch uns) sich selbst zurückerhalte.

Kennen ist weit mehr wert als Erkennen und wahres Erkennen die Folge des Kennens der geschmeckten Seinsnatur, des verspürenden Geschmackes, den die *con-cordia* – Konkordanz (der Herzen) herstellt, die co-memorierende Gleich- und Aufstimmung in der schwesterlichen Seinsnatur, die den gemeinsamen Ursprung in der Einen Zusammenschöpfung des *logos* und durch den *logos* memoriert. Die Seinsnatur gelangt zur Erscheinung und behauptet die Erdnatur (für sich, „um-behauptet" diese), da und in dem Maße der Geist des Menschen schmeckender und sprechender MUND der Hauch-Bilder der Intimantin wird. Getting to know means get into knowing: Wie Liebende einander kosten, schmecken, riechen müssen und ansonsten nicht satt werden, nicht zur Ruhe kommen, so muss der Geist mit allem Erschaffenen verfahren, dass er die Seinsnatur in der Erdnatur zu schmecken gelangt. Ankommen tut es für ihn und für die gesamte Schöpfung auf die *hikmah dhawqiyyah,* auf die verkostete Erkenntnis[111], durch die *allein* die Hauch-Bilder in ihm, dem Geist, erweckt werden. Und durch die Hauch-Bilder bringt er die Seinsnatur zum Vorschein in der Erdnatur.

Das Kennen braucht das Lieben. Das Lieben braucht das Kennen. Das tatsächliche Erkennen braucht so sehr Liebe wie Kennen. Nur solche geschmeckte jeweilige Erkenntnis, die auf dem vollständigen (Ver-)Spüren der Seinsnatur in den apparenten Wesensschöpfung(en) beruht, erzeugt die Hauch-Bilder im Geist.

Die Seinsnatur ist eine und dieselbe beim Menschen wie bei jedem Geschöpf, jede Hervorbringung der guten Erde. Das Andere *ist* (der Seinsnatur nach) nicht das Andere, warum Alles brennt in Liebe: gerade *da* die Erdnatur individual ist, gerade da ihre Vorhandenheiten Einzelheiten demarkieren. Was immer in seinem Wesen steht, im junktiven Dar-Sein aus der Einen Seinsnatur, erfährt die Göttliche Gnade und macht diese erfahrbar anderen Mitgliedern der Einen Schöpfungsgemeinschaft. *Gut* ist, was in seinem Wesen steht: die apparente Wesensschöpfung. Böse, was dieses Innewesende leugnet, ihm das belebende Licht des eigenen Inner-Meisten entzieht und ihm dafür „Bedeutung" zudenkt, zudem jene der Erdnatur, da ja ansonsten nichts bleibt. Und dieser Letzteren somit gar keine Bedeutung zudenkt.

Späterhin wurde auch Eva philosophisch (nicht im Sinne unserer in-sich-verharrenden „Philosophie", die Erkenntnis und gesund ist gemäß ihrem Selbstbefund, in Wirklichkeit aber geschwollen, brennend und gerötet, da in-sich-stehend, nicht aus dem Leben-in-den-Dingen, nicht aus dem

---

[111] *Sapientia* entspricht der Grundbedeutung des lateinischen *sapere* – schmecken. (Anm. d. Schreibers).

Schmecken ihrer Seinsnatur ex-sistierend) und sprach dann etwa zum Erfinder der *Bedeutung,* der signalroten! – Sprach ihn an, mit inständigem Augenaufschlag über das windgewellte Grasland, hinaufklimmend ihr Blick die mahnungsvollen grünen Berge am dämmernden Horizont. Bei wenig Resonanz von ihm. Schließlich mehr für sich selbst sprechend:

Ich träume von ewigem Schmuck, der niemals stumpf wird und nicht drückt, mit meiner Haut verwachsen ist, von dieser meiner Haut irgendwann nicht zu unterscheiden. Ich kann im Laufe der Jahrhunderte, Jahrtausende beobachten, wie sich der grüne Schmuck in meine Haut verwandelt: oder umgekehrt. Dieser Schmuck, die freundliche Natur[112] …

Herr, so wäre es geblieben, nein, so wäre es geworden, wäre die Krise des *Umsprungs* nicht durch uns ausgelöst und über die Natur verhängt worden. Durch die der Dunkelstoff ihrer Nichtachtung, verdammende, aller Verschleiß, alles Vergehen, ja, die „Zeit" überhaupt entstanden.

Seitdem unterscheidet man zwischen ihr und mir. Was drückt und wehtut, ihr und mir. Seither trage ich über meiner Brust die kleine Serpentin-Maske unserer geschändeten *cultura madre*. Man möge so wenigstens ahnen, dass ich sie hervorgebracht habe mit Dir. Aus mir, ja, vielleicht. Und dass der Mensch aus ihr hervorging … So vieles er auch über uns lüge. Leide, lüge und erklüge.

> A Wilder Place 's inside of me
> A thousand sounds, a thousand seas.
> You won't believe it. Come and see![113]

Hierauf griff sie eine Frucht auf, eine beliebige, und hielt diese ihm mit den Worten entgegen:

Du bildest dir ein, dass die Birne nichts frommt, dass die Birne nichts tut, bevor du sie verzehrst. Aber die Birne birnt. Das Grund-Gute an ihr brennt

---

[112] Dieser Schmuck *ist* die freundliche Natur. (Anm. d. Schreibers).

[113] Hierin die „sounds" sind wohl eher Talschluchten oder Meeres-Sunde (mit Ansiedlungen?), der Ausdruck ist u. a. in Irland gebräuchlich. (Anm. d. Schreibers).

für dich. Was ist es denn, wodurch sie Gutes gibt für dich? Nein, dieses Gute an ihr ist etwas anderes als ihre Verzehrbarkeit; gegeben sie mit dem Geben der Birne, dem Geben von Birne und überhaupt nichts anderem, so vollends davon, was eine Birne ausmacht und zu sein hat. Das Dar-Sein der Birne in dem, was Birne ist.

Zu viel Gerede „um etwas so Selbstverständliches"?

Wie viel, der du so viel davon erhältst, hast *du* davon? Kannst du das von dir selbst behaupten? Hast du das Grund-Gute *von dir*? Hast du? Du *bist* es nicht einmal.

5. Oder anders, das Werk des Weiblichen in ihm ist die beständige Be-Wesung durch die Ursprungseigenschaften beider, *sich* im Gegebenen zu empfinden, im Geschaffenen sich zu entfalten und dieses in sich zu enthalten, im gesprochenen Wesen aller Dinge sich zu entsprechen, in deren inneren Sehung gleich dem Baum des Lebens *zu sein*, der dieses „kompartimentäre" Wesen ist, das vom Geist der göttlichen Liebe auf alle Dinge gemeinsam ausstrahlt: dieses Liebe-*Sein*. *Selbst* darin sein.
Halten wir uns noch einmal den ursprünglichen Zustand vor Augen: Alles Lebendige verinnerlichend, alles zu ihm hin Vor-Geschöpfte, das er ebendarum „vor sich", als bewusstwerdbar „gegeben" anfindet, so den gesamten auf ihn zugeschichteten und zustrebenden Garten der schöpfenden Liebe in sich fassend, würde Adam gerade sein eigenes Geschaffen-Sein und -Werden aus dieser Liebe ersichtlich und bliebe ihm gegenwärtig wie seine eigenste Seele: sein beständiges *Hervorgehen* aus Gott.

Durch das Weibliche in sich selbst bleibt er ein Geschaffen-*Werdender*; und das Männliche ist der geschöpfliche Ertrag, die „Eingeselbstetheit", die wiederum seins-erhaltend nach außen strahlt. Die willentliche Ausfüllung dieser ineinsversammelnden Identität, in der sich die Liebe des Göttlichen Wesens als unverbrüchliche geistige Blutsverwandtschaft allen Lebens ausdrückt. Er ist die geistige „terra firma", die erst zur Einlösung bringt, was das Weibliche in ihm vergegenständlicht und begründet, seine ihm inwendig beisituierte „himmlische Natur". Sie hat und vereint beide Eigenschaften:

die des geistigen Binnenlebens in seiner unsichtbaren Bindekraft und die des zum Wesen Des Vaters selbst hin erweckenden Geistes – in dem „eigenlosen" ihren als in der Seele des Mannes, welcher das „Geschöpf" an sich ist. Das Geschöpf, das *in die Welt* wirkt, wie jener Geist in den seinen hinein.

Denn so, wie Gott ihm sich durch Eva erschließt, gelangt Gott doch durch das Geschöpf erst in *dessen* eigene Welt.

Und – das widerspricht dann nur scheinbar jenem ursprünglichen „Selbstverbot" des in seinem, Gottes, eigenem Wesen begründeten geistigen Menschen: Gott *will* erkannt werden, seine Liebe in seinen Werken, seine Werke in seiner Liebes-Gegenwart, wie es in dem berühmten *hadith gudsi* vom „verborgenen Schatz" heißt: dass das die Schöpfung ausgelöst hat, dass das überhaupt der Zweck aller Erschaffung ist, der menschlichen aber insbesondere, zuvörderst und zuletzt. Auch darum die doppelte Kennzeichnung des *einen* Baumes: der der des „Lebens" und der „Erkenntnis" ist.

So, tatsächlich, dient die erfahrbare Schöpfung *der* Gegenwart dem seinsqualitativen Zustand, da sowohl der schaffende, zeigende, anweisliche, sozusagen trans-apparente Geist als auch das aktive Subjekt des Verstehens Der Herr selber sind bzw. ist. Intimant, Sprecher und Adressat der gemeinten Art „Sprache vor der Sprache".[114]

Was bedeutet: Es gibt nur den „inneren Geist" und den „anderen", der nicht bewegt wird und der nicht versteht, *wer* oder *was* durch die Erscheinungen des Lebens zu ihm spricht. Noch weniger wozu. Der darin, dass er angesichts dieser beständigen Selbstentnahme oder -entfassung an liebendem Dar-Seins seitens Des Schöpfers, eine unsehnliche Selbstwahrnehmung des behaupteten „Bezugnehmers" wählt – vom himmlischen Ursprung wegen aber seinerseits mit der Gabe ausgestattet, „sich selbst zu schaffen" – vielmehr also, als stünde und bestünde er in eigenem Licht, als gäbe *er* sich sein Leben, als entspränge dieses seinem eignen Wollen und Ermessen, fern aller gerichteten Bestimmung oder Widmung ins vermeintlich Um-weltliche, bloß Umfangende. Der so die Kardinalssünde begeht, die eigentliche Sünde.

---

[114] Die uns im Übrigen durchaus und vor allem das Schweigen der Zweiteren gebieten kann, wie in den vorherigen EZAL betont. (Anm. d. Schreibers).

Pecado de luz. Eine fatale Sünde des Bewusstseins, als unseres anderen eigenen „Fleisches", wie sie in ähnlichem Sinne etwa Jakob Böhme, Swedenborg und die schiitischen Meister gezeigt haben. Zwar mit anderem Blick auf die Gestalt *Evas*.

Die Rede von „der Männin aus der Scheibe seines Leibes" ist allerdings in die umgekehrte Richtung zu deuten: wird das Denken in der unmittelbaren Erzeugung, in seinem weiblichen „fiat mihi" vom inneren Geist der Wirklichkeit hervorgebracht, indem die Eine gesamte Seinsnatur, Bekräftigung verlangend, Bekräftigung *erhält*, dann ist dieser Andere, Empfänger und Sprecher, eben kein „anderer", er ist der Eine und der Gleiche. Er ist das in einer all-augenblicklichen, immer einmaligen *Geburt* aus dem verschwimmenden, unauslöschlichen Blick jener Eva, die des Menschen, Adams, himmlisches und darin wahres Selbst *bleibt*.

6. Da es die Lust an jener beschworenen, hauch-bildlichen Sprache war, was Eva von sich aus in Adam erzeugte, keine Lust, sich von Gott und seinen Mitteilungen abzukehren, keine Lust auch, sich nur ihren (Evas) Reizen zuzuwenden, und schon gar nicht eine(r), die zu ihm gesprochen hätte: Adam, bist du ein Junge? Ich will Tier sein mit dir – wie die Tradition, *traición*[115], es sehen will; daher handelte es sich bei dieser Lust nicht um ephemere Freuden des Zusammenseins, nicht bloß um ein unschuldig-göttliches Spiel, das ihnen ihre ersten Nachmittage nahm. Wegen der Selbstverständlichkeit ihrer sensoriellen Seins-Einheit war es aber doch ein Spiel, das noch nicht den Ernst und Schatten seiner Selbst-Erwägung kannte, den Schatten, aus dem später sich die stehende, nicht fluide Kraft der vermeintlich „geistigen" Sachverhalte und rationalen Erwägungen entspönne. „Bedeutung" entstand aus Adams verselbstständigter Ansehung und seinem teils schuldbehafteten Empfinden der Dinge (nach der beschriebenen Krise), die er an uns weitergab. Wie sich die Wirkkraft einer Pflanze in ihrem substanziellen Auszug weitergibt, aber dieser nicht die Pflanze selbst ergibt, so ist Bedeutung „wi-

---

[115] Span.: „Verrat, Betrug". (Anm. d. Schreibers).

derlicher" Geist und nicht das Be-deutete selbst; Geist, der aber hier noch in einer feierlich-exitierten, direkt-efferveszenten, durch keinerlei (Selbst-)Bedeutungs-Kraft auf sich bezogenen „Reinkultur" bestand. Auch diese Wirklichkeit, die geistige, gebar ihre Phantome, an dem Tag, als Adam „unverständig" wurde. Und hiermit überwarf er sich sozusagen mit seinem Glück, mit seinem eigenen, vorher so vollendeten Glück.

Dies – und das nachfolgende Sprechen *zueinander* – hatten mit der ursprünglichen Lust nichts mehr zu tun. Es schlug aber nicht minder eigenmächtig, zwingend bei ihm durch. „Abgesehen von mir befand sich alles in Bewegung." Bedeutung „macht mich größer", hätte er sagen können. Verdichtung, Versteifung *seiner* Vorstellung von den Dingen, plötzlich frei stehend, ohne Bindung zur sonstigen Existenz, zu Evas Augen, die das leer und verständnislos anschauen, dann zu Boden fallend, wie grünspanige Münzen. Verdichtung, aus der, analog zur Verzeitigung des ursprünglichen Adam, des *Ibn al-waqt*, „Sohn des Nu", der in jenem jungfräulich-intuitiven Auffassen jegliche Selbstbekundung Gottes noch um-sprünglich auszeugte, gleich-auf widerspiegelte; Insichziehung, Versteifung, aus der hervorgeht das Denken, Nach-denken, Be-denken. Mehr noch, aus diesem Abstand, dieser Zeit-Tasche, in die alle Dinge fallen sollten, ging die Zeit an sich hervor. Beziehungsweise: der Verzeitigungsmechanismus, der alle Dinge ergriff, indem der pro-leptische Hüter und Halter des Seins, der Schöpfung geistige Sonne, zuerst von ihm ergriffen wurde und ihn in die Welt gebar. Die Zeit, in der sich, wie aus dieser Entwicklung folgt, die Dinge unmöglich in ihrer selbst gegebenen, ursprünglichen, ungeschmälerten Natur darstellen können: sondern als sinnlich fixierbare Objekte einer Welt, die wir nicht empfangen haben, sondern die wir auf diese Weise, infolge dieser Veränderung unserer eigensten Konstitution hervorgebracht und *ausgestellt* haben (s. o.). Alle in ihr erhaltenen bzw. sich erhaltenden Dinge sind folglich Phantome dieser Dinge, sind Phantome ihrer selbst. Und folglich alles, was wir als real erachten, Ausdruck der entzogenen jeweiligen Realität.

7. Erweckerin seiner Mundgedanklichkeit (s. o.), ist Gott für *sie* der Geist der Sympathie, der ihre (Evas) junktive Sinnenkraft, ihre Bindungs- und Beschwörungsmacht verleiht: Sie hätte eigentlich die irdisch-halbbürtige Priesterin der Menschheit werden sollen, Priesterin einer Philosophie ewiger, gottbewirkter Weisheiten, die dem Intellekt (ansonsten!) nicht zugänglich werden – jedoch verschlug es sie einmal rund um die gesamte Welt und schließlich an einen weiter innen liegenden Ort[116] – die zuzeiten eben *aus der Seele selbst* noch spräche: wenn Adams Himmelswasser in ihn selbst zurückgewichen wäre, hoheitsvoll, doch ohne Reich. – Für ihn, ungehalten noch in seiner Unsehendheit, gibt Gott den Geist der Selbstbesonderung, des Übertritts, der Überlichtung, und den des Zaubers der Natur, der nicht der ihre (beider) ist, und der sie zugleich, sie und ihn im Umwärtsgehen spüren lässt, wie, all-um-her, the heavens *take* the earth; worauf sich tatsächlich die Herrlichkeit des Paradieses gründete. Die Schöpfung war, einmal erschaffen, Vom Herrn mediativ eingenommen worden, gefärbt worden vom unbeschreiblichen, sprechenden Glanz der Hauch-Bilder, damit der *amâna* (s. o.) übergehe an seinen Menschen. Damit zwar Er von hier an von der Schöpfung ruhe, nicht aber diese von Ihm ruhe, nunmehr in der schöpferischen geistigen Eigenschaft vertrauensvoll vertreten durch den Menschen und dessen wiederschöpferische Sprache.

Dies ist die Anforderung, der Adam sich nicht als gewachsen erwies, der der Mensch – singuläre Ausnahmen aus gesellschaftlich weniger vordergründigen Bereichen bestätigen die Regel – sich bis zum heutigen Tage nicht als gewachsen erwiesen hat.

Adam ward ob des genannten Unterschieds aller Erscheinungen zu ihrem inwendigen Weckgeist schwermütig. Denn da die junktive Eigenschaft Evas, seiner ihm geist-seelisch zur Seite gestellten „Gehilfin" (1. Mose 2,18), ihn an Gott und an das göttliche Gesetz der gegenseitigen Bekräftigung, Erneuerung und An-rufung in allem Seienden band, sodass sie – mochte

---

[116] Weshalb es nicht ausbleiben kann, dass wir uns hier mitunter in den verschiedenen Sprachen, Bildern und Traditionen des von ihr beschrittenen Weges äußern. (Anm. d. Schreibers).

sie auch die reinste Vergegenständlichung seines eigensten, gottgeschenkten Selbst ausmachen – ihn gewissermaßen aus sich selbst herauszog, hinaus in das um-wendige Leben, ihr Reich, die Welt der apparenten Wesensschöpfungen, das er nicht sieht, das Allgültig-Umfassende Gegenwärtige Sein; daher empfand er selber diesen Geist, im Gegensatz dazu, in seiner Eigenheit zu sehr, und den Geist *seiner* Eigenheit zu sehr. Gleichzeitig besaß er nicht die Fähigkeit der Eva, diesen Geist (ersteren) in und an der Vielfältigkeit und der Immensität des Gegebenen zu sehen: Er *sah* ihn einzig an der Weibsgestalt.

Und bald, unvermeidlich, begingen sie den Fehler, dass sie miteinander bzw. zueinander *redeten*; das heißt, nicht mehr gemeinsam, sondern in der Replik Gefühle-sondernder Vergegenständlichungen ihrer – sich darin erstmals *gegeneinander* abbildenden Per-sonalität.[117] Wodurch ihn, unweigerlich, in dieser Scheidung ihres sprachlich-sensoriellen, geist-seelischen Einsseins, die elysäisch-helle Rede Evas vollständig für sie einnahm. Hiermit nahm im Grunde eine unselige, nicht zu erfüllende Eigenliebe Adams ihren Ausgang: Im nachfolgenden Verlangen nach der verkörperlichten, „zweiten" Eva würde er versuchen, seiner *eigenen*, innersten Wesensanmut wieder habhaft zu werden, die ihm also in diesen Körper der Evas hinein entglitten war.

Wenn ich sage: Sie hätten nicht miteinander reden sollen, so meine ich nicht, sie hätten schweigen sollen; sondern er hätte *sie* nicht zur Rede nötigen sollen. Stattdessen, weiterhin in der Versenkung vor den Wundern Gottes, die für ihn Offenbarungswunder, revelative Momentwunder der Selbstbekundung Gottes waren, *ihr Mund bleiben* sollen: Und so wäre auch und gerade vor seinen Augen die Gesamtheit des Seins, der Baum des Lebens sozusagen abgeschaftet dagestanden, alles angesilbert und bewest geblieben von der Vertraulichkeit Gottes, von seiner alles aus-stimmenden Stimme, seiner liebevollen Rede, die sie beide in vollkommenen Einklang zueinander und zu ihrer Mitwelt sowie dieser zu ihnen stellte.

---

[117] Per-sonal – „durch-tönt, durch-klungen werdend". (Anm. d. Schreibers).

So aber, da die Süße ihrer herausgeforderten Rede (für sie gälte: „mitgefangen, mitgehangen") nährte seine Geilichkeit, war diese Letztere eine Art Phantom seiner erschütterten Selbst-Bewusstheit: dessen, dass der „eigene Geist" sich selbst so wenig reicht, wie das fraglos-fragenvolle Nichts, das, sein Herz ausfüllend, ihn nun beherrschte. Dieses Phantom seiner selbst machte sie sich bald gefügig, überfiel sie ein ums andere Mal, ergötzte sich an ihren zarten Reizen, *bis Blut kam und nahm / ihres Leibes Umschnürung*. Seine Zähne trieb das Phantom in sie, bis es an ihrem wunden Schweigen satt wurde. Sicherlich hat sie ihn lieben wollen, sie hat sich ihm hingeben wollen, durchaus. Aber nicht so.

Dieses Nichts, das den Menschen seither beherrscht hat, jeden von uns, dieses Phantom, das da bei jedem seinen Ort sucht zum Verbleiben, das unaufhörlich einen Ort sucht zum Sich-Auszeugen (seit dieser Ursprungssituation: Was sollte er tun, um der Erregung Herr zu werden, die er bei ihrem Anblick und Anhören empfand …?), wurde ein vor-wirklicher gedanklicher Massedrang, ein negativischer Impuls der „Seinsbildung": da nicht weniger dem schöpf-geschöpflichen, analeptischen Wesen beider („Ebenbild Gottes") entstammend. Es wurde ein alternatives Konzept der Seinsbildung nach unten (statt dem um-wendigen, sonnenhaften, radialen Seinswirken der Seele), der alles nach unten zog. Der mit ihrem, Evas Körper, mit ihrer geistleiblichen Musischkeit, diese und jede andere Erschaffenheit in die bloße *acreage* ihrer Verzeitigung und Vereinzelhaftung niederzog. Durch diesen „Akt" wurde die gesamte Schöpfung aus ihrem endlosen Anfang des Transfluent-Zusammenhängenden heraus zum Festgebannt-Körperlichen, zur Vergänglichkeit an sich, zu Fluss und Fäule hinabgezogen, beginnend bei dieser, ihrer schwarz gewordenen Sonne. Was nach tiefer Vereinigung aussah, war die unmissverständliche Besiegelung der kompletten Auseinanderlösung im Inneren, im seinshaften Kern aller Dinge.

8. Dies alles geschah unmittelbar, nachdem er selbst in einen abgrundtiefen Schlaf gesunken war, in dem seine eigene konstitutionelle Umwandlung

vollzogen wurde zum Mannes-Menschen und Mannes-Körper, dem sein geschlechtlicher Widerpart entnommen und entgegengestellt wurde (1. Mose 2,21). Bei diesem verleiblichten „Weib" handelt es sich immer noch um die hier eingeführte Eva, der die *genesis* vor der Schilderung der „Erschaffung der Frau" im Hinblick auf die innenwendige Doppelgeschlechtlichkeit des Menschen, in eben seinem gottgegeben-ursprünglichen Zustand Erwähnung tut (1. Mose 1,27).

So sehr das beweste Leben eine Idee war, nämlich Eva, und mit dieser Idee begann, so hatte auch der Tod einen gedanklichen Ursprung gefasst, nämlich den von dessen Bemächtigung, seines Verzehrs (des bewesten Lebens). (Man wird zwar diesen Einschub vielleicht unpassend finden: Aber dass der Mensch sich vor und nach dem Schlafengehen nach Möglichkeit am ganzen Körper waschen soll; das auch, um seine Seele vor den Ataxien dieses Todeszaubers zu bewahren, den die von ihr un-bewachte bzw. verlassene Masse ausübt.)

So hatte Eva zwar noch zwei Leiber: einen, der den geistigen Fall, man kann sagen, die geistige Kastration Adams widerspiegelte und dieser folgte, dieser substanziell und gestalthaft entsprach (denn auch geistige Liebe kann körperlich sein; nur eben *geistig* muss sie sein, wie körperliche Liebe ihrerseits allerdings geistiger Art sein kann), von ihrem geistigen Körper, ihrem inneren Lebensleib ent-weckt, ent-wahrt („Ich habe Brot und Wein gewürgt"), der ganze Leib wie abgestellt – und diesen anderen Körper, vom anderen abstehend, der die Wetterkluft, die ganze Schmerzlichkeit ihrer junktiven Sinnenkraft war, der sinnlos auflaufenden Liebe, die diese (Wetterkluft) durchschmiegend, aus ihr aufleuchtend, schließlich wie zu einem Blitz aus Eis erstarrend, ihm, Adam, etwa so gesprochen haben muss: *acabame, mi boca*.[118] Oder gib mir meinen Sarg: Das heißt, bedränge mich nicht äußerlich, lasse mir in meiner fleischlichen Hülle Frieden, in der ich bin hoffnungsvoll verschieden. Nun vertraue ich nur noch auf unseren gütigen Herrn, weil er ein Gott ist der Zartfühligkeit, Vergebung und Liebe. Und

---

[118] „Beende mich, mein Mund.". (Anm. d. Schreibers).

ich vertraue ihm mit meinem Herzen, mit dem Herzen allein, nicht mit meinen geschändeten Augen. *Astarch-firullah.*[119]

Hast du etwas von Ihm behalten? – So gib mir davon. Adam, ich fleh dich an: *Davon gib mir.* Und dann tu das bitte so, dass nichts mehr übrig bleibt von mir. Dass nichts mehr übrig bleibt von diesem meinem Grabe, meiner unbrauchbaren Hülle.

Aber er hungerte sie aus.

Erschütterungen, unbeschreibliche, kamen, des Bewusstseins, hiernach, des Bewusstseins und des Atems, die sich in sich selber nicht mehr wiederfanden, nicht mehr wiederkannten.

Was war geschehen?

Die hauchbildliche Sprache, die *gemeinsame* Sprache, die den Organismus der Gnade am Leben erhielt, und die dieser am Leben erhielt, die diesen *anthropos pneumatikos* an sich am Leben erhielt, die das eigene Bewusstsein, den eigenen Atem, das sich selbst vergegenwärtigende Leben Gottes, den endlos aufgeschlossenen Zauber der Natur – die das alles in *einen* Kreis gebunden hatte der *aus* dem Unendlichen *ins Unendliche* forttragenden Kraft: Sie war nicht mehr zuhanden, unerinnerbar, nicht mehr erweckbar.

Seine ersten „eigenen Worte", die darauf, müssen etwa gelautet haben: Ich bin eine Lüge. Oder: Nicht starr mich an mit deinen grünspanigen Augen.[120]

Sitt Eva, ich tötete einen Menschen. Ich sah ihm unentwegt beim Sterben zu. Dieser Mensch war ich selbst. (Dann, sie anstarrend, als sähe er sie zum ersten Mal): *Ay jahan, ay tahira!*[121]

---

[119] „Verzeih uns, Gott". (Anm. d. Schreibers).

[120] Sie soll münzengrüne Augen gehabt haben. „Sitt Eva" bedeutet „Edle Eva". (Anm. d. Schreibers).

[121] „O mein Leben, o du Reine!". (Anm. d. Schreibers).

Neue Erschütterungen, wahnsinnsnahe, folgten. Und dann Stille. Vollkommene Stille. Gottes antwortende Anwesenheit: in grabestiefem Schweigen allein.

Oder diese seine ersten Worte danach müssen der Scheu Ausdruck verliehen haben angesichts der ihm bewussten Uneinklänglichkeit von Wort und Sein in *seiner* Sprache, seiner vom abstehenden Weckgeist mehr examinierten (bzw. ex-*animierten*) denn erzeugten Sprache, dieser Scheu den Ausdruck geben (den er selbst fand und) des Schubes, den die Tragik der menschlichen Unzuverlässigkeit sich immer selbst gibt, diese selbst gewollten Grenzen liebenswert zu machen, etwa Schutzbehauptungen der Gedankenvertiefung vorgebend, oder sich vorlistelnd, wie man sagt: „Nun leg nicht jedes Wort gleich auf die Goldwaage". – Ja, es stimmt, grausam ist es, diesen angeblich menschlicheren Menschen auf sein Lichtgewicht, seinen geistigen Wert prüfen zu wollen. Davor hat selbst der Herr seither Abstand genommen. Wir hätten sonst fortlaufend größere Vernichtungen als die ursprüngliche durchleben müssen. *Alhamdullilah*.[122]

Dass, wer viel hat, viel geben muss (wie Eva) – geschenkt, das ist Natur. Aber verdammt; warum verlangt der Mensch so wenig von sich selbst (wie er, Adam, es tat)?

Und war und ist das selbstverständlich nicht genug, der geist-wägenden, geist-gebigen Selbstanstimmung (seiner selbst oder ihrer in ihm), der Selbstan-herrschung, in diesem Sinne; nur, gleich einem angeketteten Gespenst den lichtweltlichen Leib ins Reich der Religion oder der „spirituellen" Weisheit zu verbannen: Das gelänge. Doch dass dieser sich selbst artikuliere, das heißt das Wunder *seiner* Selbstgestaltung und -offenbarung zu erneuern, die alles Erschaffene zu sich nimmt, in sich selbst vereint: das nicht mehr. Nie wieder.

Davon aber hing irgendwann schlicht alles ab: das Schicksal Gottes, sozusagen, bzw. Evas im Menschen, das Schicksal des Menschen in dieser Welt.

---

[122] „Dank sei Gott". (Anm. d. Schreibers).

9. Daher entschloss Der ALLEinzige sich dazu, sich *ihr* in der Gestalt Jesu des Christus zu offenbaren. Sich ihr in der Gestalt des „Wortes, das im Anfang war", durch das „alle Dinge gemacht sind" (Joh. 1,1–5), ich füge hinzu: in der Gestalt *ihres Bruders* zu offenbaren. Selber diese Gestalt annehmend, entschloss sich Gott dazu, ihrer o. g. Sehnsucht nach *ihm* nachzukommen und hiernach *sie* von den Zugriffen des Todes freizusetzen, zu befreien. Verbunden mit verschiedenen Aufgabenstellungen, die zugleich an sie ergingen, Adam zum Heil. Dies sind die Zusammenhänge, die wir in dem Buch mit dem Titel „Das Alte Lied" erläutern werden.

Euch eure eigene Erschaffenheit, und Gott, was Gottes ist. So wies sie aus der Engel Gottes mit dem Schwert der Scheidung. Ihr habt die Zeit hervorgebracht; weil ihr selbst sie erschaffen habt, bringt sie euch schweren Hauch und führt in Höllenspuk. *Selbstheit, Selbstzeit.* Gold ist der Geist, zersprengt nun vom Glanz einer Stimme, die sein Licht schlangenhaft einzieht zu sich, für sich, die sich auf den Thron seiner Andersheit gesetzt hat: Das ist die Kehrseite dieser Währung, dieser Prägung. Für die habt ihr die Welt erstanden. Das macht sie so andersartig, so plump und billig. Die vordere Seite (der „Medaille") aber ist verblichen, wie ausradiert, ent-lesen. Rückerstanden: Sein das Hauch-Bild. *Wieder* – Sein. Wieder Gottes.

Vergesst niemals, dass ihr golden gewesen seid, Gottes und golden. Gott ist Herr und Gott bleibt Herr, weil ihr euch selber nicht gehört, weil ihr euch selber nicht gehören könnt. Eure Nachfahren werden unzählige Kämpfe kämpfen im Irrglauben, dass sie das könnten – oder dass sie voneinander Besitz nehmen könnten.

Lerne aus alledem. Lerne aus alledem, dass dein eigener Gedanke der Gedanke deines Gegners ist. Der Gedanke deines inneren Kontradizenten. Viele Kämpfe werden in der Welt gekämpft werden, denen menschlicher Besitzanspruch, Neid, Argwohn vor Fremdem oder Ähnlichem zugrunde liegen, Dinge, die dem Anschein nach mit Gott wenig zu tun haben. So scheint es. Aber am Ende steht die Drohnenschlacht. Eine innenweltliche Drohnenschlacht, die weder Mann noch Frau verschonen wird, nirgends.

Nein, weder dich noch mich. Einerlei, wer wir sein werden und wo wir uns aufhalten werden.

„You took the long way home." Was auch besagt: Der kürzere Weg, der direkte Weg ins Licht, der Schlüssel zur Wiedererlangung des Para-Dies(es) ist die Aufhebung des selbstischen Eigendenkens, der intellektuellen Drohnenposition, der Selbstwahrnehmung in dem unwürdigen Hochmut, der das *geistesgeschöpfliche* Kind verdarb.

So treten sie hinaus in „ihre" Welt, erwarten nichts, erhoffen nichts. Durchpirschen Sümpfe und Waldungen des Zweifels, des Zweifels an der väterlichen Liebe Gottes, können kaum die Augen offen halten, so heftig rinnt der Regen über ihre Gesichter. Ein Regen aus Wasser und Erdreich, der den Boden mit neuem Leben, neuen Wachsungen befruchtet, langsam aber unermüdlich, mit dunklem Getreide und allerlei strotzenden, klammernden Gewächsen, mit glotzenden, obszönen Giftfrüchten, Gewächsen, die sich ihren Händen, ihrem Willen nicht bequemen werden.

Eva, alles mit ihren erddunklen, traurig glänzenden Augen anvisierend, die die Dinge näher heranzuholen scheinen:

Die Frage, die sich mir noch stellt:
Wie kann man leben in der Welt,
Ohne dass Gott uns niederhält?
Wie leuchten, ohne dein Vertrauen,
Dein Vertrauen auf sein Licht?

Und dann besänftigend zu ihm:
Nur wenn man nicht weiß, woher man kommt, weiß man auch nicht, wohin man geht. Es ist einfach zu vertrauen, wenn man weiß, wohin man geht.
Adam: *Aber wir wissen nicht, wohin wir gehen.*
Sein Unverständnis bringt sie hierauf dazu zu sagen, abgezehrt und mit glühenden Augen: Wer soll den Sumpf, der uns aufschlucken will, mit Erde füllen, wenn du's nicht tust, Adam? Aber alles an dir ist weich und kalt.

Wir waren … Adam, ich bin lebendig ohne Ende. Und wir können uns kennen. Wir können – *uns* kennen.

Sie kommen irgendwo zur Ruhe, lassen sich an einem vorteilhaften, geschützten Platz nieder. Aber es stellt sich bald heraus: Der Boden, den Adam bearbeiten will (den *er* bearbeiten will), ist ihm nicht zu Willen. Was immer er beginnt, es gelingt, aber nur unter äußerster Mühe und Anstrengung. Es scheint nicht mit dem Einverständnis und dem Segen Des Schöpfers zu geschehen. Wenn es das täte, geschähe es, gelänge es Adam, wie früher, durch die Aussprache der wollenden, die Lösung schauenden Vorstellung, die er gleichsam in sich *findet*, zu der er sich bereit-*findet*. Die Himmel nahmen ihm, was sie ihm gaben. Und sie nehmen ihm jetzt auch, was sie ihm nicht gegeben haben.

Mit unbarmherziger Schärfe erkennen beide: In dieser Welt sind wir Fliegen, in der jenseitigen Staub. Wir wollten fliegen, leben in der Luft: Jetzt fällt es uns schwer, sie zu atmen. Wir wollten das Wasser des Lebens einsammeln, es lagern für eine mögliche Zeit des Aussetzens: Jetzt findet es nicht unseren Mund. Wir trinken, können's nicht behalten.

Und richtigerweise sagt sie ihm: Adam, nur wenn man nicht weiß, woher man kommt, weiß man auch nicht, wohin man geht. Das heißt, den Fluch entwickelten *wir* selber in unserem Inneren. Er ist gekommen von unserer Geistesunsicherheit und Gesinnungshalbheit gegenüber Gott dem Vater.

Dessen *Para-Dies,* dieses (wörtlich) „Umgottherumsein", nimmt auch für uns, ihre Kinder und Kindeskinder, Gestalt an (es nimmt *durchaus* Gestalt an), wenn wir eine sonnenhafte Großzügigkeit, wie sie die unverdienbare Gnade Gottes uns bezeigt, nicht bloß für uns selber verinnerlichen, sondern auch anwenden, füreinander, für unsere Mitmenschen und für die Schöpfung einstehend, fürsprechend, handelnd. Dieses verwendbare WAS und der Nutzen des Menschen sind seine Profession, das Wofür-sind-wir-geschaffen: der Erschaffung „Mensch" an sich entsprechend.

10. Ein Schritt zurück, mehrere vorwärts:

So also hat der Mensch sich selbst um die vollendete, die um-wendige Wirklichkeit gebracht, da, seine Seele bei und um sich habend, er auch deren lebendes (und hörendes) Äquivalent und (sprechender) Erwecker war. Dem setzte *er* ein Ende mit seinem Heischen ihrer körperlichen Mit- und Gleichgefügtheit, die der selbstverständlichen *delicadez*, der sie bildenden göttlichen Beschallung dieser Eingeborenen des Himmels, widerstreben musste, der sich mit und an ihr mitteilenden Ästhesis des göttlichen Formgeistes, der seelischen Wirklichkeit ihres *primor, ayre und gala*, wie es ein alter Dichter in Galizien ausdrückte (was Adam „anfraß", war diese hochsinnige, wassergleiche Musischkeit, die „starb als-gleich"), die alledem komplett widerstreben musste. Und darum *sie* zerreißen musste. Es musste ihr derart widerstreben, dass dieses sein Verlangen sie beide auseinanderreißen musste. Und das, indem es Eva in sich selber musste auseinanderreißen: in ebendem Moment, da er griff nach ihr.

Zwar, dass Adams Antrieb dazu, seine irrselige Willensanstrengung die seines gedanklich-„vorwirklichen" Fatums war, scheinbar ohne Grund sich selbst beschicksalend, als solche stärker, als es ihm lieb sein mochte. Wodurch der unbeendbare Entwurf des um-sprünglichen, gotthörigen Menschen, der „als Mann *und* Frau" – und darin gottesebenbildlich (!) erschaffen war, obschon unbeendbar, gewissermaßen revidiert wurde. Das ist die Tatsache, dass sie, sein Himmelswasser, mit diesem Heischen, Fordern in ihn selbst zurückgesunken ist. Zurückgesunken in ein mehr oder weniger uneinklängliches Verhältnis „zu ihm", zur männlichen Innenperson in einem jeden von uns.

Fortab hat dieses Himmelswasser das Spinett seiner „zerbrückten", seiner unermüdlich müden Nerven (darin müde, die besagten „toten Relationen" aufzuzeichnen, diese so erschreckend vielen, von dem den Indern heiligen Telencephalon überkrönten *Lustnerven*) mit der Schärfe ihrer „Widerlichkeit" durchsetzt, eine Beunruhigerin, eine ihm böse dünkende Aufkratzerin derselben (*lilith*, das andere Gesicht Evas, das sich der Unterdrückung durch männliche Machtansprüche und weibliche Konformität entzieht, die nicht der hellen Welt der Ordnung und gesetzten Normen, der Sicherheit und Convenience angehört), und, tatsächlich, eine Hexe Gottes geworden. Die, wie sie ihn vorher ebendarin seelisch ausglich, dass sie seinen Einklang herstellte zu seiner Mitwelt, dass sie die schöpferischen Relationen der Dinge zu deren Weckgeist und untereinander belebte, heute ihm nur noch zu wissen tut, *dass* sie ist, ihm aber unendlich unähnlich, ihm im Rahmen seiner eigenen *conditio*, seines geistigen Selbststandes – fremd bleiben wird, ja unerreichbar.

Der menschliche Geist ist das Grab eines heiligen weiblichen Wesens. Selbst der Allerverblendetste hat es in sich, dieses Grab. Und die heilige Frau hat es verlassen.

Wo ist sie hin?

11. Entscheidend ist, entscheidend ist allein, dass *sie* gar nicht aufhören kann, von Unendlichkeit zu sprechen: denn so täte sie das nicht. Die einst ausgezogen ist, dem Geist Unendlichkeit zu stiften und zu lehren, hat einen Weg ohne Ende, so klar umrissen auch ihr Ziel ist.

Obschon ihr der Teufel, wie der toten Kuh von Atacama, oder im Sinne des herangezogenen Kleist'schen Ausspruchs, die Umfahrung der Welt lehrte, nicht ganz umsonst: weil sie sich irgendwann wieder auf ihre Weiterfahrt besinnen wird.
  Entscheidend ist, dass das gedoppelte Ich seinem Ende zugeht;

entscheidend ist, dass *die* Innenperson bleiben wird, das Reich der Erde ernten, die Des Herrn ist;

entscheidend ist, dass die sich auf die männliche Innenperson verfestigende innere Konstitution nur unsere Vorläufigkeit bedeutet, wie jener aufgelassene Wesensraum, in dem wir unser eignes Bild, das dieser Vorläufigkeit, gegen die Wand gekehrt haben, und eine unumkehrbare Figur wurden, aus vielen „Even", vielen ästiferischen, gegen ihr Zurückfließen ins Meer des Unausgestalteten kämpfenden Figuren, dass wir ihnen Gefäße wurden, schäumende Alembiken oder wache Mahnmale, Mahnmale der Schöpfung selbst, die das Wiedererzählen ist des Unendlichen, in anderen, be-greifbaren Begriffen, sodass auch dieser neue Wesensraum, unser Inneres, voll erfüllt, ja voller ewiger Identität ist,

entscheidend ist, dass es sich so mit allen meinen Schwestern und Brüdern verhält. (Wie auch mir, der ich vermutlich irre bin, ob ich gleich mit diesen Dingen vertraut bin, und doch kaum verstanden werden soll, denn dieser Fluch liegt seit Jahrtausenden auf uns, und der ich, *wenn* er verstanden wird, mich nur fragen kann, wer mir dieses Glück gewünscht habe. Und ich weiß doch, dass *sie* es ist, deren Hoffnung um mich niemals versiegt.)

Wir stellen fest: Von dir kommen wir, zu Dir wollen wir sprechen, Eva.

Wir, die wir in allen geistigen und existenziellen Belangen auf unseren Gott im Himmel angewiesen sind, auf seine äußere Wohlmeinendheit und seine innere Führung, Dessen Vaterschaft wir wahrhaftig im Namen Christi angenommen haben, Die wir uns hier noch oder schon in diesem geistleiblichen Zustand befinden, dass wir Deine Stimme vernehmen. Dass, drittens, unsere Seelen neben und um uns habend, diese uns zeigen, ineinander dringend, *was* wir von Dir hören, und so zunehmend in den Aufsog *dieses* Lebens, des um-wendigen Lebens geraten, und mit ihnen *schon* in dieses eingehen: die wir also verschwindende Seelen sind und werdende Geister, wechselnd mit ihnen, in der ewigen retroszendenten Bewegung dieser „meta-physischen" Partei, ihres sich aus allem austragenden, aus allem in sich selbst, seinen eigenen Körper austragenden Weckgeistes,
wechselnd also unsere zwischenweltlichen Posituren; bis endlich Er an unser aller Stelle treten soll, der *masîh-i-'ischq*.[123] Der Verkündete, der in aller Himmel End- und Anfangslosigkeit der einen heiligen Idee, die das bewesete Leben ist, Gleich-künftige und Alles-Bergende, „der alles sieht", von dem

---

[123] Wörtlich: „Der Messias Liebe". Essenzieller Ausdruck der schiitisch-sufitischen Tradition. (Anm. d. Schreibers).

auch das *popol vuh* ebendas sagt. Sowie dass er, im Leib des Mannesmenschen zwar, *deine* Sinnenkraft und die Impulse Deiner Sonne, Eva, welche Gott ist, ausnahmslos empfängt, ausnahmslos der Welt schenken wird. Das ist der wiederkehrende Christus, auf den wir sehnlich warten.

Damit das irdische Leben sich im himmlischen abbilden könne, musste zuerst das himmlische Leben sich im irdischen abbilden. Nun aber, damit das himmlische Leben im irdischen Raum greifen könne und dieses behaupten, muss das irdische Leben vordringen ins Himmlische.

So viel, um so viel. So viel ist von Dir durch- oder schon *angekommen*, Eva, Ave. Ave Eva. Oder: zu dir fortgenommen, und doch bereits der *Fall*, … der Dich ergriff. Der Dich heruntergriff, dich aus Dir heraussetzte, dich so lange Zeiten, so viele Länder und Kulturen ließ durchwandern. Fall um Fall, der Dich auf Deine Strecke zu uns gebracht hat, her zu uns.

Und für all das, worin wir Dir *nicht* folgten, wollen wir Dir nicht einfach nur unser tiefstes Bedauern aussprechen. Sondern siehe, siehe, Eva:
All diese vermeintlich einsamen Menschen, diese Mitbewegt-Mitwissenden, Uneingeweichten, alle diese rauen Gewächse, die du vom Rande der Straße auflasest …   Ein prosperierender, neuer Weltkörper, dessen zentrale Steuerung *Du* innehaben wirst.

In dem wir, die wir auch vorher nach Vertrautheit mit dir trachteten, deine Schönheit unverschleiert schauen werden, Eva.

Es gibt viel zu besprechen,

In einem buschbedeckten, moosigen Winkel dieser Welt,

Einem anderen irdischen Garten, erschaffen von Deinem grünen Speichel. Den würzigen Duft der Beifußblätter tief einatmend,

Oder unter den Königspalmen Kubas.

Glückliche Tage, Eva, werden wir zubringen,
Tage ohne ein Erreichen, ein Sich-Vornehmen, ansonsten. Alles ist da.
Leben und Schweben …
Und den gesamten Garten überschauen wir,

Überschauen wir bis zu –
Bis drüben hin, wo die Sonne am Morgen siebzigtausend Seelen heilt,
An jedem Morgen dort, wie Du,
An Deiner statt,
In dieser oder jener Stadt, bis zu

Diesen lachenden Pinien, bei diesen drei stählernen Brücken,

Wo man hört
Das Sirren und Rumoren ihres geschlossenen Nahens.
Wo ausgerufen worden ist,

die Drohnenschlacht habe begonnen.

Kronenschluss.